VIA INDIRETA

VIA
INDIRETA

DENYS VOJNOVSKIS

VIA INDIRETA

Como desenvolver e gerenciar
uma rede de canais indiretos no
setor de tecnologia

EDITORA
Labrador

Copyright © 2020 de Denys Vojnovskis
Todos os direitos desta edição reservados à Editora Labrador.

Coordenação editorial
Pamela Oliveira

Preparação de texto
Renata de Mello do Vale

Projeto gráfico, diagramação e capa
Felipe Rosa

Revisão
Laila Guilherme

Assistência editorial
Gabriela Castro

Imagem de capa
Freepik.com

Dados Internacionais de Catalogação na Publicação (CIP)
Angélica Ilacqua – CRB-8/7057

Vojnovskis, Denys
   Via indireta : como desenvolver e gerenciar uma rede de canais indiretos no setor de tecnologia / Denys Vojnovskis. – São Paulo : Labrador, 2020.
   272 p.

Bibliografia
ISBN 978-65-5625-073-1

1. Vendas 2. Marketing 3. Canais de distribuição 4. Tecnologia da informação – Indústria 4. I. Título

20-3196   CDD 658.84

Índice para catálogo sistemático:
1. Vendas : Canais de distribuição

Editora Labrador
Diretor editorial: Daniel Pinsky
Rua Dr. José Elias, 520 – Alto da Lapa
05083-030 – São Paulo – SP
+55 (11) 3641-7446
contato@editoralabrador.com.br
www.editoralabrador.com.br
facebook.com/editoralabrador
instagram.com/editoralabrador

A reprodução de qualquer parte desta obra é ilegal e configura uma apropriação indevida dos direitos intelectuais e patrimoniais do autor.

A editora não é responsável pelo conteúdo deste livro. O autor conhece os fatos narrados, pelos quais é responsável, assim como se responsabiliza pelos juízos emitidos.

Dedico este trabalho ao meu pai, José (em memória), e à minha mãe, Guiomar.

Ele me ensinou, dentre tantas coisas, a ler, a escrever e a importância de se dedicar com afinco e disciplina aos estudos.

Ela me ensina, todos os dias, com suas lições de bondade, simplicidade e humildade, a ser uma pessoa melhor.

Aos dois, minha eterna gratidão.

SUMÁRIO

1. INTRODUÇÃO 15
QUAL É O PROPÓSITO DESTE LIVRO? 15
PARA QUEM ESTE LIVRO FOI ESCRITO? 18
    Alerta importante 19
    Alerta importante 2 19
    Alerta importante 3 20
    Nomenclatura 20

2. FUNDAMENTOS 21
CANAIS DE MARKETING 21
CANAL DIRETO, CANAL INDIRETO E MODELO HÍBRIDO 23
    Qual é o melhor modelo: direto, indireto ou híbrido? 26
VANTAGENS E DESVANTAGENS DO MODELO INDIRETO 26
    O efeito multiplicador de negócios 27
    Capilaridade e "empréstimo de reputação" 29
    Perda de receita por transação *versus* aumento de receita total ... 30
    Custo de transação 30
    Perda do controle total dos negócios 31
    Meu produto é bom para os canais indiretos? 32
OS VÁRIOS TIPOS DE CANAIS INDIRETOS 33
    Canais de volume *versus* canais de valor 34
    Revendas (*Resellers*) 35
    Revendas de valor agregado (*Value Added Resellers* — VARs) ... 37
    Integradores de sistemas (*Systems Integrators*) 39
    Agentes de vendas (*Sales Agents*) 41

Parceiros de serviços (*Services Partners*) 42
"*One-tier*" e "*Two-tier*" 43
Distribuidores e VADs 45
FABRICANTE E CANAIS INDIRETOS: UMA RELAÇÃO
SEM CHEFES E SUBORDINADOS 46
Sem chefes, sem subordinados, mas com regras bem claras! 47
"*Lo que es igual, no es ventaja*" 50
Como fazer com que esse tipo de aliança funcione bem,
sem chefes e sem hierarquia? 50

3. GERENTE DE CANAIS: O MAESTRO DAS VENDAS INDIRETAS 52
UM LÍDER SEM CARGO 54
A IMPORTÂNCIA DO RELACIONAMENTO 55
GERENTE DE CANAIS E GERENTE DE CONTAS 56
DESENVOLVER CANAIS / VENDER POR MEIO DE CANAIS 57
O gerente de canais deve ganhar comissão? 59
PARTNER RELATIONSHIP MANAGER (PRM) 60
JOB DESCRIPTION 60

4. PROGRAMA DE CANAIS 64
ALINHAMENTO EXECUTIVO E CORPORATIVO 66
DEFINIÇÃO DOS TIPOS DE CANAIS QUE FARÃO
PARTE DO PROGRAMA 67
SEGMENTAÇÃO PELO TIPO DE REPRESENTAÇÃO 68
SILVER, *GOLD* E *PLATINUM* 69
BENEFÍCIOS E CONTRAPARTIDAS 70
DISTRIBUIÇÃO DE *LEADS* 74
MATRIZ DE RESPONSABILIDADES 75
PLANO DE NEGÓCIOS 76
POLÍTICA DE SUPORTE TÉCNICO 77
ATUALIZAÇÃO DO PROGRAMA DE CANAIS 79
DIVULGAÇÃO DO PROGRAMA 79

5. RECRUTAMENTO DE CANAIS INDIRETOS 81
PREPARAÇÃO 81
"O futuro não é mais como era antigamente" 82
A QUANTIDADE CORRETA DE CANAIS INDIRETOS 83
"Minha rede de canais está completa, não preciso me
preocupar com isso" 85

PERFIL DO CANAL IDEAL 86
   Benchmark interno 86
      Itens obrigatórios e itens desejáveis 87
      Perfil do canal ideal – checklist 87
      Reputação e capacidade financeira 91
O FABRICANTE IDEAL 91
   Apresentação executiva do fabricante – checklist 93
A LISTA DE CANDIDATOS 95
   Como encontrar bons candidatos? 96
   Contato inicial 98
AS REUNIÕES PARA APRESENTAÇÃO E CONHECIMENTO MÚTUO 99
BUSINESS PLAN 102
CONTRATO DE PARCERIA 103
PÓS-RECRUTAMENTO: CONTRATO ASSINADO, E AGORA? 105
   Reunião de boas-vindas 106
   Todo fabricante precisa de um *champion* 108
   A importância dos "*Quick Wins*" 108
   A importância dos dados estatísticos 109
AVALIAÇÃO DO PROCESSO DE RECRUTAMENTO 110
   O mix perfeito 111
   Investimentos compartilhados 111
   Não se esquecer dos parceiros de sempre 112

6. TREINAMENTO DE CANAIS INDIRETOS 116
POR QUE É PRECISO TREINAR OS CANAIS? 117
MÉTODOS DE TREINAMENTO (COMO ENSINAR) 118
   Método 1: sala de aula (presencial) 118
   Método 1a: sala de aula (presencial) – os alunos vão até o instrutor 118
   Método 1b: sala de aula (presencial) – o instrutor vai até os alunos 119
   Método 2: sala de aula virtual 122
   Método 3: cursos online sob demanda 122
   Método 4: imersão 123
   Método 5: *shadowing* 124
   Método 6: coaching 125
CONTEÚDO E PÚBLICO-ALVO (O QUÊ E PARA QUEM ENSINAR) 126
   Quem deve ser treinado primeiro? 127
   Profissionais de vendas 127
   Profissionais de pré-vendas 130
   Profissionais de marketing 131

Alta direção 131
Profissionais técnicos 132
AS FASES DO PROGRAMA DE TREINAMENTO
(QUANDO ENSINAR) 133
Treinamento de *onboarding* 133
Treinamento continuado 134
MELHORES PRÁTICAS 135
Materiais complementares: e-books e infográficos 135
Posso convidar canais diferentes para o mesmo treinamento? 136
Treinamento como fator motivacional 137
Sessões mais curtas 138
Webinars 140
A importância da certificação 141
Learning Management System (LMS) 143
Avaliação do programa 144
Soft skills 144
Cobrar ou não cobrar? 146
Um exemplo inspirador 147

7. REGISTRO DE OPORTUNIDADES **148**
O PASSO A PASSO DO PROCESSO 149
O formulário de registro 149
Análise do registro 150
Prazo de validade 152
Quem aprova? 152
As vantagens de ser o *prime* 154
As vantagens de não ser o *prime* 155
Prime versus platinum 156
MELHORES PRÁTICAS 157
As regras 157
Automatização do processo 158
Nova oportunidade 159
Segmentação 161
Jamais complicar a vida do *partner* 163
E se o cliente quiser trocar de canal? 164
Não sabotar seu próprio processo 165
Como incentivar os canais a seguirem o processo? 165

8. MARKETING 170

MARKETING PARA OS CANAIS 171
- *Partner Meeting* 171
- Lançamento de novos produtos – Parte 1/2 173
- *Partner Locator* – Parte 1/2 174
- Conselho de canais 175

MARKETING PARA OS CLIENTES FINAIS 176
- Geração de *leads* 177
- Lançamento de novos produtos – Parte 2/2 178
- *Partner Locator* – Parte 2/2 179
- Materiais de apoio 180
- Casos de sucesso 180
- Relatórios de analistas 181
- O grande evento anual para clientes 182
- Grupos de usuários 183
- Relações públicas 184
- *Inbound Marketing* 184

AVALIAÇÃO DOS RESULTADOS 185

9. PROGRAMA DE INCENTIVO ÀS VENDAS PARA CANAIS INDIRETOS 187

O QUE MOTIVA OS PARTICIPANTES DO PROGRAMA DE INCENTIVOS? 189
- "Os vendedores dos canais já ganham comissão, por que precisam de mais incentivos?" 190
- "Os canais já têm um programa de incentivos, então não preciso me preocupar com isso" 190

PÚBLICO-ALVO 191
- A venda não é feita somente pelos vendedores 192
- Um programa para pessoas físicas, jurídicas ou ambas? 193
- Raio X dos participantes 194

OS OBJETIVOS DO PROGRAMA 195
- Atenção com os produtos "queridinhos" 197
- Alternância de objetivos 197

AS METAS 198

OS PRÊMIOS 198
- E se o próprio participante puder escolher seu prêmio? 199
- "Quem quer dinheiro?" 200
- O poder do elogio 201

"Elogie em público, critique em particular" 201
Dinheiro, experiência ou elogio: um estudo científico 202
Rapidez para premiar 203
Sete prêmios legais e baratos! 203
AS REGRAS 204
Cuidado com os programas importados 205
OS TIPOS MAIS COMUNS - PARTE 1: OS VENDEDORES 206
Só os primeiros ganham 206
Todos que atingirem a meta ganham 207
Baseado em acúmulo de pontos 208
SPIFFs 209
OS TIPOS MAIS COMUNS – PARTE 2: OS CANAIS 209
Descontos ou condições especiais 210
Rebates 210
Co-op funds 211
IMPLEMENTAÇÃO E MANUTENÇÃO DO PROGRAMA 211
Treinar os participantes 212
Comunicação constante 213
Administração profissional 213
Revisão periódica 213
O PROGRAMA ACABOU. E AGORA, O QUE FAZER? 214

10. COMUNICAÇÃO FABRICANTE-CANAIS INDIRETOS 216
OS DESAFIOS DA COMUNICAÇÃO FABRICANTE-CANAIS
INDIRETOS 217
Mensagem na hora certa 218
Do you speak English? ¿Hablas Español? 220
One to One, One to Many e *Many to Many* 221
Segmentação da mensagem 222
Personalização da mensagem 224
Centralizar ou descentralizar o envio das mensagens? 226
Os canais se comunicam entre si 227
QUAL O MELHOR MEIO DE COMUNICAÇÃO ENTRE FABRICANTE E
CANAIS INDIRETOS? 228
Mensagens de e-mail 228
Chamadas telefônicas 232
Mensagens instantâneas 234
Redes sociais 235

Blog 237
Newsletters 239
Comunicação "ao vivo e em cores" 241
A importância de saber ouvir 241

11. O *PARTNER PORTAL* 243
DESIGN – VISUAL BONITO E ATRAENTE 244
FUNCIONALIDADE – SIMPLES E PRÁTICO DE USAR 245
CONTEÚDO – COMPLETO, ATUAL E RELEVANTE 246
SEGURANÇA E CONFIDENCIALIDADE 248
PORTA DE ENTRADA PARA TODOS OS RECURSOS
DO FABRICANTE 251

12. GESTÃO DE CONFLITOS 253
CONFLITO *VERSUS* DESEMPENHO 254
CONFLITO DE TAREFA E CONFLITO DE RELACIONAMENTO 255
CONFLITO HORIZONTAL E CONFLITO VERTICAL 256
CONFLITO *INTERCOMPANY* E CONFLITO *INTRACOMPANY* 257
CONFLITO *INTERCHANNEL* E CONFLITO *INTRACHANNEL* 258
MECANISMOS DE GESTÃO E CONTROLE DO CONFLITO 258
    Gestão preventiva 259
    Gestão corretiva 261
SEMPRE ALERTA! 263

13. AGRADECIMENTOS 265
HORA DE ABANDONAR 266

REFERÊNCIAS BIBLIOGRÁFICAS 267

1
INTRODUÇÃO

Muito obrigado por me conceder a oportunidade de compartilhar com você um pouco do conhecimento que adquiri e das experiências que vivenciei durante tantos anos de carreira. Neste livro, abordarei os principais temas que fazem parte do dia a dia dos fabricantes que adotam o modelo indireto de distribuição e vendas. Esses assuntos são parte da minha rotina diária, bem como da rotina de todos que trabalham nessa área. Vamos estudar detalhadamente as atividades do gerente de canais (o grande maestro do modelo indireto) e de todos os profissionais que interagem com ele, tanto do lado do fabricante como dos *partners*.

Quero aproveitar esta parte inicial para dividir com você os motivos que me levaram a escrever este livro, e para quem ele foi escrito. Vamos juntos?

QUAL É O PROPÓSITO DESTE LIVRO?

Trabalho com vendas indiretas no setor de Tecnologia da Informação e Comunicação (TIC)[1] – no segmento *Business to Business* (B2B)[2] – há

---

1. Tecnologia de Informação e Comunicação, ou simplesmente TIC, é o segmento de mercado formado pela junção da tradicional indústria de TI com o setor de telecomunicações. Engloba as empresas de computadores, softwares, operadoras de telefonia, provedores de equipamentos de telecom, *storage*, transmissão e acesso aos dados e informações, além de todos os serviços relacionados.
2. *Business to Business*, ou B2B, é toda transação comercial feita entre empresas, ou, traduzindo literalmente o termo em inglês, "de empresa para empresa". Ao contrário do *Business to Consumer*, ou B2C, que se refere à transação "de uma empresa para um indivíduo".

mais de 20 anos. Tenho observado, durante todo esse tempo, o quanto nosso universo é desconhecido por quem não é do nosso mercado. A maioria das pessoas não tem a menor ideia do que a gente faz, e não há problema algum quanto a isso. Se a pessoa não é da área e quer conhecer melhor o nosso trabalho, podemos explicá-lo com o maior prazer. A questão é que até nós mesmos que trabalhamos nesse setor temos uma carência muito grande de informação de qualidade, tanto teórica quanto prática, para entender melhor e desenvolver de maneira mais embasada o nosso trabalho.

Outro dia fiz uma experiência: entrei no LinkedIn e fiz uma busca pelo termo "gerente de canais" e delimitei a localização para "Brasil". Obtive incríveis 51 mil retornos! Mudei para o termo equivalente em inglês "*channel manager*" e mantive a localização apenas em "Brasil" (muita gente prefere ter seu perfil no LinkedIn em inglês). Outros 27 mil profissionais apareceram como resultado da busca. É muita gente para tão pouca informação disponível.

Experimente ir a uma livraria aqui no Brasil a fim de encontrar um livro (só um!) sobre gerência de canais indiretos, ou sobre vendas indiretas, ou ainda sobre canais de distribuição no segmento B2B. É muito difícil, e arrisco dizer que você não vai encontrar nenhum. Se tiver sorte, talvez ache algo sobre varejo que mencione o tema "revendas" ou "intermediários". Mas uma publicação focada em desenvolvimento e gerência de canais, ainda mais no setor de tecnologia, é raridade. Já sobre vendas diretas a oferta é maior, mas ainda assim insuficiente.

Os cursos formais de graduação em administração ou em marketing também dão pouca importância aos canais indiretos. Para minha sorte, fiz mestrado numa renomada instituição de ensino de São Paulo e minha dissertação final foi sobre conflito de canais, o que me "obrigou" a estudar muito sobre o universo das vendas indiretas e dos seus canais.

Na maioria dos casos, o profissional não se prepara com antecedência para atuar com vendas indiretas, ou visando a um futuro cargo de gerente de canais. O mais comum é que tudo aconteça de forma repentina, totalmente por acaso. Quando menos espera, a pessoa ingressa na área comercial, se depara com um modelo de distribuição indireta e fica sem saber muito bem o que fazer. Aí a única alternativa é aprender "na raça", baseando-se na experiência dos mais velhos na função (os quais, diga-se de passagem, muito provavelmente passaram pelo mesmo perrengue).

Não conheço ninguém na faculdade de Administração, ou de Marketing, ou de Engenharia, que faz planos para trabalhar como gerente de canais ou especificamente em vendas indiretas. Minha trajetória profissional ilustra bem esse fato: sou formado em Engenharia Elétrica, comecei minha carreira na área técnica e fiz a clássica migração do departamento técnico para a área comercial. Nunca tinha feito nenhum curso de vendas quando essa mudança aconteceu.

A formação acadêmica do gerente de canais também é algo bastante heterogêneo. Embora a grande maioria, pelo menos no setor de TIC, seja graduada em Engenharia ou Administração de Empresas, não é raro nos depararmos com profissionais das mais diversas formações. Se por um lado essa diversidade é algo que tende a enriquecer nossos ambientes de trabalho, por outro reforça a importância de disponibilizar conhecimento específico para esse pessoal vindo de tão diferentes origens acadêmicas e profissionais.

Escrevi este livro com o objetivo de consolidar, em um único lugar, conteúdo atualizado, relevante e detalhado sobre todas as atividades e peculiaridades que cercam um ambiente de distribuição indireta. Tive a preocupação de combinar tanto a parte teórica como o conhecimento prático que obtive nos meus mais de 20 anos nessa área.

Procurei dar muita ênfase na prática, no *como fazer*. Acredito que esse é o maior diferencial em relação à maioria das publicações nessa área (a esmagadora maioria disponível apenas em inglês). Existem alguns livros muito bons sobre canais e vendas indiretas, alguns deles citados nas referências desta publicação. No entanto, embora descrevam muito bem a parte teórica e *o que* deve ser feito, não se atêm muito à parte prática, no dia a dia. Não mostram como transformar a teoria de canais na prática.

Este livro é uma compilação das melhores práticas que vivenciei durante mais de duas décadas nesse segmento, das experiências reais compartilhadas no dia a dia nos fabricantes em que atuei e com os canais que interagi, e dos muitos livros e artigos que já li sobre o tema. Todos os conceitos aqui detalhados foram baseados no setor de Tecnologia da Informação e Comunicação, mas grande parte deles também se aplica a outros segmentos que atuam com vendas indiretas, especialmente no mercado B2B.

PARA QUEM ESTE LIVRO FOI ESCRITO?

Tenho um foco muito específico neste livro: o desenvolvimento e a gestão de canais indiretos no segmento de TIC (B2B). Creio que dois grandes públicos podem se beneficiar das informações aqui contidas: os profissionais que já atuam nesse segmento ou querem se preparar para atuar e os estudantes e professores de áreas afins.

Com relação aos profissionais, o conteúdo deste livro se aplica a todos os envolvidos num ecossistema de vendas indiretas, tanto do lado do fabricante quanto do lado dos canais (distribuidores e revendas), bem como os novatos ou os mais experientes.

O mundo das vendas indiretas é muito complexo. O desenvolvimento e a gestão de canais exigem a interação de profissionais de diversas áreas, como vendas, marketing, operações, finanças, suporte técnico, a quem os conceitos aqui presentes serão bastante úteis.

O profissional recém-chegado nessa área terá um detalhamento completo de como funciona nosso segmento. Ele aprenderá termos e conceitos específicos que o transformarão num profissional muito mais seguro para desenvolver seu novo trabalho.

Já o profissional mais experiente terá acesso a um amplo apanhado sobre os assuntos mais importantes da área, revisará alguns pontos já esquecidos e terá em mãos uma importante referência para consultas.

Com relação à área acadêmica, tenho convicção de que este livro também será muito útil para os professores e estudantes, principalmente nas áreas de engenharia, administração e marketing. Trata-se de um material didático que descreve com detalhes as peculiaridades do marketing B2B, as vendas indiretas e o segmento de TIC.

Esta obra ajuda a preencher uma lacuna importante existente na literatura de canais de marketing em língua portuguesa.

Alerta importante

Embora muitos dos profissionais dessa área venham do maravilhoso mundo dos números (engenheiros, por exemplo, assim como eu), o desenvolvimento e a gestão de canais indiretos estão longe de ser uma ciência exata.

Isso quer dizer que o mesmo "remédio" pode provocar efeitos diferentes dependendo do "paciente". Para alguns, ele pode representar a "cura" e, para outros, pode trazer "efeitos colaterais" indesejados. Indo direto ao ponto: nem tudo o que está escrito neste livro se aplica *ipsis litteris* a todos os fabricantes e a todos os canais indiretos.

Cada fabricante, e consequentemente cada ecossistema de canais, é único. Você com certeza conhece muito o seu ambiente e saberá escolher quais conceitos e exemplos deste livro mais se encaixam em sua realidade. Inclusive deverá descartar alguns pontos que, eventualmente, não se aplicam ao seu contexto.

Alerta importante 2

O capítulo 2 descreve os vários tipos de canais indiretos existentes, cada um com suas características específicas. Alguns realizam um conjunto menor de tarefas, enquanto outros apoiam o fabricante de uma maneira mais completa. Para ser o mais abrangente possível, este livro foca seus conceitos no *Value Added Reseller*[3] (VAR). Além de ser o tipo de canal mais presente na indústria de TIC (B2B), também é aquele que

---

3. Revenda de valor agregado, em português.

executa o maior número de atividades e tem uma relação mais intensa com o fabricante.

Alerta importante 3

Você verá no capítulo 3 que procuro dividir as funções do gerente de canais em dois grandes grupos: (1) as tarefas relacionadas a desenvolver e gerenciar os canais indiretos, e (2) as tarefas relacionadas às vendas em conjunto com esses canais. Este livro concentra-se na parte de desenvolvimento e gestão dos canais indiretos. Em outras palavras, o foco são as atividades necessárias para garantir que os canais estejam aptos a representar o fabricante da melhor maneira.

Nomenclatura

Para evitar a repetição da mesma palavra muitas vezes seguidas, usarei o termo *vendor* como sinônimo de fabricante, enquanto os canais indiretos também serão chamados de *partners*, parceiros ou simplesmente canais.

2
FUNDAMENTOS

Conforme comentei no capítulo anterior, existe um público amplo e bem diversificado que pode usufruir do conteúdo deste livro. Portanto, antes de mergulhar a fundo nas atividades necessárias para o bom desenvolvimento e gestão de uma rede de canais indiretos, vale a pena reforçar alguns conceitos que fazem parte da nossa rotina.

CANAIS DE MARKETING

Os fabricantes (e aqui me refiro a qualquer empresa que seja a criadora de um produto, seja ele hardware, software ou um serviço), enfrentam o grande desafio de definir como seu produto vai chegar da melhor maneira possível até seu cliente final. E quando digo "da melhor maneira possível", refiro-me a diversos objetivos, entre eles:

- no tempo desejado pelo cliente;
- com o preço adequado;
- no local indicado para ser entregue;
- com o menor custo para o fabricante;
- minimizando os riscos;
- minimizando investimentos;
- mantendo (e até potencializando) a qualidade projetada;
- em síntese, maximizando os lucros.

Essa definição passa necessariamente pela escolha do melhor canal de marketing, aquele que poderá cumprir da forma mais eficiente os objetivos acima.

Canais de Marketing (também chamados no nosso mercado de Canais de Distribuição, ou Canais de Vendas, ou simplesmente Canais) podem ser definidos como um conjunto de organizações e atividades que um fabricante utiliza para fazer seu produto chegar e ser adquirido pelos clientes finais (aqueles que, efetivamente, farão uso desse produto). Os canais definem "a rota", "o caminho", além de todas as funções envolvidas na transferência do produto desde seu ponto de produção até seu ponto de consumo.

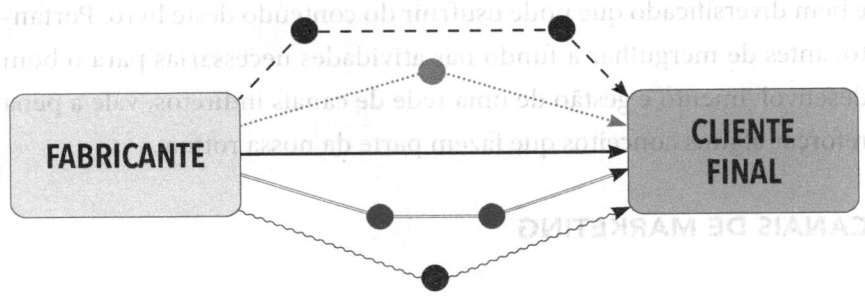

Em linhas gerais, todos os diferentes caminhos que um fabricante utiliza para fazer seus produtos chegarem até seus consumidores podem ser considerados como *canais*. Entre eles, estão a força de vendas do próprio fabricante (os funcionários do fabricante), distribuidores, revendas, telemarketing, internet (*e-commerce*), venda porta a porta (catálogos), entre outros.

Atualmente os fabricantes têm grande dificuldade para criar e manter vantagem competitiva baseada na diferenciação de produto ou preço. No entanto, os ganhos que um *vendor* pode obter por meio de uma rede de canais bem planejada e gerenciada podem ser fonte de vantagem competitiva sustentável, de longo prazo, difícil de ser replicada pelos concorrentes. Além disso, aprender a trabalhar corretamente com canais indiretos é algo complexo, cuja curva de aprendizado leva bastante tempo, o que torna difícil para os concorrentes acompanharem.

CANAL DIRETO, CANAL INDIRETO E MODELO HÍBRIDO

Os conceitos de canal direto, canal indireto e de modelo híbrido de distribuição são muito comuns no nosso mercado e estarão presentes, de alguma maneira, em todas as partes deste livro. Vale a pena estudá-los com cuidado.

Canais diretos são todos aqueles que se subordinam de forma hierárquica e financeira ao fabricante. São organizações totalmente dependentes do fabricante, que não podem sobreviver sem ele, pois não têm como se sustentar sozinhas.

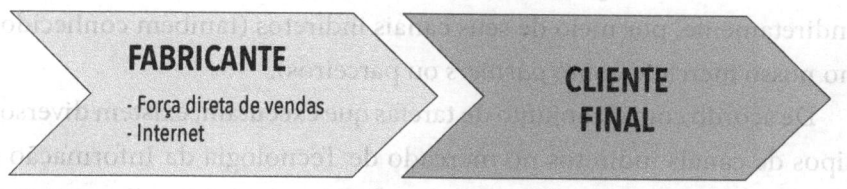

O exemplo mais comum de canal direto é a força interna de vendas do fabricante, ou seja, seus próprios vendedores (também conhecidos no nosso mercado como Gerentes de Contas, *Account Managers*, *Account Executives* e outros termos, dependendo da empresa em que atuam). Note que esses profissionais se subordinam a um funcionário do fabricante e recebem salários diretamente do próprio *vendor*. Em outras palavras, esses vendedores se subordinam hierárquica e financeiramente ao fabricante.

Existem outros tipos de canais diretos, como a internet. Quando um fabricante possui um site e executa vendas por meio dele, os recursos necessários estão sob o seu total controle hierárquico e financeiro.

Quando um fabricante utiliza apenas canais diretos para realizar suas vendas, atua no modelo de venda direta, ou seja, não existe nenhuma outra organização intermediária (externa) entre o fabricante e seus clientes finais.

No entanto, alguns motivos podem levar o fabricante à utilização de organizações externas e independentes para executar a tarefa de levar seu produto até o cliente final. Essas empresas externas são entidades totalmente independentes, não havendo nenhum vínculo das subordinações já citadas em relação ao fabricante. Elas possuem seus próprios orçamentos, metas de vendas, funcionários que se subordinam a outros funcionários da própria empresa, e, portanto, não existe nenhum controle formal por parte do *vendor* nas atividades realizadas por essas companhias.

Quando um fabricante recorre a essas organizações externas independentes para realizar suas vendas, atua no modelo de venda indireta. Em outras palavras, o fabricante não vende diretamente ao seu cliente final (o usuário do produto), com seus próprios recursos, mas o faz indiretamente, por meio de seus canais indiretos (também conhecidos no nosso mercado como *partners* ou parceiros).

De acordo com o conjunto de tarefas que executam, existem diversos tipos de canais indiretos no mercado de Tecnologia da Informação e Comunicação. Os mais comuns são os *Value Added Resellers* (VARs), *Value Added Distributors*[4] (VADs), agentes de vendas, integradores de sistemas, revendas e distribuidores. Falarei sobre cada um deles, com detalhes, mais adiante neste mesmo capítulo.

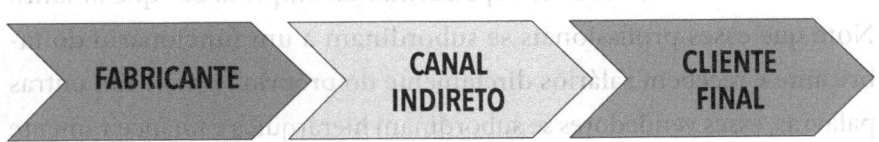

Muitas empresas adotam, ao mesmo tempo, uma combinação de canais diretos e indiretos. São comuns, por exemplo, os casos em que o fabricante segmenta, de alguma maneira, seu mercado de atuação.

---

4. Em português, distribuidor de valor agregado.

Uma parte atua no modelo direto, e outra parte no modelo indireto. O mercado costuma chamar essa estratégia de modelo híbrido. Alguns exemplos típicos são os seguintes:

- o fabricante vende diretamente para grandes empresas, e seus canais indiretos atuam no segmento das pequenas e médias;
- o fabricante segmenta suas linhas de produtos: algumas linhas são comercializadas por sua própria força de vendas (possivelmente os produtos mais complexos ou que têm um ciclo de venda mais longo), enquanto as linhas de produtos mais simples ficam sob a responsabilidade dos canais indiretos.
- um fabricante brasileiro atua por meio de vendas diretas no Brasil e utiliza canais indiretos para suas vendas no exterior.

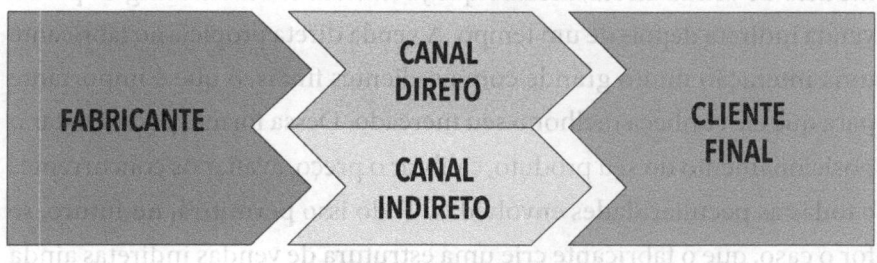

O modelo híbrido oferece algumas vantagens ao fabricante que o adota. Permite, por exemplo, que ele se adapte mais rapidamente às necessidades dos clientes e aos seus padrões de consumo. Também favorece a utilização do melhor canal para cada linha de produtos (os clientes podem ser acessados de diferentes formas), além de melhorar a competitividade do *vendor*, pois cada canal pode focar em um mercado específico, aquele para o qual está mais capacitado. Em contrapartida, é o modelo mais complexo de ser gerenciado e pode causar um aumento no conflito de canais (veja mais sobre conflito de canais no capítulo 12).

Qual é o melhor modelo: direto, indireto ou híbrido?

Depois de estudar os três modelos de distribuição explicados no item anterior, é comum começarem as comparações, e a pergunta se torna inevitável: "Qual é o melhor modelo?". Talvez a resposta te deixe um pouco frustrado...

A verdade é que não existe certo ou errado, melhor ou pior. Qualquer modelo escolhido terá seus pontos fortes e seus pontos fracos. De acordo com as características do fabricante e seus produtos, e da quantidade de recursos disponíveis, define-se o modelo mais compatível. Sempre caso a caso, levando-se em consideração todas as individualidades existentes.

Normalmente, os fabricantes começam suas operações utilizando o modelo de venda direta, mesmo que já tenham em mente migrar para a venda indireta depois de um tempo. A venda direta propicia ao fabricante uma interação muito grande com os clientes finais, o que é importante para que ele conheça melhor o seu mercado. Dessa forma, pode ajustar o posicionamento do seu produto, calibrar o preço, avaliar os concorrentes e todas as peculiaridades envolvidas. Tudo isso permitirá, no futuro, se for o caso, que o fabricante crie uma estrutura de vendas indiretas ainda melhor e mais eficiente.

VANTAGENS E DESVANTAGENS DO MODELO INDIRETO

Este livro trata de canais indiretos. Então, vamos começar a destrinchá-los.

Quando o fabricante inclui os canais indiretos em seu modelo de vendas, passa a usufruir dos grandes benefícios que eles proporcionam. No entanto, deve tomar cuidado com algumas armadilhas. Vale a pena analisar todos os aspectos, incluindo seus prós e contras. Vejamos.

O efeito multiplicador de negócios

Existe uma dificuldade de escalar os negócios por meio das vendas diretas. Os gerentes de contas do fabricante possuem capacidade limitada no que diz respeito ao tempo (quantidade de horas de trabalho disponível), conhecimento do mercado (*networking* com todos os potenciais clientes), além de representarem um alto custo para o fabricante.

A matemática é simples: vamos supor que um gerente de contas diretas (*account manager*), que trabalha no Fabricante 1, seja capaz de cuidar bem de dez clientes finais (essa quantidade é hipotética, apenas para colocar números em nosso exemplo – não a utilize como referência, pois pode variar muito de empresa para empresa). Então, se o Fabricante 1 possuir, digamos, dois gerentes de contas, a empresa tocará de maneira direta um total de vinte clientes finais.

Pois bem, agora vamos mudar o conceito para vendas indiretas e supor que o Fabricante 2 tenha os mesmos dois funcionários, porém dois gerentes de canais em vez de dois gerentes de contas diretas. Considerando que um canal indireto é mais complexo de ser gerenciado do que um cliente final, vamos admitir que cada gerente de canais possa cuidar bem de dois *partners*. Se cada um desses *partners* tiver dois *account managers* (para ser bem conservador nos cálculos), e cada um deles puder gerenciar cinco clientes finais, o fabricante em questão passará a tocar, de maneira indireta, quarenta clientes. Eis o efeito multiplicador de negócios: quarenta clientes finais (modelo indireto) contra vinte clientes finais (modelo direto).

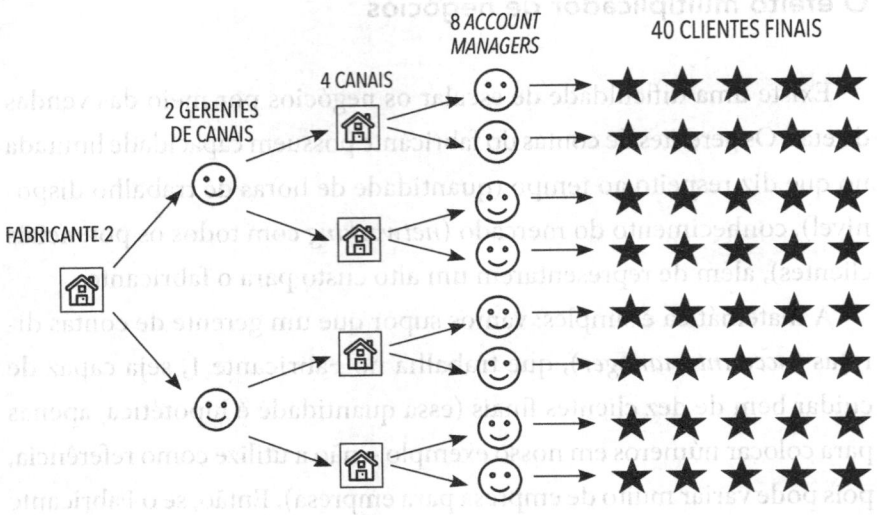

Como os canais indiretos normalmente não são dedicados a um único fabricante e, portanto, seus *account managers* têm que dividir seu tempo entre as várias empresas que representam, considerei nesse exemplo hipotético que os gerentes de contas dos canais podem cuidar de metade dos clientes finais que os gerentes de contas do fabricante cuidam (cinco contra dez).

Os cálculos acima são simplificados, pois deixei de lado algumas variáveis importantes, mas creio que ilustram bem o efeito multiplicador de negócios proporcionado pelo modelo de vendas indiretas.

"Mas o próprio fabricante não poderia multiplicar os negócios simplesmente contratando mais funcionários?", alguém perguntará.

A resposta é *sim*, porém isso certamente custaria muito mais dinheiro ao fabricante. Os canais indiretos podem fazer esse serviço de forma mais eficiente em termos de custos. Essa é uma das regras básicas para o sucesso de uma estrutura de vendas indiretas.

Capilaridade e "empréstimo de reputação"

O modelo de vendas indiretas permite ao fabricante a expansão geográfica de seus negócios, com menor custo de vendas e de marketing. Um *vendor* com sede, por exemplo, em São Paulo, não precisará abrir filiais ou ter funcionários alocados em diversas partes do Brasil para possuir cobertura nacional. Essa estrutura seria cara demais e poderia inviabilizar sua expansão. Uma solução mais viável é fazer parcerias com bons canais indiretos em cada região e treiná-los para vender, instalar e dar suporte técnico ao seu produto localmente. Esse é o efeito do aumento de capilaridade proporcionado pelo modelo de vendas indiretas.

Esses canais locais, quando bem recrutados, além de entenderem bem o mercado de sua região, também já são conhecidos e têm sua reputação estabelecida entre os clientes finais daquela localidade. Em vez de ter que construir sua reputação do zero em novos mercados, canais locais com reputação estabelecida podem acelerar esse processo em nome do fabricante. É o fenômeno do empréstimo de reputação.

Essa característica se torna ainda mais importante quando o fabricante inicia sua expansão internacional e começa a fazer negócios num país estrangeiro. Por mais conhecido que esse *vendor* seja em seu mercado de origem, no novo país ele pode não passar de um ilustre desconhecido. Nesse momento, ter o respaldo de um canal indireto com boa reputação e reconhecimento naquele mercado pode fazer toda a diferença. É como se o canal indireto local transferisse, ou emprestasse, sua reputação para o fabricante estrangeiro. Os clientes finais desse novo país onde o *vendor* está iniciando negócios tendem a pensar algo do tipo: "Não conheço esse fabricante estrangeiro, mas se o canal XPTO está me apresentando, deve ser coisa boa".

Mas cuidado! A situação oposta também é possível. Se o fabricante associar sua marca a canais que não possuem boa reputação no mercado local, ou que não tenham as condições mínimas de bem representá-lo, estará automaticamente colocando em risco sua marca.

Perda de receita por transação *versus* aumento de receita total

No modelo indireto, o fabricante "perde" para o canal parte da receita de cada venda. É a comissão, ou o desconto que o fabricante irá ceder ao canal para remunerá-lo pelos seus serviços.

Colocando em números: vamos supor uma determinada venda que geraria ao fabricante R$ 100 de receita no modelo direto. No modelo indireto, esses R$ 100 podem se transformar em R$ 80, R$ 75, ou até menos, dependendo do programa de canais do fabricante.

Essa perda de receita por transação faz crescer os olhos dos fãs das vendas diretas. O *account manager* do fabricante poderia protestar: "Por que eu tenho que dar uma parte da minha receita ao canal, se eu posso vender direto e lucrar mais?".

Apesar de comum, esse não é um raciocínio correto. A premissa do modelo indireto é que a quantidade de transações irá aumentar, e esse aumento compensará a perda de receita por transação. Lembra o efeito multiplicador de negócios que acabamos de estudar? Você prefere receber R$ 100 por cada uma de suas vinte transações mensais (Fabricante 1) ou R$ 75 por cada uma de suas quarenta transações mensais (Fabricante 2)? Antes de fazer as contas, considere o próximo item.

Custo de transação

Outra premissa do modelo indireto: o custo por transação tende a ser menor para o fabricante quando comparado ao seu custo de transação no modelo direto.

Quando o fabricante adota o modelo indireto, passa a usufruir de uma série de recursos dos seus canais. Uma vez que as tarefas relacionadas à prospecção, geração de *leads*, pré-vendas, vendas, instalação e suporte são compartilhadas, parte do custo que seria assumido pelo *vendor* no modelo direto é transferida aos seus *partners*.

Dessa forma, no final das contas, mesmo com um *ticket* menor por transação (como comentado no item anterior), porém considerando o efeito multiplicador de negócios e o conceito de menor custo por transação, o lucro final tende a aumentar para o fabricante. Veja a tabela a seguir, com números hipotéticos e simplificados, meramente ilustrativos, mas que mostram bem esse conceito.

Modelo	Número de vendas por mês	Receita média por venda	Custo médio por venda	Lucro total em um mês
Fabricante 1 (Direto)	20	R$ 100,00	R$ 20,00	R$ 1.600,00
Fabricante 2 (Indireto)	40	R$ 75,00	R$ 15,00	R$ 2.400,00

Perda do controle total dos negócios

Quando o fabricante utiliza o modelo de venda direta, todos os recursos necessários para fazer seu produto chegar aos clientes finais estão sob seu total controle. Essa é uma das principais características da venda via canal direto.

Todos os recursos humanos envolvidos (vendedores, engenheiros de pré-vendas, profissionais de marketing, logística, entre outros) são funcionários do fabricante e se reportam a outros funcionários do próprio *vendor*. Dessa forma, todas as decisões de negócio (definição de preços, política de descontos, programação de eventos de marketing, estratégia de comunicação e várias outras) são controladas diretamente pelo fabricante e só dependem de sua própria vontade.

Mas a partir do momento em que a empresa decide introduzir o canal indireto em seu modelo de negócios, automaticamente gera uma complexidade adicional em seu sistema de gestão e controle. O fabricante passa a trabalhar com uma nova equipe, cujos recursos não estão sob seu controle direto. Duas empresas com interesses e objetivos diferentes se aliam de modo a conquistar um negócio que ambas desejam: um novo cliente ou uma nova venda dentro de um cliente existente. Uma relação em que não há chefes e subordinados. Ao contrário do que muitos consideram, o fabricante não é chefe do canal, nem está em uma posição superior no processo de vendas.

Para dar apenas um exemplo, o vendedor do canal indireto, que é provavelmente a pessoa que tem o maior contato com o cliente final, se reporta ao gerente de vendas do próprio canal. Ele não se reporta nem ao gerente de canais, nem a nenhum outro funcionário do fabricante. Portanto, o *vendor* não tem o direito de lhe dar "ordens", como em uma relação chefe-subordinado. Ao contrário, deverá lhe passar orientações, sugestões e recomendações, que o vendedor do canal atenderá ou não, respeitando as diretrizes de sua própria empresa e de seu superior imediato.

Até mesmo os *prospects* (potenciais clientes, ainda na fase de prospecção) e os clientes finais não estão sob o total controle do fabricante. O *vendor* tem pouco ou, às vezes, nenhum acesso a eles. Para ter uma visão detalhada da evolução dos negócios, probabilidade de novas vendas, prazos de execução de projetos, entre outras atividades, o fabricante deverá contar com a percepção e a honestidade dos funcionários dos canais. É uma relação que requer bastante confiança e reciprocidade entre as partes.

Não tenha dúvida: trata-se de uma relação mais complexa que a venda direta, mas que pode ser muito eficaz e gerar excelentes resultados para o fabricante e o canal indireto.

Meu produto é bom para os canais indiretos?

Quando o fabricante começa a avaliar a possibilidade de adotar o modelo indireto, é fundamental entender se seu produto tem as características necessárias para ser comercializado indiretamente. Até mesmo no mercado de TIC (B2B), que adota muito fortemente as vendas indiretas, existem produtos cujas características são mais aderentes ao modelo direto. Vejamos os destaques a seguir.

- **Ciclo de venda:** os canais indiretos normalmente não gostam de trabalhar com produtos que possuem ciclos de vendas muito longos. Eles preferem vender soluções que gerem um retorno mais rápido, que "circulem" mais facilmente. Até mesmo os canais baseados em valor, sobre os quais falarei mais tarde, não aceitam ciclos de venda tão extensos. Portanto, quanto mais longo o ciclo de venda de um produto, maior a probabilidade de que a venda direta seja mais eficiente.
- **Complexidade do produto:** em linhas gerais, os canais indiretos não se dão bem com produtos muito complexos, cujos diferenciais e retorno de investimento são difíceis de ser entendidos e explicados ao usuário final. Produtos muito complexos estão mais associados à venda direta.
- **Necessidade de treinamento:** quanto mais complexo o produto, maior a necessidade de treinamento para as equipes de pré-vendas, vendas, implementação e suporte dos canais indiretos. Produtos que demandam uma quantidade muito grande de horas de treinamento e atualização costumam se dar melhor com o canal direto.
- **Ciclo de vida:** os canais indiretos também possuem dificuldade de posicionar no mercado produtos novos, que acabaram de ser lançados no mercado. Sejamos honestos: normalmente o próprio fabricante não tem ainda o *know-how* daquela nova tecnologia sob o seu total controle. Portanto, delegar a um terceiro a tarefa de vender esse novo produto pode ser algo bastante difícil. Por essa razão, quanto mais novo for o produto ou a tecnologia (quanto mais no início de seu ciclo de vida estiver), mais propenso para ser vendido de maneira direta.

OS VÁRIOS TIPOS DE CANAIS INDIRETOS

Vamos aproveitar este capítulo para estudar também os principais tipos de canais indiretos presentes no mercado de TIC (Tecnologia da Informação e Comunicação), seus pontos fortes e fracos e o que se pode esperar de cada um deles. Conhecendo as características de cada um, o gerente de canais e os demais funcionários do fabricante poderão obter melhor aproveitamento de suas principais qualidades e potencializar o processo de vendas.

É importante estarmos familiarizados com as diferentes (e às vezes conflitantes) nomenclaturas que nosso mercado utiliza para definir os vários tipos de canais indiretos. Algumas dessas definições são aceitas de maneira unânime, mas boa parte delas possui diferentes interpretações, dependendo da empresa e do produto. Até mesmo entre os acadêmicos que pesquisam sobre esse assunto há divergências.

Portanto, não se assuste se sua empresa ou seu segmento de atuação classificar esses tipos de canais de maneira diferente, de acordo com as funções e atividades que exercem. Mais importante que uma definição teórica precisa dessas organizações é implementar modelos de negócios vencedores com elas, que façam sentido tanto para o *vendor* como para os *partners*.

Canais de volume *versus* canais de valor

Uma primeira consideração que deve ser feita, ao analisarmos os diversos tipos de canais indiretos existentes no nosso mercado, é ter em mente que alguns deles focam no volume, enquanto outros, no valor. Embora ambas as estratégias visem gerar a maior lucratividade possível para seus acionistas, as maneiras pelas quais elas atingem esses objetivos são bem diferentes.

Para os canais de volume, o importante é a quantidade de transações efetuadas. É desse tráfego intenso de pedidos e da movimentação constante de seu estoque que esses canais vão retirar sua receita. A seguir, vejamos as características principais desse tipo de empresa:

- os canais de volume não oferecem serviços profissionais nem suporte técnico especializado para os produtos que comercializam;

- não treinam seu pessoal tão intensamente, como fazem os canais baseados em valor;
- costumam contratar funcionários mais baratos, pois não requerem muita especialização dos colaboradores;
- não fornecem customização dos produtos que vendem;
- em geral suas margens por transação são pequenas, visto que o objetivo é ganhar na quantidade das transações efetuadas.

Já os canais focados em valor trabalham com uma quantidade menor de transações, uma vez que focam nos aspectos qualitativos de cada uma das vendas que realizam. Em linhas gerais, esses canais:

- vendem soluções e não simplesmente produtos;
- integram os produtos de diversos fornecedores para compor sua oferta final;
- especializam-se em determinados segmentos de mercado;
- oferecem serviços de consultoria, customização e suporte técnico especializado;
- estão acostumados com ciclos de vendas um pouco mais longos então, consequentemente, o custo da venda é maior;
- qualificam os *leads* por meio de ferramentas específicas, para poderem trabalhar em negócios que sejam aderentes às soluções ofertadas.

Conforme comentei anteriormente, no intuito de fazer deste livro o mais abrangente possível, focarei em um tipo de canal denominado *Value Added Reseller* (VAR). Esse tipo de canal, como o próprio nome já deixa claro, é baseado em valor, não em volume.

Revendas (*Resellers*)

Trata-se do tipo mais simples de canal indireto. As revendas compram o produto do fabricante e o revendem para o cliente final. Logicamente, elas acrescentam uma margem para cobrir os custos associados à venda e, também, para que possam obter lucro nessa transação. Simples assim.

Talvez o maior valor que as revendas proporcionam à cadeia de distribuição seja o aumento de capilaridade para o produto do fabricante. Elas possibilitam ao fabricante ampliar sua região de cobertura, aumentando o número de clientes acessados, enquanto, ao mesmo tempo, permitem que os clientes finais tenham maior facilidade na busca pelo produto de que necessitam.

As revendas também exercem um papel importante ao cuidar das transações de vendas com múltiplos clientes finais, reduzindo os esforços operacionais do fabricante. A conta é simples: em vez de cuidar dos trâmites burocráticos que envolvem dezenas, centenas ou até milhares de clientes diretos, o fabricante tem esse trabalho muito reduzido quando passa a cuidar apenas das transações com suas revendas.

As revendas são particularmente úteis para os *vendors* cujos produtos não são complexos. Produtos que não precisam de treinamento técnico profundo (aqueles em que somente o manual de instruções já é o suficiente), podem ser facilmente instalados pelo próprio cliente e não precisam de produtos e/ou serviços complementares para compor a oferta são os mais indicados para as revendas. O fabricante fica, dessa maneira, "apenas" no seu papel de produtor e repassa toda a "dor de cabeça" dos processos de venda para suas revendas.

Esses produtos menos complexos, na maioria das vezes mais baratos, podem não ser atrativos para o fabricante vender diretamente e ter que arcar sozinho com os custos dessa venda. Já as revendas, como trabalham com diversos produtos, de várias marcas, podem aumentar o *ticket* médio e, dessa forma, diluir o custo da venda entre diversos produtos.

No segmento de Tecnologia da Informação e Comunicação (TIC), as revendas estão cada vez perdendo mais espaço para outros tipos de canais, como os VARs e os *Systems Integrators*. Isso acontece porque a maioria dos produtos desse setor são mais complexos e, portanto, exigem outros serviços e produtos agregados para compor uma oferta mais atrativa para o cliente final.

Revendas de valor agregado (*Value Added Resellers* — VARs)

Como o próprio nome já diz, a principal diferença dos VARs está no fato de agregarem valor em relação ao simples processo de revenda. Eles têm sido cada vez mais importantes na cadeia de distribuição do setor de TIC. Os VARs se dedicam a "incrementar" os produtos existentes e a criar uma oferta customizada para o cliente final. Oferecer "valor adicional" ajuda a criar e a consolidar a relação com o usuário, o que pode levar à geração de novos negócios (*up selling/cross selling*).

Esse "valor adicional" pode se materializar de diversas maneiras, a depender do tipo de solução comercializada. Algumas possibilidades são descritas a seguir.

- **Desenvolvimento próprio:** os VARs normalmente contam com uma equipe de desenvolvimento própria. Dessa forma, podem criar uma aplicação ou um produto específico que complementa determinado produto do *vendor* para vender ambos (aplicação própria e produto do fabricante) como um *bundle*. Este *bundle* pode fazer sentido, por exemplo, para alguma vertical específica de mercado. Assim, os VARs podem fornecer soluções *turnkey*, prontas para uso e customizadas para as necessidades dos clientes finais.

- **Serviços profissionais:** os VARs normalmente têm equipes especializadas para oferecer consultoria, pré-vendas, serviços de instalação, suporte técnico e treinamento. Cada vez mais os VARs procuram ampliar o escopo de serviços oferecidos, uma vez que esses serviços são uma fonte importante de faturamento recorrente e de aumento de lucratividade. Além disso, estabelecer um portfólio atraente de serviços reduz, para os VARs, a dependência das novas vendas de produto (o que para o fabricante pode ser algo preocupante...).

- **Oferta de produtos complementares, de outros *vendors*:** como sabemos, a imensa maioria dos canais do segmento de TIC firma aliança com diversos fabricantes. Alguns canais podem vender soluções de um fabricante A, que são complementares às soluções do fabricante B e que, ao serem vendidas em conjunto (pelos VARs), tornam a oferta mais atrativa para o cliente final. Por outro lado, os fabricantes A e B também se beneficiam dessa estratégia, à medida que veem seus produtos inseridos numa oferta mais ampla, muitas vezes mais convidativa aos olhos dos clientes finais. Do ponto de vista dos VARs, relacionar-se com diferentes produtos lhes proporciona um conhecimento mais completo de todo o mercado (eles deixam de ser vistos como especialistas em certa marca e passam a ser considerados especialistas no mercado). Os VARs conseguem, dessa forma, compreender melhor as demandas e as necessidades dos clientes finais.

Os VARs trabalham com um portfólio variado de produtos e serviços. Esse atributo traz vantagens tanto aos clientes finais como aos fabricantes. Do ponto de vista dos clientes finais, isso proporciona uma comodidade adicional, uma vez que os VARs podem se transformar no ponto único de contato em projetos que envolvem soluções de diversos fabricantes (em vez de negociar com diversos provedores, o cliente final fala somente com o VAR). Já em relação aos *vendors*, possibilita o alcance de muitos setores de mercado sem haver necessidade de investimentos em marketing e funcionalidades específicas para cada novo segmento.

Além de uma equipe comercial, que ajudará o fabricante a posicionar seus produtos no mercado, e de uma equipe de serviços responsável pela instalação, suporte técnico e treinamento, os VARs ainda costumam dispor de consultores de pré-vendas devidamente treinados e certificados pelo fabricante. Como no modelo de venda indireta normalmente o fabricante não conta com uma equipe numerosa, essa possibilidade de ter os profissionais dos VARs cuidando do design e da pré-venda dos projetos é algo muito valorizado pelo *vendor*. É uma maneira que o fabricante tem de diminuir o custo de contratação de funcionários especializados.

Tornar-se um VAR normalmente requer maiores investimentos em relação às revendas comuns. Isso porque a empresa terá que investir em capacitação e, eventualmente, contratação de novos funcionários com habilidades específicas para poder cumprir com os serviços que executará em nome do fabricante.

Com relação ao modelo comercial, normalmente os VARs compram os produtos do fabricante por um preço especial (com desconto diferenciado, de acordo com sua categoria no programa de canais do *vendor*) e adicionam uma margem para revender aos clientes finais. Veja o capítulo 4 para mais detalhes sobre o programa de canais.

Existem ainda *vendors* que preferem fixar o preço para os clientes finais e destinam aos VARs uma porcentagem desse montante. Esse percentual também varia de acordo com a categoria dos VARs no programa de canais do fabricante.

Integradores de sistemas (*Systems Integrators*)

Por definição, os *systems integrators* são empresas responsáveis pela identificação, análise e execução de projetos complexos no segmento de TIC. Esses projetos podem envolver elementos de software, hardware, redes, *storage*, entre outros, normalmente combinando produtos de diversos fabricantes (daí vem o termo "integrador de sistemas").

Do ponto de vista do cliente final, aquele que tem uma demanda complexa e busca pela melhor solução disponível, recorrer a um *systems integrator* simplifica a contratação e o gerenciamento, pois garante um único interlocutor. Tecnicamente, a solução desenhada tende a ser a melhor disponível, uma vez que os *systems integrators* devem possuir *expertise* técnica de alto nível e amplo conhecimento das tecnologias envolvidas.

<u>Qual é a diferença entre VARs e *Systems Integrators*?</u>

É muito comum fazer confusão entre esses dois tipos de empresas: os *systems integrators* e os VARs. Muitas vezes, classificamos determinada empresa como *systems integrator*, e, na verdade, ela desempenha papel de VAR. O oposto também acontece.

Como mencionei anteriormente, na minha opinião essa confusão de nomenclaturas tem uma importância menor. O fundamental mesmo é que os canais estejam agregando valor e gerando negócios para o *vendor*, e vice-versa, da maneira como foi combinado entre as duas empresas. O nome pelo qual são chamados, ou como são classificados, acaba fazendo pouca diferença. No entanto, nem que seja para fins teóricos, vale a pena entender as sutis diferenças conceituais que existem entre os *systems integrators* e os VARs.

Um dos principais fatores de diferenciação é que os *systems integrators* "trabalham" para o cliente final, enquanto os VARs "trabalham" para o fabricante. Sendo assim, não existe teoricamente uma relação formal (de parceria) entre os *systems integrators* e o *vendor*. Os *systems integrators* recebem uma demanda de seu cliente final, e buscam no mercado as marcas disponíveis e necessárias para comporem a solução final. Já os VARs possuem um contrato de representação dos produtos do fabricante, e têm o compromisso de promoverem tais produtos no mercado.

Geralmente não existe um contrato de parceria entre *systems integrators* e fabricante. Sendo assim, os *systems integrators* não têm a obrigação de cumprir os programas de treinamento e certificação do *vendor*. Também não participam de atividades de marketing conjunto. Em outras palavras, se formos bem rigorosos com as definições, os *systems integrators* não devem fazer parte do programa de canais do fabricante.

Do ponto de vista do cliente final, é importante que os *systems integrators* mantenham uma posição de independência em relação aos fabricantes. Só assim se garante, em teoria, que os *systems integrators* estejam totalmente livres e à vontade para definir a melhor marca. Caso fosse diferente, e existisse um contrato de parceria entre *systems integrators* e *vendor*, essa independência para a escolha da melhor solução estaria sob suspeita. Por essa razão, o *vendor* que fecha um negócio com a ajuda de um *systems integrator* normalmente arca com todos os serviços envolvidos, desde as fases de pré-vendas e design, passando por implementação, treinamento e suporte técnico. Até porque, como falado anteriormente, em geral, os *systems integrators* não participam dos programas de treinamento e certificação do fabricante e, portanto, não estão capacitados para essas atividades.

Os *systems integrators* costumam ser empresas multinacionais muito grandes. Por isso, normalmente focam em projetos de maior complexidade e abrangência. Muitas vezes esses projetos envolvem diversas filiais, até mesmo em países diferentes. Já os VARs, por serem empresas de menor porte, acabam se dedicando aos projetos locais, ou no máximo regionais.

Resumindo, do ponto de vista estritamente teórico, temos:

VARs	"Trabalham" para o fabricante	Assinam contrato de parceria com o fabricante	Cumprem todas as obrigações do programa de canais (treinamento e certificação, entre outras)	Atuam em projetos de menor porte, de abrangência local ou regional
Systems Integrators	"Trabalham" para o cliente final	Não assinam contrato de parceria com o fabricante	Não têm vínculo com o programa de canais do fabricante	Atuam em projetos de maior porte, muitas vezes internacionais

Agentes de vendas (*Sales Agents*)

Os agentes de vendas representam uma forma bem peculiar de canal indireto. Eles têm a missão de indicar potenciais oportunidades de negócios ao fabricante, colocando-o frente a frente com o *prospect* (potencial cliente).

Os agentes de vendas são empresas independentes, muitas vezes formadas por apenas uma pessoa (empresas individuais), que detêm um conhecimento muito grande do mercado em que atuam. Os agentes de vendas possuem conexões com as pessoas-chave e com os tomadores de decisão das empresas que podem se interessar pelo produto do fabricante que representam.

É um tipo de relação que se assemelha muito a de um corretor de imóveis ou de seguros. Os agentes de vendas têm a missão de unir os interessados em vender com os interessados em comprar. Em nenhum momento assumem a posse dos produtos do fabricante (não existe, portanto, o conceito de revender). Eles também não são responsáveis pela cobrança, treinamento ou suporte técnico.

Para remunerar seu trabalho, o *vendor* paga uma comissão aos agentes de vendas quando o negócio é fechado. Normalmente, essa comissão é uma porcentagem do valor final da venda. O valor desse percentual varia de acordo com o envolvimento do agente no processo de venda. Agentes que somente indicam o negócio e "saem do circuito" recebem uma porcentagem menor do que aqueles que participam do processo até as fases de negociação e fechamento. Obviamente, a porcentagem que o fabricante paga de comissão aos *sales agents* é bem menor do que a comissão paga aos VARs, uma vez que o valor que os VARs agregam ao processo como um todo é muito maior.

Embora não seja tão comum no nosso segmento, os *sales agents* também podem ser contratados com o objetivo de auxiliar os *vendors* na tarefa de recrutamento de novos canais indiretos. Como esses profissionais detêm um conhecimento muito grande do mercado em que atuam, é comum que conheçam boas empresas para recomendar ao fabricante (veja mais sobre recrutamento de canais no capítulo 5).

Os agentes de vendas constituem um canal de vendas muito barato para o fabricante, e podem ser bastante úteis como complementares aos outros tipos de canais indiretos utilizados pelo *vendor*.

Parceiros de serviços (*Services Partners*)

Existem empresas que desenvolvem, ao longo do tempo, um corpo técnico tão especializado e bem treinado que a prestação de serviços acaba se tornando o carro-chefe de sua oferta.

Por outro lado, o fabricante precisa, para que sua estratégia de vendas indiretas ascenda, de parceiros que disponham de profissionais técnicos que consigam realizar as tarefas de forma independente, sem necessidade de intervenção constante do *vendor*.

Mesmo sabendo que a execução de serviços em nome do fabricante é uma das atribuições dos VARs, é comum que eles demorem um tempo até atingirem um nível de conhecimento suficiente para prestar serviços sozinhos. Por essa razão, em alguns cenários, é recomendável que o *vendor* possua parceiros de serviços.

Esses *services partners* são empresas que não têm como foco a venda dos produtos do fabricante. No entanto, elas cumprem um papel fundamental, na medida em que possuem preparo para realizar, em nome do *vendor*, instalações, integrações, customizações e demais serviços profissionais. Essas empresas auxiliam o fabricante a entregar projetos complexos com o prazo e a qualidade exigidos pelo próprio fabricante e pelo cliente final.

Ao utilizar os parceiros de serviços, o fabricante também consegue reduzir os custos do projeto (pois os serviços dos *partners*, via de regra, são mais baratos que os do *vendor*), ao mesmo tempo que atendem às exigências regulatórias e de *compliance*.

"One-tier" e "Two-tier"

Uma estrutura de distribuição baseada em canais indiretos pode ser configurada de algumas maneiras diferentes. Uma diferenciação comum diz respeito ao número de camadas de distribuição existentes entre o fabricante e os clientes finais. Daí surgem as expressões *one-tier* e *two-tier distribution* (distribuição em uma ou duas camadas). A seguir, vamos às definições e às explicações.

One-tier distribution: quando o *vendor* se relaciona diretamente com seus canais indiretos, que por sua vez, vendem para os clientes finais.

Two-tier distribution: no modelo de duas camadas, existe a figura do distribuidor entre o *vendor* e os "canais da segunda camada" (*Tier-2 Channels*). Esses canais de segunda camada têm o relacionamento com os clientes finais. Em outras palavras, o fabricante vende seus produtos para os distribuidores, que por sua vez os revendem para os *Tier-2 Channels* (VARs, revendas, entre outros). Os *Tier-2 Channels*, então, têm a tarefa de vender os produtos para os clientes finais.

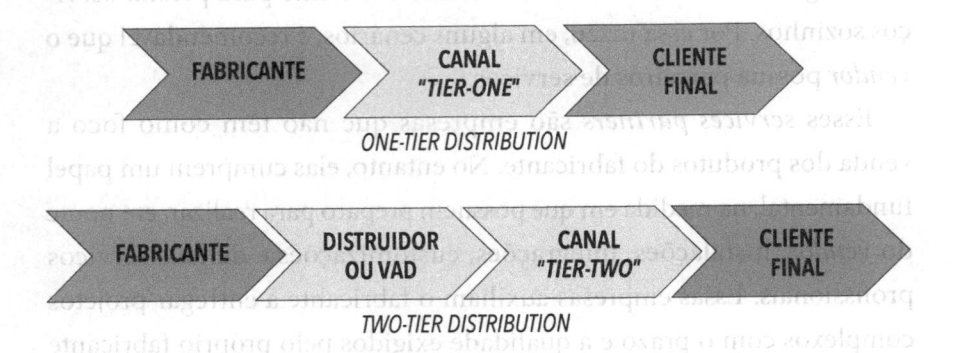

FABRICANTE → CANAL "TIER-ONE" → CLIENTE FINAL
ONE-TIER DISTRIBUTION

FABRICANTE → DISTRUIDOR OU VAD → CANAL "TIER-TWO" → CLIENTE FINAL
TWO-TIER DISTRIBUTION

Existem algumas vantagens do modelo de distribuição em duas camadas conforme descrito a seguir.

- Os distribuidores ajudam as revendas menores (aquelas que não teriam condições sozinhas de estabelecer parceria com o fabricante) a fazer parte da cadeia de distribuição.
- Por terem relacionamento com uma quantidade grande de canais indiretos, os distribuidores auxiliam os *vendors* no processo de recrutamento de novos *partners*.
- Do ponto de vista do *vendor*, é muito mais simples gerenciar os contratos, as compras, os pagamentos e o crédito de um pequeno número de distribuidores, em vez de fazer essas atividades para uma quantidade enorme de canais indiretos. Em outras palavras, o fabricante pode terceirizar toda essa mão de obra burocrática para seus distribuidores.
- A distribuição em duas camadas é especialmente útil quando o modelo de negócios do fabricante requer a utilização de uma quantidade grande de revendas. Na impossibilidade de gerenciar de perto as atividades de todas elas, o fabricante delega essa atribuição

aos distribuidores. Quando o *vendor* trabalha com poucos canais, geralmente faz mais sentido o modelo de uma camada.

Vale ainda ressaltar que, embora não seja tão comum, há fabricantes que adotam, para seus canais menores, um modelo *two-tier*, ao passo que preservam um relacionamento de *one-tier* com seus canais maiores. Nesse caso, existe a figura do distribuidor (ou distribuidores) para alguns *partners*, e para outros a relação é direta com o fabricante, sem a figura do distribuidor.

Outro ponto importante, que não posso deixar de comentar: os distribuidores, por definição, não vendem para os clientes finais. Permitir que um distribuidor tenha essa possibilidade seria um erro grave, que poderia desequilibrar completamente o sistema de vendas indiretas do fabricante. Isso configuraria uma situação, no mínimo estranha, em que o distribuidor passaria a competir com seus "clientes" (as revendas que ele gerencia) pela conquista de um usuário final, o que poderia abrir portas para um severo conflito de canais.

Distribuidores e VADs

Da mesma forma que temos as revendas e as revendas de valor agregado (conforme explicado anteriormente), em um sistema de distribuição de duas camadas também existem os distribuidores e os distribuidores de valor agregado, os *Value Added Distributors* (VADs).

E quais as diferenças entre eles?

Os distribuidores se dedicam basicamente aos aspectos logísticos da distribuição. Eles recebem os pedidos dos canais *two-tier* e se encarregam de todos os trâmites necessários para comprar os produtos do fabricante e entregá-los para esses canais. Eles são conhecidos no mercado como "*box movers*" (algo como "transportadores de caixas"), e, de modo geral, seus profissionais não possuem um profundo conhecimento sobre as marcas que representam. Apesar de oferecerem um portfólio de serviços limitado, podem ser extremamente úteis para certos tipos de *partners*.

Os VADs também se encarregam da logística, mas têm como ponto alto de seu portfólio as atividades de desenvolvimento de mercado e dos canais indiretos em nome do fabricante com quem atuam. Lembrando um conceito sobre o qual já falei neste livro, os distribuidores são canais de volume e os VADs são canais de valor.

Além de recrutarem canais indiretos para trabalhar com os *vendors*, os VADs normalmente auxiliam o fabricante em algumas tarefas específicas, como a capacitação e a certificação dos funcionários dos canais indiretos, criação e execução de campanhas de geração de demanda (ou geração de *leads*), eventos de marketing, *roadshows*, demos, entre outras.

Geralmente os VADs oferecem uma ampla gama de produtos (marcas), de diferentes categorias, mantêm estoque, administram seus próprios depósitos, oferecem crédito para os canais e possuem profissionais de vendas dedicados, com grande conhecimento dos produtos, serviços e mercados com os quais trabalham.

Em operações multinacionais, muitas vezes o fabricante não possui os recursos necessários para abrir uma filial num país estrangeiro com a rapidez que nosso segmento exige. Dependendo do país, mesmo que não faltem recursos ao *vendor*, pode não fazer sentido abrir uma subsidiária em um mercado que não seja grande o suficiente. Nesses casos, um VAD pode fazer as vezes do fabricante, cumprindo as atividades relacionadas ao desenvolvimento e gerenciamento desse novo mercado.

FABRICANTE E CANAIS INDIRETOS: UMA RELAÇÃO SEM CHEFES E SUBORDINADOS

Já estamos chegando ao final deste capítulo sobre os fundamentos das vendas indiretas. Mas antes de terminar, gostaria de reforçar um conceito que considero um dos pilares mais importantes para a boa relação e o êxito em um modelo com canais indiretos: o fabricante não é o chefe dos seus canais. Em outras palavras, os canais não devem obediência ao fabricante, tampouco têm posição inferior no processo de vendas.

Infelizmente, ainda é muito comum o fabricante e seus funcionários adotarem uma posição de arrogância em relação aos parceiros e acharem que seus *partners* lhes devem subordinação. Algumas características descritas a seguir ajudam a explicar essa postura.

- Normalmente os fabricantes são empresas multinacionais (às vezes gigantes), enquanto muitos dos canais (a maioria) são empresas bem menores, muitas vezes familiares.
- Os fabricantes são os detentores da tecnologia, da inteligência do produto, enquanto os canais indiretos "apenas" revendem essa tecnologia, adicionando seus serviços.
- Geralmente são os fabricantes que recrutam os *partners*, e isso passa a sensação de que existe uma relação de patrão e empregado.

Embora esses pontos sejam verdadeiros, é importante que esteja claro para o fabricante que seus parceiros são empresas independentes, com seus patrões e funcionários, suas políticas e suas metas de crescimento. Para os canais indiretos, o fabricante é uma das "matérias-primas" utilizadas para atingir seus próprios objetivos. Assim como o fabricante pode não querer mais trabalhar com determinado canal, a recíproca é verdadeira. Ninguém é chefe de ninguém. Se esse fato estiver claro para ambas as partes (especialmente para o fabricante), a relação tem mais chances de prosperar.

Sem chefes, sem subordinados, mas com regras bem claras!

"A regra é clara!". Essa frase se tornou famosa na voz do ex-árbitro de futebol e ex-comentarista Arnaldo Cezar Coelho. Sempre que havia algum lance polêmico na partida, ele era chamado pelo narrador para elucidar o caso. E dizia sempre "a regra é clara", justamente para enfatizar que não havia motivos para dúvida. Em outras palavras, bastava aplicar a regra para que qualquer situação de conflito fosse resolvida.

Assim deveria ser também com nossos programas de canais. Ter regras claras!

No entanto, o que tenho observado nesses anos todos de carreira é que os fabricantes, de uma maneira geral, têm dificuldade não só para criar bons regulamentos, mas principalmente para cumpri-los. Frequentemente abrem exceções, a quantidade de exceções aumenta e elas acabam virando regra, que tornam a não serem cumpridas, e o círculo vicioso se estabelece...

Não tenho dúvidas de que um dos principais motivos para o fracasso dos programas de canais é a grande dificuldade que os fabricantes têm de cumprir as regras que eles próprios criam. Ora por dificuldade de dizer "não", ora por não querer entrar em atrito com o canal, ora por precisar muito de uma venda no final do trimestre, enfim, os motivos são vários.

Na sequência, destaco alguns pontos que considero de extrema importância quando se trata de criação, divulgação e cumprimento das regras.

- **A regra precisa existir.** Não tem jeito, para trabalhar com vendas indiretas, é mandatório possuir um conjunto de regras, claras e simples, para que todos possam recorrer em caso de situações de conflito. Esse conjunto de regras, que define direitos e deveres do fabricante e de seus *partners*, faz parte do programa de canais (conforme estudaremos no capítulo 4). Ele deve ser completo o suficiente para que a grande maioria das questões possa ser resolvida por si só, sem necessidade de arbitragem.
- **Todos precisam conhecer as regras.** Ao trazer um novo canal para seu ecossistema, o fabricante deve lhe explicar detalhadamente todas as regras, e pedir que o novo canal assine o regulamento com o seu "de acordo". É recomendável que o documento seja formalmente assinado a fim de evitar "surpresinhas" futuras. E os parceiros mais antigos? Supostamente eles já conhecem todas as regras. No entanto, os funcionários dos *partners* mudam, e os que não mudam, muitas vezes esquecem. Portanto é importante fazer sessões de *refresh*.

- **"Ah, mas essas regras são muito ruins!"** Não tem problema, se as regras são ruins, vamos trabalhar para alterá-las. Mas enquanto isso não é feito, continuemos obedecendo às regras ruins. Pior do que ter regras ruins é não ter nenhuma regra.
- **"Essas regras estão muito engessadas, precisamos de mais liberdade!"** Cuidado! Muita liberdade pode facilmente se transformar em anarquia, bagunça! Trabalhar com canais indiretos é sempre desafiador. Em muitos casos, duas ou mais empresas estão lutando por um mesmo recurso, por um mesmo projeto, por uma mesma venda, por um mesmo "dinheiro" (veja o capítulo 12, que trata sobre o conflito de canais). Se o programa de canais não definir as regras que o fabricante vai usar para resolver situações de conflito (de maneira preventiva e corretiva), o canal que não tiver seu pleito atendido vai se sentir prejudicado, ficará irritado com o fabricante, e a parceria pode ficar arranhada.
- **Não basta ter as regras, é preciso aplicá-las.** Você conhece um país em que muitas regras boas existem, porém não são cumpridas? Pois é, eu também conheço esse lugar. É frustrante, não é? Muito bem, imagino que você não vai querer esse tipo de situação acontecendo na sua empresa, com seus canais. Portanto, nada de abrir exceções! Nada de "é só desta vez". Infelizmente, muitas empresas que atuam com vendas indiretas preferem deixar "a coisa solta", sem regras claramente definidas, para que cada situação de conflito possa ser resolvida de acordo com as conveniências da ocasião. Isso é péssimo! Tem tudo para dar errado.
- **Quem é o dono do apito?** Por mais completo e bem-feito que seja um programa de canais, a dinâmica dos negócios sempre poderá nos surpreender com situações inéditas, que não foram previstas. Não se apavore se isso acontecer, pois é supernormal. Por esse motivo, é fundamental que o programa de canais tenha bem definido quem será o responsável por arbitrar em situações de impasse.

ACONTECEU COMIGO

Em uma empresa que trabalhei, havia um comitê para resolução desses impasses, formado pelo diretor de vendas, pelos gerentes de canais envolvidos na situação e pelo diretor de pré-vendas. Esse comitê se reunia com certa periodicidade, e também em situações especiais, quando surgia uma emergência. A situação de conflito era debatida e chegava-se a uma resolução.

"Lo que es igual, no es ventaja"[5]

Esse é um ditado que aprendi com um executivo chileno, diretor de uma importante multinacional. O sentido da frase é muito importante, e quero deixar como mensagem final deste tópico dedicado às regras: seus canais devem estar seguros de que as regras existentes em seu programa de canais valem de maneira igual para todos os *partners*, sem nenhum tipo de distinção ou preferência. São todos iguais perante a lei.

Se o *vendor* conseguir que seus parceiros tenham essa certeza, terá percorrido uma parte importante do caminho rumo ao sucesso em suas alianças de negócio.

Como fazer com que esse tipo de aliança funcione bem, sem chefes e sem hierarquia?

Um dos pontos fundamentais, como comentei anteriormente, é ter regras claras que definam direitos e deveres de ambas as empresas. Isso evita que alguma das partes (ou ambas) se sinta prejudicada e, princi-

---

5. "O que é igual não é vantagem", em português.

palmente, que a parceria se deteriore por falta de ações apropriadas ou por desentendimentos que surjam no meio do caminho.

Mas é fundamental também que exista um grande líder, um grande "síndico" que tome conta de todos os temas que se relacionem às vendas indiretas. Essa figura é o gerente de canais, a quem costumo chamar de "o grande maestro" de todo esse ecossistema.

Ele tem um papel importantíssimo nesse modelo. Ele deve atuar como uma ponte entre o fabricante e o canal indireto, facilitando a comunicação e o entendimento, além de garantir que todos os direitos e deveres de ambas as empresas sejam respeitados. Por ser uma figura tão fundamental, o próximo capítulo será totalmente dedicado ao gerente de canais.

3
GERENTE DE CANAIS: O MAESTRO DAS VENDAS INDIRETAS

Em um modelo de vendas indiretas (ou na parte indireta de um modelo híbrido) temos de um lado o fabricante e de outro lado os canais indiretos, cada qual com seus respectivos interesses e objetivos de negócio. Nesse tipo de estrutura, é importante ter um elemento de ligação entre as duas partes (fabricante e canais), que seja responsável pela interface e pela coordenação dos negócios entre as duas empresas. Alguém que defenda os interesses do fabricante dentro do *partner*, que entenda os objetivos dos parceiros e possa transmiti-los dentro das diversas áreas do fabricante. Esse profissional é o gerente de canais.

O gerente de canais (*channel manager*, em inglês) é um funcionário do fabricante que deve gerenciar o relacionamento com os canais, bem como garantir que eles desempenhem bem suas tarefas. Dependendo da empresa, esse profissional pode ser chamado por outros nomes, como executivo de canais, gerente de desenvolvimento de canais, entre outras denominações, a depender da criatividade da empresa.

Embora presente em virtualmente todos os segmentos que adotam as vendas indiretas, o gerente de canais é uma função particularmente muito presente no setor de TIC. Ele tem o objetivo de garantir o sucesso (lucratividade) e a longevidade da relação entre o fabricante para quem trabalha e os parceiros que gerencia. Entre suas tarefas principais está a gestão do programa de canais, garantindo que as regras estipuladas sejam cumpridas por todos os *partners*.

Ele deve assegurar que os parceiros estejam preparados para executar todas as tarefas para as quais foram recrutados. Entre essas tarefas, dependendo do tipo de parceria, estão incluídas as atividades de geração de *leads*, pré-vendas, vendas, instalação, suporte técnico, treinamento, marketing, entre outras. Além da gestão dos canais existentes, cabe também ao gerente de canais liderar o processo de recrutamento de novos *partners*, definindo o processo a ser adotado e os critérios para seleção dos novos parceiros (conforme veremos no capítulo 5).

O gerente de canais deve ser um profundo conhecedor do modelo de negócios dos *partners* que gerencia. Ele tem a tarefa de orientar os profissionais dos parceiros a conseguirem o maior êxito possível em seus negócios, usando como ferramenta os produtos do fabricante. Em outras palavras, o gerente de canais deve ter em mente que seus produtos serão encarados pelos canais como meios para que eles atinjam os objetivos individuais de suas próprias empresas.

Esse profissional deve dispor de um bom conhecimento de finanças e estar familiarizado com cálculos de ROI (retorno sobre o investimento), fluxo de caixa, engenharia financeira, e todos os demais recursos disponíveis que permitam que seus parceiros o vejam como um excelente consultor de negócios.

O gerente de canais costuma ser considerado como um cargo de média gerência, e o número de *partners* que um profissional desses pode cuidar varia muito de empresa para empresa, não existindo uma quantidade-padrão que possa ser tomada como referência.

UM LÍDER SEM CARGO

Os vendedores dos *partners* não se reportam formalmente aos gerentes de canais do fabricante, pois trabalham para empresas diferentes e independentes entre si, conforme já estudamos no capítulo 2. Para compensar a falta do poder hierárquico, o gerente de canais deve dispor de algumas habilidades fundamentais para que possa exercer bem sua função. Vejamos a seguir.

- **Credibilidade:** um bom gerente de canais deve ter tanta credibilidade e influência sobre os vendedores e demais profissionais dos *partners*, a ponto que esses acabem acatando suas recomendações, mesmo não existindo o poder hierárquico entre eles. Esse é um dos fatores-chave para o bom desempenho do gerente de canais. Se ele perder sua credibilidade e, consequentemente, sua influência perante o canal, terá muitas dificuldades para cumprir seus objetivos.
- **Negociação:** como não possui o poder hierárquico em seu favor, o gerente de canais deve possuir fortes habilidades de negociação. Em seu relacionamento diário com seus canais, não há lugar para ordens. Tudo deve ser feito de maneira negociada e consentida.
- **Empatia:** para entender como os *partners* se sentem em relação às mais variadas demandas do fabricante, colocar-se no lugar deles e saber transmitir esse sentimento para dentro de casa (para seus colegas e superiores dentro do fabricante), a empatia deve fazer parte do dia a dia desses profissionais.
- **Bom ouvinte e bom comunicador:** ser um bom ouvinte para entender corretamente as demandas de um lado da equação e saber comunicá-las bem à outra parte (fabricante <-> canais indiretos).
- **Paciência:** muitas vezes os parceiros vão ligar somente para "chorar as pitangas", para reclamar da vida, dizer que está difícil vender, criticar o fabricante etc. Por experiência própria, é melhor não estressar. Convém, sempre que possível, compreender a frustração dos canais e propor saídas para a situação.

- **Disciplina e consistência:** são dois atributos que não podem faltar em um gerente de canais. Não adianta nada passar um dia inteiro com um *partner* e depois só voltar a falar com ele dali a um mês. Seu trabalho como motivador, seu entusiasmo, suas cobranças e seus elogios devem ser constantes.

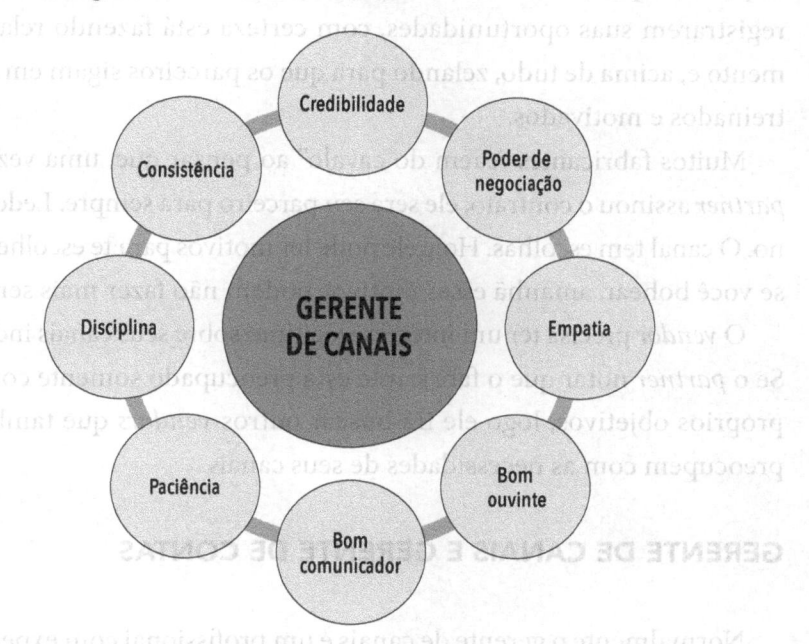

Diagrama: GERENTE DE CANAIS — Credibilidade, Poder de negociação, Empatia, Bom ouvinte, Bom comunicador, Paciência, Disciplina, Consistência.

A IMPORTÂNCIA DO RELACIONAMENTO

Gerenciar canais indiretos tem absolutamente tudo a ver com relacionamento. Os executivos dos fabricantes frequentemente esquecem que uma parceria com um canal, como qualquer relacionamento, precisa ser nutrida e cuidada, necessita de monitoria constante. Não pense que esse relacionamento vai andar com as próprias pernas sem que o gerente de canais, junto às demais áreas do *vendor*, esteja constantemente cuidando dele.

Não me refiro àquele conceito ultrapassado de relacionamento, o famoso *"vou dar uma passadinha aí pra tomar um café"* (sem nenhuma agenda produtiva para acontecer durante o café). Na verdade, todas as atividades descritas neste livro têm a ver com relacionamento com os canais. Todas as tarefas do gerente de canais são atividades de relacionamento.

Quando o gerente de canais organiza um *webinar*, ou quando convida os *partners* para um treinamento, ou quando incentiva os parceiros a registrarem suas oportunidades, com certeza está fazendo relacionamento e, acima de tudo, zelando para que os parceiros sigam em frente, treinados e motivados.

Muitos fabricantes "caem do cavalo" ao pensar que, uma vez que o *partner* assinou o contrato, ele será seu parceiro para sempre. Ledo engano. O canal tem escolhas. Hoje ele pode ter motivos para te escolher. Mas, se você bobear, amanhã esses motivos podem não fazer mais sentido.

O *vendor* precisa ter um interesse legítimo sobre seus canais indiretos. Se o *partner* notar que o fabricante está preocupado somente com seus próprios objetivos, logo ele irá buscar outros *vendors* que também se preocupem com as necessidades de seus canais.

GERENTE DE CANAIS E GERENTE DE CONTAS

Normalmente o gerente de canais é um profissional com experiência comercial e de negócios, e quase sempre possui metas de vendas atreladas à sua remuneração. Por essa razão, muitas vezes é confundido com o gerente de contas. É importante que se tenha a clara noção de que são funções bem diferentes.

O gerente de contas tem como principal objetivo a geração de receita para o fabricante por meio das vendas que realiza em sua carteira de clientes finais. Ele cuida diretamente de seus clientes, os usuários do produto. Já o gerente de canais, como estudamos anteriormente, tem como principal tarefa manter a longevidade do sucesso no relacionamento com seus parceiros. Enquanto o gerente de contas executa a venda, o gerente de canais tem que garantir as condições necessárias para que seus *partners* vendam.

O gerente de contas tem como principais interlocutores os funcionários das diversas áreas de seus clientes finais (executivos, compradores, técnicos, influenciadores e decisores no processo comercial). Já o gerente de canais faz interface com diversas áreas dentro dos *partners*, como o pessoal de marketing, pré-vendas, vendas, executivos, entre outros. De uma maneira bem simplista, podemos afirmar que o gerente de contas trabalha com/para os clientes finais e o gerente de canais trabalha com/para os *partners*.

Existe ainda outra figura nesse cenário: o *channel account manager* (algo como gerente de contas através de canais, em português), que normalmente é um profissional de vendas e tem como responsabilidade a gestão das oportunidades comerciais que são executadas pelos canais. Normalmente esse profissional não tem a missão de desenvolver os *partners*, mas de interagir com esses *partners* para cuidar de todo o processo de vendas num modelo indireto ou híbrido.

Muitas vezes o próprio gerente de canais acumula a função de vender com a função de desenvolver os *partners*. Não gosto dessa abordagem. Prefiro os organogramas que possuem profissionais dedicados a "vender por meio de canais" e profissionais diferentes dedicados a "desenvolver os canais". Vou explorar mais essa questão no item a seguir.

DESENVOLVER CANAIS / VENDER POR MEIO DE CANAIS

Em grande parte das empresas do nosso segmento, o gerente de canais acumula duas missões, que na minha opinião deveriam ser atribuídas a profissionais diferentes:

- **Missão 1:** desenvolver e gerenciar os canais indiretos (incluindo o recrutamento de novos canais);
- **Missão 2:** vender, juntamente com seus canais (vendas indiretas).

E por que eu acho que elas deveriam ser executadas por profissionais diferentes?

Por um simples motivo: se um profissional tem a missão de desenvolver os canais e de vender com esses canais, naturalmente (de forma inconsciente até) ele vai dar muito mais foco nas vendas e deixar em segundo plano a tarefa de desenvolver os *partners*.

Isso vai acontecer por duas razões principais, conforme descrito a seguir.

1. Esse profissional será muito mais cobrado pelos seus superiores com relação aos seus resultados como vendedor do que pelos seus resultados como desenvolvedor de canais. Se ele vender muito, cumprir sua meta, ele estará tranquilo. Ninguém vai dar muita importância se os *partners* não estiverem muito bem treinados ou se não estiverem respeitando o programa de registro de oportunidades. Em contrapartida, se ele tiver um resultado ruim nas vendas com seus parceiros, não vai adiantar nada ser o melhor desenvolvedor de canais que o mundo já conheceu. Ele estará em maus lençóis.
2. O próprio gerente de canais, ao ter uma meta de vendas atrelada a uma comissão, dará muito mais ênfase em fechar negócios do que em preparar os seus *partners* para estarem aptos a vender mais. Sem contar que ele sabe que, como já exposto no item acima, os olhos dos seus superiores estarão muito mais atentos aos seus resultados de vendas do que de *channel development*.

Assim, minha preferência é pela divisão dessas duas missões em cargos diferentes: o *channel account manager* cuidando somente das vendas por meio dos *partners* (sem ter nenhuma obrigação no desenvolvimento desses *partners*) e o *channel manager* tratando somente do desenvolvimento dos seus parceiros, sem nenhuma cobrança com relação ao fechamento de vendas com eles.

Entendo que nem sempre o fabricante tem condições de fazer essa separação. Muitas vezes, até por limitação de *headcount*, a empresa possui apenas um profissional para gerenciar todos os seus canais, incluindo vendas e desenvolvimento. Mas, sempre que for possível, recomendo adotar o esquema de separação dessas duas atividades.

O gerente de canais deve ganhar comissão?

Quando a missão do gerente de canais inclui gerenciar as vendas de seus canais (cuidar do *forecast*, *pipeline*, propostas comerciais, negociação de preços etc.), não há nenhuma controvérsia. Sim, ele deve ser comissionado pelas vendas de seus parceiros.

Mas quando o gerente de canais cuida "somente" do desenvolvimento de seus *partners*, e não tem a missão de gerenciar as vendas desses *partners*, pode surgir um ponto de interrogação. Alguém dirá: "Se ele não vende, não tem direito a comissão". Eu discordo, porque a tarefa de desenvolver canais está totalmente correlacionada com o resultado das vendas via canais. Quanto melhor o gerente de canais faz o seu trabalho de treinar, motivar, engajar, comunicar, minimizar conflitos, melhor será o resultado das vendas. Portanto, bons resultados comerciais no mundo das vendas indiretas costumam ser decorrentes de um bom trabalho do gerente de canais no desenvolvimento de seus *partners*. Por isso eu recomendo fortemente que o fabricante pague comissões ao gerente de canais. Essas comissões devem ser proporcionais aos resultados de vendas dos parceiros que ele desenvolve.

Esta tabela traz um resumo dos conceitos e nomenclaturas vistos até aqui. É importante citar que eles podem variar de fabricante para fabricante. Mas, em linhas gerais, vale o exposto na tabela a seguir.

Função	Gerente de contas (*account manager*)	Gerente de canais (*channel manager*)	Gerente de contas através de canais (*channel account manager*)
Modelo comercial	Venda direta ou modelo híbrido	Venda indireta ou modelo híbrido	Venda indireta ou modelo híbrido
Desenvolve canais?	Não	Sim	Não
É responsável por executar as vendas?	Sim (vendas diretas, sem envolvimento de canais indiretos)	Idealmente não (conforme explicado anteriormente)	Sim (vendas indiretas, através de canais indiretos)

(continua)

(continuação)

Principal missão	Cuida diretamente dos clientes diretos (os usuários finais do produto que vende), sem envolvimento de um canal indireto	Gestão do programa de canais do fabricante (recrutamento e desenvolvimento dos canais). Em alguns casos, também acumula a função de vendas através dos canais indiretos (conforme explicado anteriormente)	Responsável pela parte comercial dos canais indiretos ou, em outras palavras, gerencia todo o processo de vendas realizadas por esses canais (vende com os canais)
Ganha comissão?	Sim, proporcionais às vendas executadas	Idealmente sim (conforme explicado anteriormente)	Sim, proporcional às vendas executadas pelos canais indiretos

PARTNER RELATIONSHIP MANAGER (PRM)

A maioria das empresas possui um sistema de *Customer Relationship Management* (CRM) para gerenciar suas relações com os clientes finais. De maneira análoga, é fortemente recomendável que o fabricante que utiliza o modelo indireto de distribuição (ou um modelo híbrido) tenha um sistema de *Partner Relationship Management* (PRM) para ajudá-lo na gestão das diversas atividades com seus *partners*.

Hoje em dia existem diversas marcas que produzem esse tipo de software. Esses sistemas automatizam e centralizam a gestão do programa de incentivo às vendas, atividades de marketing, programa de treinamento, distribuição de *leads*, e as demais tarefas que o fabricante deve cumprir no gerenciamento de seus parceiros.

Um software de PRM completo e bem utilizado ajuda o fabricante a alinhar seus objetivos de negócios com seus *partners*. Também facilita a avaliação do rendimento de cada um dos canais, por meio da ampla gama de informações que é capaz de consolidar.

JOB DESCRIPTION

Minha intenção com este livro é elencar as principais tarefas que o gerente de canais deve executar em seu dia a dia, detalhar a parte teórica e compartilhar minha experiência prática a respeito de cada uma dessas atividades. Além de mencionar *o que* deve ser feito, vou procurar detalhar ao máximo *como* essas atividades devem ser executadas. Além do gerente de canais, também darei ênfase a todos os demais profissionais e departamentos, no fabricante e nos *partners*, com quem o gerente de canais deve interagir para poder realizar bem suas tarefas.

Como sabemos, o trabalho de desenvolver canais indiretos envolve atribuições de diversas áreas, entre elas marketing, treinamento e vendas. Por se tratar de uma ampla gama de atividades, esse escopo pode sofrer variações de empresa para empresa. É difícil encontrar, na prática, dois gerentes de canais, de firmas diferentes, que tenham exatamente o mesmo *job description*.

As principais atividades relacionadas ao desenvolvimento de canais, aquelas que estão presentes na maioria dos fabricantes, e que serão detalhadas neste livro, são descritas a seguir.

- Criar, colocar em prática e ser o guardião do programa de canais da empresa: fazendo uma analogia com um país, o programa de canais seria a Constituição, a Carta Magna. Nesse documento estão incluídas as principais diretrizes da estratégia de vendas indiretas do fabricante. É no programa de canais que a empresa expõe o que espera dos seus *partners* e o que seus *partners* podem esperar dela. O capítulo 4 mostrará os principais cuidados que o *vendor* deve tomar ao elaborar o programa de canais e como fazer para que seus parceiros o utilizem como um norte em seus negócios.
- Criar, colocar em prática, revisar e manter sempre atualizado o programa de recrutamento de canais: não adianta ter o melhor produto e um programa de canais correto se o fabricante não tiver em seu time de canais indiretos as empresas mais apropriadas para representá-lo: empresas que tenham adesão aos interesses do fabricante e vice-versa. Parece uma tarefa fácil, mas posso garantir que não é. Por isso, o capítulo 5 é totalmente dedicado a esse assunto.

- Criar (ou pelo menos colaborar com a criação), colocar em prática e manter sempre atualizado o programa de treinamento para os canais indiretos: ter os melhores parceiros, se eles não estiverem muito bem treinados, também não resolve nada. Além disso, o treinamento funciona também como um fator de motivação e engajamento para os funcionários dos *partners*. O capítulo 6 vem com informações completas sobre esse tema.
- Criar, controlar e seguir fielmente às regras do programa de registro de oportunidades: veremos no capítulo 7 que o registro de oportunidades, quando utilizado de forma correta, é uma das ferramentas mais poderosas que o gerente de canais tem em mãos para fazer uma boa gestão do trabalho da equipe comercial dos seus parceiros. Por outro lado, se não for respeitado pelos *partners* e pelo próprio fabricante, se transformará num ponto de descrédito do programa de canais da empresa.
- Atuar muito próximo ao departamento de marketing da empresa: para elaborar os programas de marketing conjunto, campanhas de geração de *leads*, eventos, materiais para compartilhar e outras atividades que estão detalhadas no capítulo 8.
- Incentivar e motivar os *partners*: esse é um trabalho de formiguinha, que consumirá boa parte do tempo da equipe do fabricante. Infelizmente, os canais indiretos não são entidades que trabalham sozinhas, de livre e espontânea iniciativa. O fabricante tem que ficar permanentemente "empurrando" os profissionais dos *partners* para promover o seu engajamento. Por esse motivo, é crucial que o fabricante disponha de um programa de incentivo às vendas bem afiado e alinhado com as necessidades dos parceiros. Falarei bastante sobre esse assunto no capítulo 9.
- Fazer a gestão de toda a estratégia de comunicação com os canais indiretos: essa tarefa envolve estabelecer a frequência, o conteúdo e o meio utilizado para envio das mensagens, além de cuidar para que os destinatários relevantes nos *partners* recebam os comuni-

cados corretos no tempo adequado. Todos os fatores relacionados à comunicação entre fabricante e canais são explorados no capítulo 10.

- Interagir com todas as áreas responsáveis pela criação e manutenção do *Partner Portal*: para garantir que os canais indiretos disponham de conteúdo relevante, atualizado e fácil de encontrar, 24 horas por dia, sete dias por semana. O capítulo 11 é exclusivamente dedicado ao *Partner Portal*, que é uma das principais ferramentas disponíveis para o fabricante interagir com seus parceiros de negócios.
- Fazer a gestão do conflito de canais: essa não é a mais agradável das tarefas, mas tem uma importância brutal. Um ecossistema de vendas indiretas em que a quantidade de conflito é muito grande pode ser altamente prejudicial para os negócios do fabricante e de seus parceiros. Por outro lado, veremos que não existe conflito igual a zero. Em qualquer relação fabricante-canais indiretos o conflito estará presente. Veremos no capítulo 12 como o gerente de canais e demais executivos do fabricante podem fazer para minimizá-lo.

Ufa, é bastante informação! Não vamos perder tempo. Vamos começar pelo programa de canais, o coração de qualquer ecossistema de vendas por meio de canais indiretos.

4
PROGRAMA DE CANAIS

Quando um fabricante decide começar a vender de maneira indireta, por meio de canais, o primeiro passo é definir as diretrizes básicas de como ele pretende tratar essa estratégia. Nosso mercado costuma chamar esse conjunto de regras e políticas de programa de canais.

Gosto muito de comparar o programa de canais de uma empresa com a Constituição de um país. Assim como a Constituição, o programa de canais também define as regras fundamentais, direitos e deveres de todos os envolvidos. Da mesma forma que os cidadãos de um país devem respeitar e seguir o que diz a Constituição, todos os integrantes de um ecossistema de vendas indiretas de um fabricante devem se orientar pelas diretrizes descritas no programa de canais. Trata-se de um norte para que todos saibam como agir, para que entendam o que pode e o que não pode ser feito e para que os processos sigam regras claras, válidas para todos, e não dependam de decisões subjetivas e imprevisíveis.

A Constituição não contém todas as leis de um país (existem muitos outros regulamentos e códigos que a complementam). Da mesma forma, o programa de canais também não tem o detalhamento de todas as regras que o fabricante aplica no seu modelo de vendas indiretas. O programa de canais é o pai de outros programas, os quais complementam e detalham a estratégia do fabricante em relação aos seus canais indiretos. Entre esses programas "complementares" destacam-se o programa de recrutamento de novos canais, programa de treinamento, programa de registro de oportunidades, programa de comunicação e marketing, política de gestão de conflitos e o programa de incentivo às vendas indiretas. Veremos todos eles na sequência deste livro.

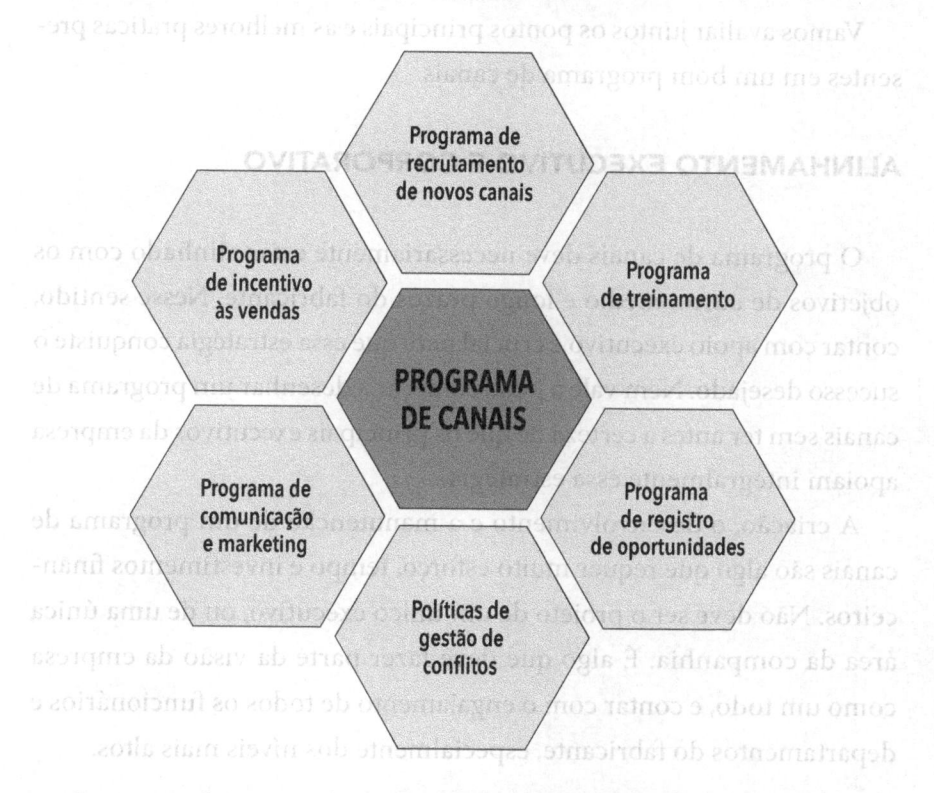

- Programa de recrutamento de novos canais
- Programa de incentivo às vendas
- Programa de treinamento
- PROGRAMA DE CANAIS
- Programa de comunicação e marketing
- Programa de registro de oportunidades
- Políticas de gestão de conflitos

O gerente de canais tem papel fundamental não só na criação, mas principalmente na manutenção do programa de canais. Não faltarão oportunidades e tentações, típicas do mundo dos negócios, para que exceções sejam abertas. Caberá ao gerente de canais ter pulso firme e disciplina para não cair nessas armadilhas e manter as regras vigentes. As exceções podem fazer com que o programa de canais perca totalmente a credibilidade perante os *partners*, o que transformará a estratégia de vendas indiretas do fabricante num barco à deriva.

O programa de canais deve prever uma divisão justa de investimentos, em dinheiro e em recursos, do fabricante e dos canais. Ambas as partes devem contribuir, de forma balanceada, para o sucesso da parceria. Se um dos lados investir de forma desproporcional em relação ao outro, essa relação não será saudável, surgirão cobranças, conflito, e a aliança tende a não se sustentar.

Vamos avaliar juntos os pontos principais e as melhores práticas presentes em um bom programa de canais.

ALINHAMENTO EXECUTIVO E CORPORATIVO

O programa de canais deve necessariamente estar alinhado com os objetivos de curto, médio e longo prazos do fabricante. Nesse sentido, contar com apoio executivo é crucial para que essa estratégia conquiste o sucesso desejado. Nem vale a pena começar a desenhar um programa de canais sem ter antes a certeza de que os principais executivos da empresa apoiam integralmente essa estratégia.

A criação, o desenvolvimento e a manutenção de um programa de canais são algo que requer muito esforço, tempo e investimentos financeiros. Não deve ser o projeto de um único executivo, ou de uma única área da companhia. É algo que deve fazer parte da visão da empresa como um todo, e contar com o engajamento de todos os funcionários e departamentos do fabricante, especialmente dos níveis mais altos.

ACONTECEU COMIGO

Gosto sempre de reforçar a importância do alinhamento executivo e corporativo como fatores essenciais para que o trabalho do gerente de canais seja suportado, e para o êxito do programa de canais do fabricante. Parece algo óbvio, mas talvez não seja tanto assim. Compartilho o que aconteceu comigo em uma das empresas nas quais trabalhei.

A companhia promovia amplamente, em âmbito global, as vendas indiretas. Embora vender direto, quando o caso justificasse, fosse permitido, o carro-chefe da empresa em todo o mundo eram as vendas indiretas.

No entanto, na América Latina, tínhamos um diretor que não gostava de trabalhar com canais indiretos. Ele achava que os canais eram apenas um complicador no processo de fazer negócios. Se por um lado ele tinha que engolir as vendas indiretas, pois se tratava de uma estratégia global que "vinha de cima", por outro ele oferecia pouco respaldo executivo para nós, que trabalhávamos na linha de frente com os *partners*.

Ele simplesmente achava bobagem criar um programa de incentivo às vendas indiretas, promover um evento anual para os parceiros e outras iniciativas mandatórias quando se trabalha com *partners*. Ignorava quão fundamental era desenvolver os canais, e só se importava em saber o quanto de vendas cada parceiro traria no final do trimestre. Como se fosse possível ter canais de sucesso sem antes dar a eles todo o apoio necessário.

Essa foi uma experiência muito rica em minha vida profissional, mas que não gostaria de passar outra vez. Serviu para me mostrar que ou o fabricante trabalha "de verdade" e "como se deve" com os canais indiretos, ou então é melhor vender apenas de maneira direta.

DEFINIÇÃO DOS TIPOS DE CANAIS QUE FARÃO PARTE DO PROGRAMA

Já vimos no capítulo 2 os principais tipos de canais existentes, suas principais características, pontos fortes e fracos. O fabricante deve deixar bem claro, no seu programa de canais, com quais desses tipos de empresas está interessado em trabalhar.

O programa de canais deve trazer respostas para as seguintes perguntas:

- O modelo de distribuição da empresa será com uma camada (sem distribuidores) ou com duas camadas (com distribuidores)?
- Faz sentido para a empresa, e para os produtos que ela produz, ter revendas, ou somente VARs?
- Os agentes de vendas terão espaço no modelo?
- Os parceiros de serviços serão necessários para complementar a estratégia?

Essas questões, e todas as outras que se referem aos tipos de canais indiretos desejados, devem estar claramente respondidas no programa de canais. E vale ainda incluir uma breve descrição do que sua empresa entende e espera do escopo de trabalho de cada um desses tipos de parceiros. Como vimos no capítulo 2, as definições das várias modalidades de canais indiretos variam muito, e às vezes existe até uma intersecção entre elas. Por isso, não custa deixar tudo bem explicadinho.

SEGMENTAÇÃO PELO TIPO DE REPRESENTAÇÃO

Os canais não são todos iguais. Cada um deles tem suas particularidades, que devem ser respeitadas. O fabricante terá muitas dificuldades se colocar todos eles no "mesmo balaio" e tentar gerenciá-los de forma unificada. Por essa razão, é importante que o programa de canais preveja uma segmentação dos *partners*, para que possam ser tratados da maneira mais individualizada possível.

Uma das formas clássicas de segmentação de canais é por meio de seu perfil, de seu DNA como empresa. Quais serviços esse canal presta? Qual seu público-alvo? De que maneira ele aborda os seus clientes? Como ele poderá ajudar o fabricante no posicionamento de seus produtos? Tudo isso já foi amplamente discutido no capítulo 2, quando falei dos tipos mais comuns de canais indiretos (revendas, VARs, VADs, entre outros).

Convém considerar, nesse momento de definições, uma categoria importante de canais: aqueles que se especializam nas vendas para o governo. Como todos nós sabemos, os editais públicos têm suas regras próprias, seus processos específicos e exigem certas qualificações das empresas que se dedicam a eles. Não serão todos os parceiros que terão o preparo ou o desejo de participar desse tipo de negócio. Portanto, não é demais prever a existência de alguns *partners* especializados nas vendas para as várias esferas do governo.

Recomenda-se, portanto, que o programa de canais contemple um conjunto de diretrizes específicas para cada tipo de representante. Não se pode esperar que os distribuidores, num modelo de distribuição em duas camadas, estejam sujeitos exatamente aos mesmos critérios de classificação que um VAR ou uma revenda.

SILVER, GOLD E PLATINUM

Outra maneira de segmentar os canais, e talvez a mais popular de todas, é por meio de níveis, normalmente batizados por *SILVER, GOLD* e *PLATINUM,* ou qualquer outra denominação que remeta à ideia de graus de importância. Essa classificação geralmente é feita de acordo com o histórico recente de vendas de cada parceiro. No programa de canais devem ficar estabelecidas as metas de vendas anuais para subir de categoria. Considere a tabela a seguir.

Silver	Gold	Platinum
Vendas anuais abaixo de R$ 1 milhão	Vendas anuais entre R$ 1 milhão e R$ 3 milhões	Vendas anuais acima de R$ 3 milhões

Obviamente os valores da tabela são hipotéticos, e cada fabricante os ajusta conforme sua realidade, baseando-se no histórico de vendas. Quando o novo canal é recrutado, ele geralmente é classificado como *silver*. Se ao final de determinado ano fiscal conseguir um montante entre R$ 1 milhão e R$ 3 milhões, será classificado no ano seguinte como *gold*. E se conseguir, em dado ano fiscal, vender acima de R$ 3 milhões, será classificado no ano seguinte como *platinum*.

Ao término de cada ano fiscal, o fabricante revisa o montante total de vendas de seus canais e refaz sua classificação. Funciona mais ou menos como as categorias do plano de milhas das companhias aéreas. Quando o passageiro viaja muito em um determinado ano, no ano seguinte tem uma classificação mais alta no programa. Mas, ainda que tenha uma classificação alta, se ele fizer poucos voos no ano, no período seguinte terá seu status diminuído. Normalmente os fabricantes fazem dessa mesma forma com seus programas de canais. Não existe um *partner platinum* ou *gold* para sempre. Se ele não cumprir com a meta anual de vendas para manter a sua categoria, seu status cairá no ano seguinte.

BENEFÍCIOS E CONTRAPARTIDAS

O que pode motivar um canal a lutar durante o ano para conseguir atingir a meta de vendas e subir de categoria? A resposta é simples: o fabricante deve atrelar uma série de benefícios para o *partner* que subir da categoria *silver* para a *gold* e da *gold* para a *platinum*. Em outras palavras, o parceiro *silver* deve olhar para a lista de vantagens da categoria *gold* e pensar: "Vale a pena eu dar o sangue para subir para *gold*!". Igualmente vale para o parceiro que já é *gold*; ao olhar a lista de benefícios da categoria *platinum*, ele deve arregalar os olhos e pensar: "É nessa categoria que eu quero estar no ano que vem". Se o canal não tiver bons incentivos para subir de categoria, ele não irá se esforçar para tal.

Mas atenção! Também é importante estabelecer contrapartidas: se o canal tem mais privilégios por ter uma classificação mais alta, é justo que também tenha algumas obrigações adicionais. Lembre-se que, como qualquer tipo de relacionamento, a relação fabricante-canais indiretos deve ser equilibrada, com investimentos, direitos e deveres proporcionais para ambas as partes.

Na tabela seguinte, apenas a título de ilustração, apresento alguns dos benefícios comuns entre os programas de canais dos fabricantes do segmento de TIC. Reitero que os exemplos a seguir, apesar de muito presentes em nosso setor, não são obrigatórios, e cada fabricante deve definir quais benefícios mais atraem seus canais, de acordo com sua realidade.

Benefícios	Silver	Gold	Platinum	Comentários
Desconto sobre os produtos do fabricante	20%	30%	40%	Quanto maior o seu nível, maior o desconto que o canal receberá do fabricante na compra de seus produtos.
Vouchers para treinamento	0	3	10	O fabricante pode oferecer quantidades diferentes de vouchers para cursos de capacitação, de acordo com o nível do *partner*.
Atividades de marketing conjunto	Não	Sim	Sim	Como veremos no capítulo 8, na impossibilidade de realizar atividades conjuntas de marketing com todos os canais, o fabricante deverá criar uma segmentação. Por exemplo, oferecer esse benefício somente aos canais GOLD e PLATINUM.
Verba de marketing cooperado	0	0,50%	2,00%	Porcentagem do faturamento anual do canal que será oferecido pelo fabricante para desenvolvimento de estratégias conjuntas de marketing. O capítulo 9 trará mais detalhes sobre esse incentivo.
Convites gratuitos para o evento anual de clientes	0	2	5	Muitos fabricantes realizam um grandioso evento anual, muitas vezes no exterior, para promover seus produtos para os clientes finais (ver capítulo 8). O *vendor* pode destinar mais convites gratuitos para os canais de maior nível.

(continua)

(continuação)

Ter seu nome incluído no *partner locator*	Não	Sim	Sim	O *partner locator* é uma ferramenta que o fabricante disponibiliza em seu site para que os clientes finais tenham acesso direto ao *partner* mais próximo e que melhor possa atendê-lo (veja mais detalhes no capítulo 8).
Participar do programa de distribuição de *leads*	Não	Sim	Sim	O fabricante pode segmentar os canais elegíveis a receber *leads*, de acordo com seu nível. Nesse exemplo, somente os canais GOLD e PLATINUM teriam esse direito.

Com relação às contrapartidas exigidas, é bastante comum que elas sejam relacionadas ao número de funcionários que os canais dedicam aos negócios com o fabricante em questão. A lógica é: quanto mais profissionais os *partners* dedicarem ao fabricante, maior a probabilidade de que os negócios com aquele fabricante prosperem, além de sobrar menos tempo e mão de obra para os canais dedicarem aos outros *vendors* que representam. Veja na tabela a seguir que a quantidade de funcionários exigida, em cada área de atuação, cresce à medida que aumenta o nível do canal (vale mais uma vez ressaltar que a tabela seguinte é apenas ilustrativa e que cada fabricante deve escolher as contrapartidas mais adequadas para o seu ambiente de negócios).

Área de atuação	*Silver*	*Gold*	*Platinum*
Vendas	1	2	4
Pré-vendas	1	1	2
Instalação / Suporte técnico	2	4	6

ACONTECEU COMIGO

Apesar do nivelamento de canais por meio de desempenho passado, conforme explicado anteriormente, com a atribuição dos níveis *silver*, *gold* e *platinum*, ser um método utilizado por quase todos os fabricantes em seus programas de canais, criamos algo diferente em uma das empresas por onde passei.

Quando um canal começa a trabalhar com um fabricante, certamente é o período da relação em que ele mais precisa do apoio do *vendor*. Esse apoio deve se fazer presente de diversas maneiras: um treinamento de *onboarding* caprichado, presença intensa dos funcionários do fabricante no canal, suporte de pré-vendas e vendas para que os primeiros negócios aconteçam, entre outros.

Muito bem, se no começo do relacionamento o *partner* precisa de maior apoio, por que então ele deve ter nesse momento o pior desconto? Vale lembrar que, conforme comentei anteriormente, geralmente o novo canal ingressa no programa de canais na categoria *silver*, que lhe dá as piores condições comerciais. Isso porque não existe histórico passado de vendas e, portanto, o novo parceiro recebe a categoria mais baixa ao ingressar no programa de canais do fabricante.

Pois bem, avaliando a situação por esse ponto de vista, nossa equipe criou um programa que batizamos de *early gold* e *early platinum*. De acordo com esse programa, ficava a critério do novo canal analisar se seu potencial, seu interesse e seu comprometimento na relação seriam grandes o suficiente para que ele pudesse desfrutar dos benefícios (e arcasse também com as contrapartidas) de ser *gold* ou *platinum* a partir do momento inicial da relação. Claro que essa autoavaliação do canal também passava pela nossa aprovação.

Dessa forma, como o novo *partner* ainda não tinha nenhum histórico conosco, fazíamos sua classificação com base em seu potencial e perspectivas futuras. Não conheço

> nenhum outro fabricante no nosso segmento que adote esse critério. Mas a minha experiência aplicando esse método foi bastante positiva. O canal já partia, do momento zero do relacionamento, com uma motivação extra, avaliada de comum acordo com o *vendor*.

DISTRIBUIÇÃO DE *LEADS*

Embora a grande maioria dos *leads* seja gerada por meio de atividades de marketing específicas, conforme descrito no capítulo 8, muitas vezes o fabricante acaba conseguindo *leads* por outras fontes, como:

- recomendações de outros clientes;
- redes sociais ou site do fabricante (*inbound marketing*);
- quando os gerentes de contas diretas se deparam com oportunidades que não podem ser atendidas diretamente;
- quando um *partner* identifica oportunidades que ele próprio não consegue atender.

Quando isso acontece, e o gerente de canais tem em suas mãos um *lead*, a pergunta é inevitável: "Para qual canal devo direcionar esse *lead*?".

Para que a resposta não se transforme em algo complexo, é importante que o fabricante tenha predefinido, em seu programa de canais, a sua política de distribuição e gerenciamento de *leads*.

- **Distribuição:** é necessário assegurar que o *lead* seja enviado rapidamente para o canal mais apropriado.
- **Gerenciamento:** o fabricante deve acompanhar a evolução do *lead*, principalmente aqueles que são qualificados e se convertem em oportunidades reais de negócio.

Os *partners* adoram receber *leads* do fabricante. E costumam cobrar muito quando isso não acontece. Se o *vendor* tiver uma rede pequena de canais indiretos, poderá criar uma política de distribuição de *leads* que englobe todos eles. No entanto, caso tenha uma rede com dezenas ou centenas de parceiros, convém dar o direito de receber *leads* a um grupo mais restrito de canais (por exemplo, somente os *partners gold* e *platinum*).

O fabricante pode dividir seus canais em grupos de acordo com o nível, a localização geográfica, produtos com os quais trabalham, verticais que atendem e outros fatores que julgar relevantes. Quando chegar um novo *lead*, de acordo com suas características, o fabricante verifica o grupo de parceiros mais indicado e então, dentro desse grupo, o canal que está há mais tempo sem receber um *lead*.

A partir do momento em que o *lead* for enviado ao canal, deve ser feito um acompanhamento criterioso sobre sua evolução. Cabe ao gerente de canais verificar se o parceiro entrou em contato, marcou reunião, enviou proposta e qual foi o resultado do processo, com a venda efetivada ou não. O fabricante deve ter o direito, ao detectar que o canal não está tratando de forma correta os *leads* recebidos, de retirar esse canal do grupo de *partners* elegíveis ao recebimento de *leads*.

Quando o *vendor* não possui uma política de distribuição e gerenciamento de *leads* devidamente implementada e claramente comunicada a todos os elementos da rede de *partners*, pode abrir uma porta de entrada perigosa para o conflito de canais. Portanto, o programa de canais deve ser utilizado para deixar essa política bem explícita.

MATRIZ DE RESPONSABILIDADES

Essa é uma das partes mais importantes do programa de canais. É fundamental deixar estabelecido e bem compreendido por ambas as partes (fabricante e parceiros) quais serão as responsabilidades de cada um em todo o ciclo de pré-vendas, vendas e pós-vendas.

Logicamente, de acordo com o tipo e a categoria do canal, as responsabilidades serão diferentes. Recomendo criar uma lista de todas as atividades que devem ser executadas e colocá-las numa tabela, indicando se a responsabilidade é do fabricante, dos canais, ou de ambos.

Como já estudamos anteriormente, as definições e o entendimento das atribuições de cada tipo de empresa (revendas, VARs, VADs etc.) variam muito de fabricante para fabricante. Portanto, para evitar mal-entendidos futuros, que podem dar brecha para o surgimento de conflito de canais, é de suma importância ter essa matriz de responsabilidades bem clara no programa de canais.

PLANO DE NEGÓCIOS

Quando um novo *partner* assina o contrato de parceria com o fabricante, ambos devem produzir um plano de negócios inicial. Nesse documento ficarão estabelecidas, de comum acordo, as metas para os meses iniciais da nova aliança. Falarei mais sobre o *business plan* inicial no capítulo 5.

As metas de uma aliança não permanecem inalteradas ao longo do tempo, portanto o programa de canais deve estabelecer qual a periodicidade em que *vendor* e parceiros irão se reunir para revisar o plano de negócios conjunto. De modo geral isso acontece anualmente, por ocasião do início do ano fiscal do fabricante.

Mas atenção! Quando digo que o *business plan* conjunto costuma ser revisado anualmente, não quero dizer com isso que o plano deve ser escrito, guardado numa gaveta e somente ser reaberto no ano seguinte! Ele deve ser utilizado como referência em todas as reuniões entre fabricante e *partners*, para um acompanhamento da evolução das metas estabelecidas e de acordo com as necessidades, correção ou reforço dos rumos traçados.

O plano de negócios conjunto não precisa ser nada complicado ou extremamente elaborado. Ele é um simples guia, um documento para que o fabricante e os parceiros (e respectivas equipes) possam seguir e ser cobrados de maneira mútua pelo seu conteúdo.

É recomendável incluir nesse documento, entre outros itens importantes, de acordo com cada caso, as seguintes informações:

- revisão dos resultados do período anterior e projeção de resultados para o período que se inicia;
- quantidade de novos clientes projetada para o novo ano;
- quantos e quais treinamentos e certificações serão concretizados;
- quantos funcionários estão atualmente alocados para a parceria e quantos novos funcionários serão necessários no próximo período;
- quais eventos e demais atividades de marketing conjunto serão realizados.

Dependendo da quantidade de parceiros que fazem parte da rede de canais indiretos, pode não ser viável produzir um plano de negócios individualizado para todos eles. É interessante que o programa de canais estabeleça alguns parâmetros mínimos que os *partners* tenham que cumprir para fazer jus a um *business plan* personalizado. Uma alternativa é utilizar a classificação em níveis de parceria como filtro. Por exemplo, dar esse direito somente aos canais *gold* e *platinum*.

POLÍTICA DE SUPORTE TÉCNICO

O suporte técnico tem papel fundamental num modelo de vendas indiretas. O programa de canais deve definir o papel do fabricante e dos *partners* com relação ao suporte que será prestado aos usuários finais.

Entre as principais definições, destacam-se as descritas a seguir.

- **Formas de contato:** como os parceiros devem entrar em contato com o fabricante quando tiverem necessidade de suporte técnico? Por telefone, e-mail, portal na internet, chat?
- **Tamanho da equipe:** como já vimos anteriormente neste capítulo, o programa de canais deve definir a quantidade de funcionários que os parceiros deverão alocar para as atividades de suporte técnico, de acordo com sua classificação (*silver*, *gold* ou *platinum*).

- **Níveis de suporte:** qual das empresas será responsável por cada nível de suporte? Normalmente, o canal indireto é responsável pelo suporte de nível 1 e, em alguns casos, também pelo suporte de nível 2. Já o terceiro nível de suporte costuma ficar a cargo do fabricante. Em linhas gerais, o nível 1 representa o primeiro contato entre o usuário final e o *partner*, e se encarrega da resolução de casos mais básicos, como questões de configuração e problemas técnicos mais simples. Questões um pouco mais complexas, que saiam da alçada do nível 1, devem ser respondidas pela equipe de segundo nível, enquanto a criação de *patches* e demais problemas que requerem intervenção da equipe de desenvolvimento do fabricante são atribuições do suporte de nível 3.

- **Graus de severidade / SLA:** o programa de canais deve deixar claro quais são os graus de severidade das ocorrências técnicas, desde o grau mais grave (parada total dos serviços) até os casos mais simples (erros de configuração e outros eventos que não afetem o funcionamento do sistema). Ao mesmo tempo, deve definir o *Service Level Agreement* (*SLA*) de acordo com a severidade de cada caso de suporte aberto pelos canais.

- **Treinamento:** como o fabricante treinará as equipes de suporte dos canais indiretos para que possam exercer bem as suas tarefas? Qual o nível de certificação necessária para exercer cada nível de suporte? Qual o custo e os locais de treinamento? Embora o detalhamento de todas as atividades de treinamento e certificação normalmente seja descrito em um documento à parte (o programa de treinamento para canais indiretos – ver capítulo 6), o programa de canais deve trazer, em linhas gerais, como será tratado cada um desses pontos.

- **Peças de reposição:** os *partners* deverão possuir peças de reposição em estoque, para eventuais trocas nos clientes finais? Quais peças são necessárias e em quais quantidades? Quem será responsável pelo reparo dessas peças e qual o prazo para conserto? Quem arcará com os custos de logística?

ATUALIZAÇÃO DO PROGRAMA DE CANAIS

Criar um programa de canais é um processo contínuo, que exige esforço constante para mantê-lo sempre atualizado e atraente para os *partners*. O mercado, os competidores, os produtos, os processos e os parceiros estão em constante evolução, e o programa de canais não pode ficar para trás. Mantê-lo sempre renovado e atrativo é uma das missões da equipe do fabricante.

É sempre bom estar atento ao que os competidores têm feito em seus programas de canais. A gente aprende muito com essa prática. Quais incentivos eles estão oferecendo? Que tipos de canais eles estão recrutando? Que resultados estão obtendo? Isso não é cópia, é *benchmark*! Essa prática ajuda a ter uma visão geral do mercado e a fazer os ajustes necessários no programa.

E já adiantando um pouco nosso próximo item, não devemos esquecer que todas as revisões e atualizações do programa de canais devem ser amplamente divulgadas aos parceiros. Promover um *webinar* para compartilhar as novas regras, incluindo uma sessão de perguntas e respostas, pode ser uma excelente ideia. E, claro, não esquecer de deixar a gravação desse *webinar* disponível no *Partner Portal* (veja mais sobre o *Partner Portal* no capítulo 11).

DIVULGAÇÃO DO PROGRAMA

O programa de canais é um dos documentos mais importantes (se não o mais importante) em uma estrutura de vendas indiretas. Justamente por isso, deve ser amplamente divulgado e estar sempre à mão para referência de todas as partes envolvidas.

É fundamental produzir um documento muitíssimo bem escrito, sem erros de gramática ou ortografia, com uma redação muito clara para que não haja mal-entendidos. Se for necessário, o *vendor* deve contratar alguém para fazer a redação e/ou revisão do documento. As diversas áreas do fabricante envolvidas no programa de canais devem revisá-lo e dar o seu "de acordo".

Por se tratar de um documento oficial do fabricante, recomendo fortemente que seja revisado pela área jurídica antes de qualquer tipo de compartilhamento. Sugiro também que o programa de canais seja incluído como um anexo do contrato de parceria. Isso atribui ao programa de canais um status ainda mais relevante e, de certa forma, "obriga" os representantes legais dos *partners* a ler e assinar, concordando com todos os termos.

Durante a fase de recrutamento de um novo canal, o programa de canais deve ser amplamente explicado e debatido com o candidato a novo parceiro. É importante que o novo *partner* esteja de acordo e tire suas dúvidas antes de assinar o contrato de parceria (o capítulo 5 detalha o processo de recrutamento de novos canais).

Já o canal recém-recrutado, logo no início da parceria, na reunião de boas-vindas, deve receber uma explicação completa sobre os itens que compõem o programa de canais da empresa com a qual ele acabou de se associar.

Por fim, é igualmente importante que o programa de canais seja facilmente acessado por meio do *Partner Portal* da empresa, para que ninguém venha a dar a desculpa de que não conhecia determinada regra (o capítulo 11 fala em detalhes sobre o *Partner Portal*).

5
RECRUTAMENTO DE CANAIS INDIRETOS

Em um modelo de vendas indiretas (seja 100% indireto ou híbrido), os canais são fundamentais para aumentar as vendas e espalhar a mensagem do fabricante e de seus produtos por todos os cantos. Mas nada disso vai acontecer se o *vendor* não recrutar os canais corretos, aqueles que realmente vão ajudá-lo a crescer.

O objetivo deste capítulo é auxiliar os gerentes de canais dos fabricantes, e demais profissionais envolvidos, nessa difícil e fundamental tarefa de criar e pôr em prática um bom programa de recrutamento de canais indiretos.

PREPARAÇÃO

É um grande erro começar qualquer conversa com um potencial *partner* sem antes ter consolidado um programa de recrutamento de canais indiretos. O candidato a novo parceiro vai fazer perguntas e querer saber detalhes que o fabricante não saberá responder. Isso pode comprometer a imagem pessoal do gerente de canais e a imagem da empresa que ele representa.

Muitos fabricantes e seus gerentes de canais cometem o erro de abordar um possível candidato a *partner* com pouca ou nenhuma preparação para isso. Não sabem o perfil da empresa que procuram, não têm os detalhes sobre os diferenciais que sua empresa pode oferecer aos parceiros, nem o que se espera da possível aliança de negócios.

Assim fica mais difícil não somente a concretização da parceria como também diminui a probabilidade de que ela seja lucrativa para ambas as partes. Como diz o ditado popular: "Quem não sabe o que procura, não reconhece quando acha".

Portanto, antes de qualquer iniciativa, um bom programa de recrutamento de novos canais deve ser formulado. Os funcionários do *vendor* envolvidos nessa atividade devem assimilar todas as suas diretrizes e colocá-lo em prática com disciplina e seguindo todos os passos e pré-requisitos estabelecidos, sem confiar no improviso. De maneira metódica, disciplinada e seletiva.

"O futuro não é mais como era antigamente"

Há algum tempo, num passado que as novas gerações não conheceram (na época em que *Índios*, da Legião Urbana, estourava nas paradas de sucesso), recrutar canais indiretos era bem mais fácil. Os bons fabricantes costumavam ter uma lista de empresas aguardando por uma oportunidade de parceria com um *vendor* reconhecido. Esse cenário mudou completamente. Os canais indiretos se modernizaram, diversificaram e aprimoraram seus serviços, criaram novas ofertas e passaram a trabalhar com vários *vendors*. Os bons canais passaram a ser disputados pelos fabricantes.

Parece que a brincadeira de "quem corre atrás de quem" mudou de lado. Em outras palavras, se você for um pouquinho menos jovem (assim como eu), o que você fez em termos de recrutamento de canais na década passada, ou retrasada, provavelmente não te trará bons resultados agora.

As dificuldades atuais para encontrar bons canais, com disponibilidade e energia, reforça a necessidade de elaborar um bom programa de recrutamento. O fabricante não pode pensar apenas em seus interesses, mas, acima de tudo, em elaborar um programa de canais que seja atraente o suficiente para que os bons *partners* tenham interesse numa parceria. Uma boa aliança de negócios deve permanecer atrativa para ambas as partes ao longo do tempo, para que proporcione crescimento sustentável para o fabricante e, também, para o parceiro.

A QUANTIDADE CORRETA DE CANAIS INDIRETOS

Esta é uma questão que faz parte da vida de todo fabricante: "De quantos canais eu preciso?" ou "qual a quantidade correta de canais indiretos que eu devo ter?". A resposta tem tudo a ver com as características do seu produto e do seu mercado.

Produtos mais baratos, de pouca complexidade técnica, que não exigem uma interação tão grande entre fabricante, canais e clientes finais para serem vendidos e instalados, podem se beneficiar de uma quantidade grande de *partners*. São os chamados "produtos transacionais". Esses produtos podem ser comercializados por meio de revendas, lojas de varejo e até pela internet. Para gerenciar uma quantidade grande de parceiros, é comum a existência de duas camadas de distribuição, com os distribuidores ajudando o fabricante a gerenciar essa grande rede de canais indiretos. Nesses casos, é importante que o produto esteja disponível no maior número de pontos de venda possível, e o processo de recrutamento não precisa ser tão rigoroso. São os famosos produtos de prateleira, que não são o foco deste livro.

Grande parte dos fabricantes do segmento de TIC trabalha com produtos mais complexos, que são utilizados para compor uma solução mais ampla, integram-se com outros produtos e, portanto, precisam de canais especializados para o processo de comercialização. O ciclo de venda desses produtos é mais longo, os canais precisam convencer os clientes de que seu produto é o melhor, lidar com objeções, negociação de preços, além de estarem preparados para fazê-lo funcionar adequadamente em conjunto com os demais produtos que formam o sistema do cliente. É uma tarefa típica para os VARs, que são o principal foco deste livro. Aqui, a presença do fabricante é intensa e determinante para o sucesso dos parceiros. Nesses casos, o desafio não é encontrar mais *partners*, porém encontrar mais *partners* certos (aqueles que reúnem as habilidades que o *vendor* precisa, que trabalham com clientes finais em pelo menos um de seus mercados-alvo, e com quem uma relação de parceria seja mutuamente benéfica).

Ter uma quantidade exagerada de canais, nessas situações, nem sempre significa ter mais lucratividade. Ao contrário, essa estratégia pode diminuir o interesse dos bons parceiros pelo produto, aumentar as chances de conflito, além de gerar custos elevados para o fabricante manter todo esse ecossistema. Ter um número adequado de bons parceiros é o grande objetivo. O número adequado é aquele que maximiza as vendas do fabricante, sem saturar o mercado com uma quantidade de *partners* exagerada.

Além disso, o fabricante deve ter em mente que, ao recrutar um novo canal, não deve haver perdas financeiras para seus bons canais existentes. A ideia, como se fala no nosso mercado, é "aumentar o tamanho do bolo, e não aumentar o número de fatias do bolo que já existe". Dessa maneira, canais antigos preservam o tamanho de suas fatias (faturamento), e o novo canal agrega mais uma fatia (um pouco mais de faturamento para o *vendor*). Em outras palavras, o fabricante deve evitar que um canal indireto cresça às custas da diminuição de outros.

Podemos resumir tudo isso da seguinte forma:

Quantidade de canais →

← Tamanho da oportunidade

← Complexidade técnica do produto

← Presença do *vendor* junto ao canal

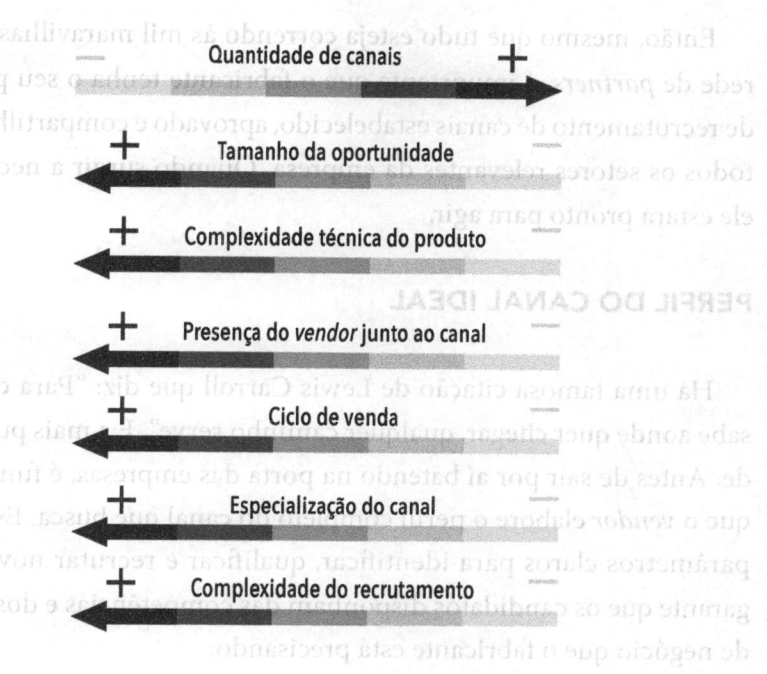

← Ciclo de venda

← Especialização do canal

← Complexidade do recrutamento

É importante frisar que o mesmo fabricante pode ter um produto (ou uma linha de produtos) transacional e outro produto mais complexo. Desse modo, deverá adotar estratégias diferentes no que diz respeito à quantidade e às características de canais que irá recrutar para cada caso.

"Minha rede de canais está completa, não preciso me preocupar com isso"

Ledo engano. Mesmo que, atualmente, o fabricante esteja muito satisfeito com seu conjunto de canais indiretos e não veja nenhum motivo para procurar outros parceiros, em algum momento irá se deparar com a necessidade de recrutar novas empresas para representá-lo.

A probabilidade de precisar de novos canais indiretos pode aumentar, por exemplo, quando o *vendor* lançar um novo produto ou adquirir uma nova empresa que traga consigo um novo portfólio que sua atual equipe de parceiros não tenha o perfil para vender.

Então, mesmo que tudo esteja correndo às mil maravilhas com sua rede de *partners*, é importante que o fabricante tenha o seu programa de recrutamento de canais estabelecido, aprovado e compartilhado com todos os setores relevantes da empresa. Quando surgir a necessidade, ele estará pronto para agir.

PERFIL DO CANAL IDEAL

Há uma famosa citação de Lewis Carroll que diz: "Para quem não sabe aonde quer chegar, qualquer caminho serve". É a mais pura verdade. Antes de sair por aí batendo na porta das empresas, é fundamental que o *vendor* elabore o perfil completo do canal que busca. Estabelecer parâmetros claros para identificar, qualificar e recrutar novos canais garante que os candidatos disponham das competências e dos modelos de negócio que o fabricante está precisando.

Para começar, convém fazer um diagnóstico interno da sua própria empresa (fabricante) e de sua rede de canais existentes. Entender bem seus pontos fortes e fracos, quais as habilidades dos canais que já fazem parte da sua rede de *partners* e quais são as competências que precisa buscar em um novo canal indireto para complementar seu conjunto de habilidades.

Uma lista das características desejadas no novo parceiro deve ser feita. O fabricante deve ser o mais específico e detalhista possível e não se importar caso existam vários perfis diferentes. Podem ser elaborados, por exemplo, um perfil desejado para a linha de produtos para pequenas e médias empresas e outro para a linha de produtos para grandes empresas.

Benchmark interno

Continuando com esse exercício de olhar para o que já possui e buscar habilidades complementares, se o fabricante já tem um conjunto de canais indiretos trabalhando com seu produto, deve procurar entender quais são as razões do sucesso dos seus melhores parceiros.

- O que os *partners* com melhor desempenho fazem de diferente em relação aos que têm pior rendimento?
- Como foi o processo de recrutamento dos melhores canais?
- Onde e como esses canais foram encontrados?
- Em quais pontos esses parceiros de melhor resultado se assemelham?

Avaliar todas as respostas para esse conjunto de perguntas ajudará na elaboração do perfil do canal ideal.

Itens obrigatórios e itens desejáveis

Raramente o fabricante conseguirá encontrar um *partner* que cumpra rigorosamente com todos os pontos que listou no seu perfil do canal ideal (peço desculpas se essa afirmação te desapontou...). Por essa razão, uma vez que tenham sido definidos todos os atributos que se buscam no novo parceiro, é importante classificar quais deles são indispensáveis (ou obrigatórios) e quais são desejáveis (mas não são cruciais).

Por exemplo, pode ser indispensável que o futuro canal tenha uma equipe qualificada de vendas e pré-vendas. Porém, ter um centro de treinamento para os clientes finais pode ser desejável, mas não crucial (poderá ser utilizado o centro de treinamento do próprio fabricante, em caso de necessidade).

O fabricante também pode atribuir pesos a cada um dos critérios de seleção, de forma que os mais importantes tenham um peso maior do que os menos importantes. Por exemplo, ter engenheiros e técnicos certificados em uma determinada tecnologia pode ter um peso maior do que possuir um *showroom* para expor seus produtos aos potenciais clientes. Normalmente, utilizo uma escala de 1 a 10 para atribuir esses pesos.

Perfil do canal ideal – checklist

Recomendo fortemente que o *vendor* crie uma planilha de checklist para ajudá-lo na definição do perfil do canal ideal. Na sequência você verá um modelo de planilha, já com um exemplo de preenchimento (em negrito). Nesse caso, utilizei um critério de pesos, em uma escala de 1 a 10, e, quanto maior o peso, mais importante que o canal cumpra com aquele item. Para facilitar a visualização de todos os quesitos, dividi a tabela em quatro categorias principais:

(1) Mercado, clientes e concorrência
(2) Localização e infraestrutura
(3) Faturamento
(4) Habilidades do canal

Mercado, clientes e concorrência	Peso (1 a 10)
Em quais cidades o canal deve ter concentrada sua base de clientes?	
Cidade 1: **São Paulo**	10
Cidade 2: **Região metropolitana (Grande São Paulo)**	6
Quais os setores de mercado em que o canal deve concentrar suas vendas?	
Setor 1: **Setor financeiro**	9
Setor 2: **Governo**	5
Qual o porte dos clientes em que o canal deve concentrar suas vendas?	
( ) Pequenas empresas - até 50 funcionários	-----
( ) Médias empresas - de 50 até 200 funcionários	-----
(**X**) Grandes empresas - acima de 200 funcionários	10
O canal deve comercializar marcas/produtos que complementem a oferta do fabricante? Quais?	
Marca/Produto 1: **Servidores (qualquer marca)**	8
Marca/Produto 2: -----	-----
É permitido que o canal trabalhe com marcas que competem diretamente com o fabricante?	
( ) Sim (**X**) Não	10

Localização e infraestrutura	Peso (1 a 10)
Em quais cidades o canal deve estar estabelecido e ter escritórios e/ou funcionários?	
Cidade 1: **São Paulo**	10
Cidade 2: **Região metropolitana (Grande São Paulo)**	6

(continua)

(continuação)

Localização e infraestrutura	Peso (1 a 10)
De quais itens de infraestrutura o canal deve dispor?	
(X) Laboratório	8
( ) Estoque	-----
(X) *Show Room*	4
( ) Sala de treinamento	-----
(X) Data Center para soluções Cloud	9

Faturamento	Peso (1 a 10)
Que faturamento anual mínimo o canal deve ter?	
(X) Não se impõe um limite mínimo	-----
( ) Mínimo de: US$ _____ / ano	-----
Qual deve ser o ticket médio das soluções que o canal vende? (O fabricante deve ajustar os valores de acordo com as características do seu negócio)	
( ) Abaixo de US$ 50 mil	-----
( ) Entre US$ 50 mil e US$ 100 mil	-----
(X) Acima de US$ 100 mil	8
Qual deve ser o ticket médio das soluções que o canal aluga/comercializa como serviços? (O fabricante deve ajustar os valores de acordo com as características do seu negócio)	
( ) Abaixo de US$ 2 mil/mês	-----
( ) Entre US$ 2 mil e US$ 10 mil/mês	-----
(X) Acima de US$ 10 mil/mês	8

Habilidades do canal	Peso (1 a 10)
Quais atividades o fabricante deseja que o canal realize?	
(X) Prospecção	7
(X) Marketing	7
(X) Pré-Vendas	10
(X) Vendas	10
( ) Instalação	-----
(X) Suporte técnico	6
( ) Treinamento	-----

(continua)

(continuação)

Habilidades do canal	Peso (1 a 10)
Qual é o número mínimo de funcionários trabalhando o produto do fabricante?	
(**1**) Prospecção	7
(**1**) Marketing	7
(**1**) Pré-Vendas	10
(**3**) Vendas	10
( ) Instalação	-----
(**2**) Suporte Técnico	6
( ) Treinamento	-----
Quais certificações técnicas o canal deve ter?	
Certificação 1: -----	-----
Outras: -----	-----

Observe que, quando fazemos esse tipo de documento, fica muito fácil entender exatamente o que o fabricante espera de seu futuro canal indireto. Nesse exemplo, é extremamente importante que o canal esteja localizado e tenha seus principais negócios na cidade de São Paulo. O canal deve ter bastante *expertise* no setor financeiro, estar focado em vendas para empresas de grande porte e ter uma boa equipe de vendas e pré-vendas. Como esse fabricante do nosso exemplo produz e comercializa softwares, é importante que o futuro canal também represente um *vendor* de servidores a fim de complementar e potencializar a oferta. Em termos de infraestrutura, é fundamental que o candidato a canal disponha de um laboratório e um *data center* para oferecer a solução em um modelo de "nuvem privada". Há outros itens que também são desejáveis, porém menos importantes, e por essa razão receberam pesos mais baixos.

Os itens dessa planilha, apesar de servirem como um guia, podem não ser suficientes para concluir o checklist. Cada fabricante tem suas particularidades, e isso faz com que ele tenha que customizar a planilha de acordo com suas necessidades. Esse modelo sugerido pode ser utilizado como um ponto de partida para o seu trabalho.

Reputação e capacidade financeira

Além dos itens do checklist que acabei de mencionar, o *vendor* deve fazer uma verificação preliminar sobre dois quesitos de fundamental importância: a reputação e a capacidade financeira do candidato a canal. Se o processo de recrutamento evoluir para uma assinatura de contrato, seus advogados se encarregarão de fazer uma investigação completa.

O candidato a novo parceiro deve ser reconhecido no mercado por ter uma reputação sólida. O fabricante deve checar com outros fornecedores, com clientes finais e com profissionais do mesmo segmento. O *vendor* não vai querer associar sua marca com um parceiro de reputação duvidosa, correto? Se houver qualquer pendência comprovada nesse quesito, talvez seja melhor buscar outros candidatos.

Também vale a pena fazer uma averiguação preliminar da atual situação financeira do candidato a *partner*. Se houver qualquer indício de que a empresa "vai mal das pernas", ou de que não se trata de um bom pagador, insistir com essa empresa pode não ser uma boa ideia.

O FABRICANTE IDEAL

Da mesma maneira que o sucesso do fabricante está diretamente relacionado à qualidade dos seus canais e ao alinhamento que eles têm ao seu negócio, os *partners* também se veem no desafio de selecionar *vendors* que os ajudarão a crescer e não sejam apenas uma distração na sua lista de marcas representadas.

Por isso, é fundamental que o fabricante também pense no recrutamento pelo ponto de vista do canal. Assim como o *vendor* tem o perfil do canal ideal prontinho, tenha certeza de que os *partners* também possuem seu "perfil do fabricante ideal". Não adianta o fabricante encontrar o *partner* dos seus sonhos se ele não for interessante para os negócios desse parceiro. Com isso em mente, o *vendor* deve se preparar para mostrar aos potenciais canais o quão atraente será para os interesses deles.

Como o fabricante vai ajudar o seu canal a ganhar dinheiro? O gerente de canais deve ter essa resposta na ponta da língua, pois estamos tratando aqui de um dos aspectos principais de uma parceria forte e duradoura. Como o fabricante pode melhorar a oferta do canal para seus clientes finais? Pode aumentar a variedade de seu portfólio? Tem outro atrativo extremamente valioso para ser colocado na mesa de negociações? De todos os produtos que esse canal tem à disposição para vender, por que ele escolheria justamente o produto desse fabricante?

Geralmente, os canais indiretos são atraídos pelos atributos descritos a seguir.

- **Boas margens:** os canais, obviamente, darão preferência a fabricantes que lhes ofereçam uma boa margem financeira por transação.
- **Preços competitivos:** para atrair bons parceiros, os produtos do *vendor* devem ter preços compatíveis com seus principais concorrentes, de acordo com seu posicionamento no mercado.
- **Facilidade de fazer negócios:** fabricantes burocráticos, com processos complexos, que mais atrapalham do que ajudam os seus *partners*, terão sérias dificuldades para conseguir bons parceiros.
- **Baixo investimento inicial:** os canais pensarão duas vezes antes de assinar contrato com *vendors* que exigem um alto investimento (por exemplo, treinamento, produtos, estoque) para iniciar a parceria.
- **Produtos de boa qualidade:** nenhum canal quer se arriscar a vender produtos de qualidade duvidosa. Além de manchar a sua reputação e seu portfólio de produtos, ainda por cima vão gerar mais dor de cabeça com suporte técnico, substituição de peças etc.
- **Linha completa de produtos:** os *partners* preferem se associar a fabricantes que tenham uma linha variada de produtos. Isso reduz a necessidade de associação com muitos *vendors* para compor uma oferta completa.

- **Presença do fabricante:** *vendors* que oferecem um bom suporte de pré-vendas, vendas, instalação e suporte técnico são os preferidos pelos canais. Eles querem se sentir respaldados por *vendors* que "jogam junto".
- **Reputação do fabricante:** todo canal fica feliz em estampar um logo forte e reconhecido em sua lista de marcas.

O fabricante deve ter em mãos um documento que explique os principais atrativos que vai oferecer ao novo canal. Esse documento não precisa necessariamente ser entregue por escrito. No entanto, é recomendável preparar uma belíssima apresentação (pode ser em *Microsoft PowerPoint*, por exemplo) para mostrar aos executivos do potencial canal quando se reunir com eles pessoalmente. Vamos chamar esse documento de Apresentação Executiva do Fabricante.

Apresentação executiva do fabricante – checklist

Na sequência mostrarei os principais tópicos que a apresentação executiva do fabricante deve abordar. Claro que, dependendo da empresa e do setor de atuação, alguns dos pontos sugeridos podem não ser tão relevantes. É provável também que outros itens tenham que ser acrescentados a essa lista. Mas creio que temos aqui uma boa referência. O grande objetivo do fabricante com essa apresentação é provar "por a+b" que fazer uma parceria com ele é um ótimo negócio para o canal. Parcerias de sucesso acontecem quando cada lado da equação (fabricante e canal) reconhece o valor que a outra parte agrega na relação.

Com relação ao seu histórico, faturamento e infraestrutura, o fabricante deve atentar para os pontos conforme descrito a seguir.

- Fazer um breve resumo da história da empresa, desde o surgimento até os dias atuais. Não gastar muito tempo nesse ponto. Fazer algo leve e bem rápido, no estilo "linha do tempo".
- Mostrar, se houver autorização para tal, os clientes que fazem parte de sua base instalada.

- Falar sobre os funcionários: quantidade, perfil, como se dividem entre as principais áreas.
- Falar sobre seus escritórios e suas fábricas: quantos são, onde se localizam.
- Informar o faturamento dos últimos três anos fiscais, e as projeções para os próximos, se essa informação for aberta.
- Mostrar quais foram os prêmios e reconhecimentos mais relevantes recebidos até aqui.

Já em se tratando de produto e mercado, o *vendor* deve considerar a lista a seguir.

- Falar sobre os diferenciais do seu produto (ou linha de produtos).
- Mostrar como ele está inserido no mercado, qual o perfil de clientes.
- Mostrar como seu produto (ou linha de produtos) se posiciona frente aos principais concorrentes.
- Explicar como o potencial canal se beneficiará ao incluir seu produto (ou linha de produtos) em seu portfólio.
- Informar o faturamento e lucro médio por transação (*ticket* médio).

Para concluir sobre o programa de canais, o fabricante deve atentar para os aspectos descritos a seguir.

- Fazer uma apresentação completa do seu programa de canais. Talvez esse seja o ponto mais importante da apresentação. Quais são os diferenciais do seu programa? O que ele traz de novo em relação aos demais fabricantes? Como seu programa de canais ajuda os *partners* a serem mais lucrativos? O capítulo 4 explica o programa de canais em detalhes.
- Detalhar o programa de treinamento: como o fabricante executa o *onboarding* e a capacitação continuada? Quais são os métodos de treinamento utilizados (presencial, online, imersão, outros)? Os treinamentos são pagos? Onde os cursos presenciais são realizados? Veja mais detalhes sobre o programa de treinamento no capítulo 6.

- Explicar quais são os investimentos que o novo canal terá que fazer no início da parceria: capacitação, equipamentos para laboratório e *showroom*, contratação de pessoal, entre outros.
- Com relação ao marketing, explicar como vai ajudar o novo canal a criar demanda, quais são os eventos de que fabricante e parceiro podem participar em conjunto, quais os tipos de publicidade produzidos. O capítulo 8 detalha os principais temas relacionados ao marketing entre fabricante e canais indiretos.
- Deixar claro qual é sua política de registro de oportunidades (em geral os canais indiretos se preocupam bastante com esse item) e todas as ações que são tomadas para minimizar conflitos. Entenda melhor como deve funcionar o processo de registro de oportunidades no capítulo 7 e siga até o capítulo 12 para estudar o conflito de canais.
- Mostrar os principais pontos do seu programa de incentivo às vendas, dizer se existe verba de marketing cooperado, política de descontos especiais, SPIFFs, entre outros. Veja todos os detalhes sobre incentivos aos canais indiretos no capítulo 9.
- Mostrar quais são os tipos de canais utilizados, (VARs, VADs, agentes de vendas etc). Mostrar também quais são os benefícios das categorias *silver*, *gold* e *platinum*, caso elas existam.

A LISTA DE CANDIDATOS

A partir do momento em que o perfil do canal ideal está pronto (e a apresentação executiva do fabricante também), chegou a hora de buscar os *partners* que terão maior probabilidade de êxito numa futura parceria. Mas não se iluda: apenas assinalar "sim" e "não" nos critérios estabelecidos no checklist não necessariamente levará o fabricante ao *match* ideal. No entanto, esse é um ponto de partida bastante útil para gerar a lista de candidatos.

O *vendor* também deve ter em mente que é aconselhável ter empresas de diferentes portes em sua rede de canais indiretos. Empresas pequenas, com cobertura local, costumam ter um conhecimento muito intenso da região onde atuam por causa da proximidade com os clientes finais. Em contrapartida, empresas maiores, que atuam em várias regiões do país, possuem mais recursos e podem trazer projetos de maior valor.

Como encontrar bons candidatos?

Não é tarefa fácil, pode acreditar. A boa notícia é que existe método para isso e que, quando seguido, pode ajudar muito nessa busca.

A primeira ação consiste em elaborar uma lista preliminar de candidatos. De posse dos critérios previamente estabelecidos no perfil do canal ideal, o fabricante deve buscar por empresas que acredita que tenham sintonia com o que procura. Várias ações podem ajudar o gerente de canais nessa fase, conforme descrito a seguir.

1. **Pesquisas na internet:** por meio dos portais de buscas (utilizando as palavras-chave adequadas), de redes sociais de uso corporativo (como o LinkedIn, por exemplo) e, também, de revistas eletrônicas e sites especializados no seu segmento de mercado.
2. **Acionar sua rede de relacionamentos:** esse pode ser o melhor dos métodos. Caso a equipe do fabricante tenha uma boa rede de contatos, que inclua profissionais do seu segmento ou com quem já trabalharam juntos, provavelmente o *vendor* conseguirá, por intermédio deles, algumas boas recomendações.
3. **Eventos de geração de *leads*:** muitos fabricantes promovem encontros com potenciais candidatos, em que apresentam suas principais características e o que buscam num futuro canal. Pode ser um café da manhã, um almoço, ou até mesmo aproveitando um evento de mercado em que um horário é contratado para essa apresentação.

4. **Campanhas *inbound***: algumas estratégias do marketing *inbound* (ou marketing de atração) podem ser utilizadas para o recrutamento de novos canais. Explicando rapidamente, essas estratégias concentram-se em atrair os clientes (potenciais *partners*, nesse caso) por meio de conteúdo específico postado periodicamente nas redes sociais do fabricante. Quanto mais conteúdo relevante a empresa publicar nessas redes, mais ficará reconhecida no mercado, atraindo mais seguidores. Esses seguidores, mais especificamente os executivos de empresas que se interessam em se tornar seu canal, podem se sentir atraídos a procurar o *vendor* para conversar. O mais legal é que, se esse encontro acontecer, uma boa parte do trabalho de "venda" já foi feito, pois a pessoa interessada já conhece o fabricante relativamente bem, por meio do conteúdo publicado. Se ela chamou para uma reunião, significa que está interessada e, possivelmente, já admira a empresa. Nesses casos, a situação se inverte, pois partiu do canal a ação de procurar o fabricante. Agora ele terá a missão de mostrar por que ele pode ser um bom parceiro de negócios para o *vendor*.
5. ***Become a partner***: ainda na linha do item acima, é recomendável que o fabricante mantenha em seu site, na área de canais, um menu "Torne-se um canal". Ao clicar nessa opção, a empresa interessada em se tornar *partner* recebe todas as orientações para tal.

Essas ações provavelmente conduzirão a uma lista preliminar de candidatos. Talvez até com nomes em excesso. A equipe do fabricante deve fazer um primeiro filtro por meio do site dessas empresas e classificá-las em ordem de prioridade. As primeiras da lista serão aquelas que despertaram maior interesse. E será com elas que o *vendor* iniciará a próxima fase do programa de recrutamento.

Contato inicial

Agora que a equipe do fabricante já possui uma lista de canais aparentemente interessantes, que tem potencial para uma futura parceria com sua empresa, chegou a hora de fazer o primeiro contato com eles. Há uns cinco anos, eu te diria que esse primeiro contato deveria ser feito por telefone. Mas, como as ligações telefônicas têm perdido muito espaço para as mensagens de voz e texto, recomendo enviar um e-mail (veja no capítulo 10 mais informações sobre as chamadas telefônicas, mensagens de voz e texto e outros meios de comunicação com canais indiretos).

O gerente de canais deve elaborar um e-mail curto, muitíssimo bem escrito, que apresente de maneira clara e sucinta os seguintes itens:

1. quem é ele e qual sua função na empresa (provavelmente o gerente de canais é o profissional do fabricante mais indicado para enviar esse e-mail);
2. uma breve apresentação da empresa, enfatizando seu momento atual dentro do ambiente de negócios em que se insere;
3. por que a empresa está buscando um novo canal;
4. quais características do candidato a canal mais chamaram a atenção em suas pesquisas;
5. por quais razões acredita que uma aliança de negócios potencial entre as duas empresas trará bons resultados para ambas.

Ao final do e-mail, convém solicitar uma reunião presencial, para que esses e outros assuntos possam ser conversados com mais profundidade (caso a distância entre as duas empresas seja grande, essa primeira reunião pode até ser por videoconferência). O gerente de canais não deve se assustar se as respostas demorarem a chegar. Hoje em dia, todos estamos saturados de trabalho. O ideal é aguardar uns dez dias e, se não houver resposta, vale a pena um segundo e-mail ou, aí sim, um telefonema fazendo referência ao e-mail enviado.

AS REUNIÕES PARA APRESENTAÇÃO E CONHECIMENTO MÚTUO

A partir do momento em que um dos canais abordados por e-mail aceitou o convite para uma reunião presencial, uma parte importante do processo de recrutamento foi cumprida: rompeu-se a barreira inicial. É o momento de estar preparado para o primeiro encontro, a primeira oportunidade em que fabricante e candidato a canal estarão frente a frente, a fim de se conhecerem melhor.

As duas empresas devem aproveitar essa primeira reunião para se apresentar, compartilhar o momento atual em que se encontram no mercado e os objetivos futuros. Tudo isso de maneira aberta e muito honesta, pois não vai adiantar nada tentar pintar um quadro mais bonito do que ele realmente é. Se a reunião fluir bem, devem aproveitar para falar também sobre todos os recursos que serão necessários, de ambas as partes, para uma possível parceria. É a hora de cada empresa dizer "com o que vai entrar no negócio" e, também, deixar claro o que espera que a outra parte traga para a aliança. Esse é o momento exato de o *vendor* começar a usar os dois documentos que já preparou previamente: o perfil do canal ideal e a apresentação executiva do fabricante.

Fabricante e potencial canal devem fazer o número de reuniões necessário para que a forma de trabalho entre ambos, caso a parceria se concretize, seja esmiuçada e ambas as partes estejam de pleno acordo com o modelo de negócios. É uma etapa de conhecimento mútuo, em que o fabricante vai revelar seus interesses, seu modelo de negócios, a história da empresa e as características dos seus produtos e serviços.

Nunca é demais repetir: os canais indiretos são empresas independentes, que atuam no mercado seguindo seus próprios objetivos e interesses. Portanto, não basta que o candidato a novo *partner* tenha o perfil que o fabricante está buscando. É preciso também que a oferta do fabricante faça sentido para as aspirações do canal. Mesmo porque, se não for assim, o contrato de parceria pode até ser assinado, mas, na hora de fazer negócios, o *partner* vai continuar dando atenção somente aos outros *vendors* com os quais já trabalha e que possivelmente estejam mais alinhados com seus interesses.

Como esse é um processo de duas vias, o canal indireto também se apresentará, mostrando ao fabricante sua estrutura, corpo técnico e comercial, potencial financeiro, mercados em que atua, entre outros temas. O gerente de canais deve utilizar o perfil do canal ideal, que já foi preparado, para verificar se todos os requisitos, especialmente os mandatórios e de maior peso, são atendidos pelo candidato a parceiro.

É importante tentar descobrir como o candidato a canal está vendendo as outras marcas que já representa, perguntar sobre sua base de clientes, os tipos de relacionamento que ele tem com esses clientes, as modalidades de suporte que oferece e todos os outros temas importantes que fazem parte do checklist do fabricante.

É crucial perguntar também sobre o momento atual da empresa:
- Ela está procurando ativamente por novas marcas para representar, ou está satisfeita com o atual portfólio?
- Está pronta para agregar um novo *vendor* à sua lista?
- As marcas com as quais trabalha atualmente fornecem uma base de produtos que lhe permite cumprir seus objetivos de médio--longo prazo?
- Está disposta a comprometer todos os recursos e esforços necessários para começar do zero uma nova parceria?

É improvável que todos os principais executivos do canal estejam presentes logo na primeira reunião. Mas é importante a presença de pelo menos um que tenha o poder de decisão e/ou influência. E que conheça com detalhes a operação da empresa.

Se o assunto evoluir bem no primeiro encontro, outras reuniões podem (e devem!) ser agendadas, com o objetivo de aprofundar as discussões e, também, de envolver outros interlocutores tanto do candidato a *partner* como do fabricante. É simplesmente impossível tratar de todos os assuntos importantes apenas em uma primeira reunião.

Supondo que as conversas tenham avançado bem no primeiro encontro, e que novos encontros sejam marcados para evoluir ainda mais, esse é um bom momento para que ambas as empresas assinem um Acordo de Confidencialidade, o *Non Disclosure Agreement* (NDA).

O *NDA* é um contrato cujo objetivo é proteger segredos comerciais, patentes, preços, características de produtos, especificações, entre outros aspectos confidenciais de uma empresa. Como no processo de recrutamento de um novo canal ambas as empresas irão revelar esses dados à outra parte, a assinatura do *NDA* é fundamental para garantir que essas informações sejam tratadas com o devido sigilo pela outra companhia. Esse documento protege tanto o fabricante como o candidato a novo canal, e, como se trata de um contrato legal, sua elaboração deve ser de responsabilidade do departamento jurídico de uma das empresas (normalmente o fabricante) e assinado pelos representantes legais de ambas as companhias.

Existem muitos assuntos importantes a serem discutidos e muitos interesses em jogo, portanto, a equipe do fabricante, liderada pelo gerente de canais, não deve cair na tentação de tentar apressar as coisas e resolver tudo na primeira reunião. É fundamental ser bastante detalhista e criterioso e não ter o receio de "ser chato" com tantos questionamentos. Embarcar num "bote furado" pode trazer muitos prejuízos para o fabricante (e, diga-se, para o canal também...). Portanto, muita calma e prudência nessa hora.

Depois dessas reuniões, fabricante e canal devem avaliar se faz sentido, para as duas empresas, evoluir nas conversas rumo à concretização da parceria. Se for a vontade de ambos, o próximo passo nesse processo é a elaboração de um plano de negócios conjunto (*joint business plan*).

BUSINESS PLAN

Depois das várias reuniões realizadas para conhecimento mútuo e verificação de compatibilidade, e estando de comum acordo de que faz sentido ir adiante com a nova parceria, chegou a hora da elaboração do *business plan* inicial. Esse é um trabalho a quatro mãos (fabricante e canal) no qual devem ser estabelecidas as principais atividades necessárias, de ambas as partes, para que os primeiros objetivos da parceria sejam atingidos.

O *business plan* inicial não precisa englobar todos os assuntos referentes à nova aliança de negócios, até porque as empresas ainda estão começando a se relacionar. Porém é importante que contenha, pelo menos, as definições conforme a seguir.

- **Investimento:** quanto cada empresa deverá investir, em dinheiro e em outros recursos, para levar adiante a parceria?
- **Treinamento:** esboçar os principais parâmetros do treinamento de *onboarding* (participantes, prazos, eventuais custos e local de realização). Veja todos os detalhes sobre o treinamento de *onboarding* no capítulo 6.
- **Marketing:** quais serão as primeiras atividades de marketing a serem organizadas em conjunto? Como será a divisão dos custos? Quais os prazos para essas ações? (As atividades de marketing entre fabricante e canal indireto são tratadas no capítulo 8.)
- **Vendas:** quais serão os primeiros clientes a serem abordados? Como esses clientes serão contatados? Qual a participação do fabricante e do canal nessa atividade?
- **Pontos de contato:** quais serão os principais interlocutores em ambas as empresas (nos departamentos comercial, técnico e administrativo)?
- *Forecast*: em quanto tempo se espera fechar a primeira venda? Qual a estimativa de vendas para os primeiros três anos da aliança?

- **Revisão:** quais serão as métricas de sucesso da parceria e com que frequência elas serão verificadas?

Novamente vale a pena mencionar que, de acordo com as características das empresas e do segmento de atuação, poderá fazer sentido incluir outros elementos no plano de negócios inicial. Os itens aqui mencionados são apenas uma referência.

Fabricante e futuro canal devem estar de acordo e assinar esse documento, que servirá como ponto de partida (uma espécie de guia) assim que a parceria de negócios for definitivamente firmada. Conforme estudado no capítulo 4, o plano de negócios conjunto entre *vendor* e *partner* deve ser revisado periodicamente (normalmente uma vez por ano, no início do ano fiscal do fabricante).

CONTRATO DE PARCERIA

Depois de todas essas reuniões e de ambas as partes estarem de acordo com o *business plan* inicial, chegou o momento da assinatura do contrato de parceria. Essa atividade marca oficialmente o início da aliança de negócios e, como todo contrato, tem o objetivo de proteger os interesses do fabricante e dos seus canais indiretos.

Junto ao programa de canais, o contrato de parceria define as regras que regem o acordo. Podemos dizer, de uma maneira simplificada, que o contrato de parceria cuida dos termos jurídicos, enquanto o programa de canais fica encarregado dos termos comerciais da aliança. Normalmente, o programa de canais se incorpora ao contrato na forma de um anexo.

O fluxo de assinatura costuma ser o seguinte: o *vendor* envia seu modelo de contrato para que os advogados do canal verifiquem se todas as cláusulas são aceitáveis. Se houver alguma discordância nos termos, o ideal é que os advogados das duas empresas conversem e cheguem à redação final do documento. É interesse do fabricante que seu modelo de contrato prevaleça com o mínimo possível de alterações. Do ponto de vista de gerenciamento de contratos, não convém que exista muita variação com relação às cláusulas que cada parceiro deverá seguir.

Se o acordo de parceria envolver algum tipo de liberação de crédito por parte do *vendor*, é importante que ele faça uma pesquisa sobre a situação financeira do futuro canal, a fim de comprovar que a empresa tem respaldo para assumir uma possível dívida. O fabricante deve terceirizar essa tarefa para empresas especializadas nesse tipo de atividade (consultorias financeiras, escritórios de advocacia, entre outras).

Não sou advogado e, portanto, não tenho autoridade para discorrer sobre temas jurídicos. É fundamental que os advogados do fabricante estejam atentos às peculiaridades do seu negócio, para verificar todos os temas que devem ser incorporados ao contrato de parceria. Mas, pelo que tenho visto nesses anos de carreira, posso citar algumas cláusulas que não devem faltar no contrato de parceria:

- definição sobre a validade e renovação do contrato (haverá renovação automática?);
- termos de pagamento, política de créditos e garantia (para os produtos e os serviços);
- regras de saída (como as partes podem terminar o contrato);
- termos de confidencialidade, patentes e propriedade intelectual;
- territórios em que o *partner* poderá atuar;
- produtos que o *partner* poderá comercializar.

Como acontece com todos os contratos, os termos utilizados são frios e duros. Apesar de mandatório em toda parceria de negócios, o ideal é que a relação entre fabricante e canais indiretos flua com base na confiança e na boa-fé e que nenhum conflito os obrigue a lembrar da existência desse contrato.

PÓS-RECRUTAMENTO: CONTRATO ASSINADO, E AGORA?

Engana-se quem pensa que, com o contrato assinado, agora é só ficar esperando que o novo *partner* comece a trazer o faturamento que dele se espera. Não é algo tão simples como virar uma chave OFF/ON. Muito trabalho precisa ser feito, principalmente nos primeiros meses de parceria.

O gerente de canais terá que gastar a sola do seu sapato: visitar o novo canal com muita frequência e levar junto os seus especialistas de produto, pré-vendas, marketing e serviços (um de cada vez). Toda a equipe do fabricante deverá investir bastante tempo nessa fase inicial.

Essas visitas não devem ser somente para socializar. Elas devem ter uma agenda concreta e produtiva. O gerente de canais deve avisar com antecedência o tema de cada encontro para que o *partner*, por sua vez, possa reunir as pessoas apropriadas. Essas reuniões funcionam muito bem para promover sinergia entre as empresas, motivar e manter a energia do novo canal lá no alto, além de complementar, informalmente, o treinamento de *onboarding*. Por falar no treinamento de *onboarding*, trata-se de uma etapa crucial no processo de engajamento do novo *partner*. Todo o processo e detalhes estão descritos no capítulo 6.

Com o passar dos meses, quando o gerente de canais sentir que o pessoal do *partner* já tem condições de se virar sozinho, ele poderá diminuir gradativamente o ritmo de visitas e o tempo gasto, presencial e remotamente, com o novo parceiro.

É esperado que, nos primeiros meses de parceria, o consumo de recursos do fabricante pelo novo canal seja bem alto. Com o tempo, o *partner* irá se sentindo mais seguro e demandará menos intervenção do *vendor*. É fundamental que essa diminuição de consumo de recursos do fabricante ocorra o quanto antes, caso contrário o modelo de canais indiretos não se sustentará. O *vendor* não pode esquecer que o modelo de vendas indiretas pressupõe que os canais (de acordo com o tipo da empresa, VADs, VARs etc.) estejam aptos a fazer muitas das tarefas sozinhos.

Portanto, a equipe do fabricante precisa trabalhar bem e com agilidade para que o novo canal esteja pronto para representar sua empresa o mais rapidamente possível. O gerente de canais deve ter um plano traçado para engajar, capacitar e suportar o novo membro de sua rede de parceiros, bem como evitar que ele se transforme em apenas mais um nome em sua lista de canais improdutivos, que não geram receita e os bons resultados que ele deseja.

Reunião de boas-vindas

Seja presencialmente (se fabricante e canais estiverem próximos fisicamente) ou por uma videoconferência, a equipe do fabricante deve agendar o quanto antes uma reunião de boas-vindas com o novo *partner*. Essa reunião é fundamental para que o novo canal saia da estaca zero o mais breve possível. Normalmente, o gerente de canais lidera essa reunião em nome do fabricante.

Nesse primeiro encontro, as pessoas-chave de negócios do canal devem ser convidadas (equipe de vendas, pré-vendas, marketing, operações, entre outras). O objetivo é ensinar os principais processos e apresentar os pontos de contato mais relevantes de todas as áreas. Uma boa dica é que o *vendor* navegue pelo seu site e pelo seu *Partner Portal* (vamos estudar as características de um bom *Partner Portal* no capítulo 11), identificando os itens mais cruciais nesse momento de início da parceria, como, por exemplo:

1. mostrar como obter as senhas de acesso e fazer o cadastro nos diversos sistemas disponíveis;
2. apresentar as principais ferramentas de marketing e vendas;
3. revisar o programa de treinamento (principalmente o treinamento de *onboarding*);
4. mostrar como encontrar manuais e apresentações dos produtos;

5. tirar todas as dúvidas que o novo canal tiver sobre a empresa, os produtos e os processos;
6. navegar pelo *Partner Portal* para mostrar ao novo canal onde encontrar os principais recursos do sistema;
7. outros pontos que o fabricante julgar relevantes de acordo com as características de seu negócio.

Convém reforçar as prioridades nesse momento inicial da aliança de negócios e começar a preparar o *partner* para "andar com as próprias pernas" o quanto antes. Com tantas informações e tantas tarefas pela frente, o novo canal poderia ficar totalmente perdido se não houvesse essa reunião inicial.

É importante que o fabricante tenha sempre em mãos, como uma espécie de guia, o *business plan* inicial que foi assinado por ambas as empresas. Nesse documento, há um compromisso mútuo sobre quais as tarefas que serão executadas e seus respectivos prazos. E como "o combinado não é caro", esse contrato deve ser cumprido rigorosamente por ambas as partes.

No final da reunião, é importante que os participantes recebam todo o conteúdo por escrito, para que não se esqueçam de todas as tarefas e onde encontrar cada informação. É muito legal se o fabricante tiver disponível uma espécie de guia para novos partners para entregar ao seu novo representante.

Se o conjunto de informações a serem compartilhadas for muito grande, recomendo dividir a reunião de boas-vindas em duas ou três sessões. Os funcionários do novo canal não vão conseguir assimilar uma quantidade muito grande de detalhes em uma tacada só. O gerente de canais pode passar algumas "lições de casa" para que eles cumpram, entre uma reunião e outra, com o objetivo de reforçar o aprendizado.

Todo fabricante precisa de um *champion*

Nessa fase inicial de relacionamento, será ótimo se o fabricante conseguir eleger um *champion* da sua marca dentro do novo canal. Ele será o embaixador do fabricante e dos seus produtos entre os funcionários do novo *partner*.

Não é difícil reconhecer a pessoa mais bem preparada para cumprir esse papel. Nas suas primeiras interações com o novo canal, o gerente de canais logo irá notar quem mais se interessa pelos seus produtos, quem faz mais perguntas nas reuniões, quem dá mais ideias de negócio. Essa é a pessoa que simpatizou logo de cara com sua marca e, portanto, é o *champion* que o *vendor* precisa.

Por se tratar de um funcionário do próprio parceiro, ele conhece toda a sua estrutura, as áreas de negócio, as pessoas-chave e os atalhos para fazer os negócios avançarem. Ele saberá a maneira certa de fazer a mensagem do fabricante chegar da melhor maneira aos demais funcionários do novo *partner*. É um reforço importante para o trabalho do gerente de canais e para toda a equipe do fabricante.

A importância dos *"Quick Wins"*

O começo da relação com um novo canal é extremamente importante e pode ditar o ritmo de evolução da parceria. Os funcionários do novo parceiro ainda não estão acostumados com o novo fabricante. Portanto, o gerente de canais deve se fazer conhecido e popularizar a sua marca rapidamente. Ele não pode deixar que sua marca continue sendo uma ilustre desconhecida para o pessoal do parceiro por muito tempo.

A ajuda da equipe do fabricante nos primeiros processos de venda é essencial. É importante ter os primeiros casos de sucesso o quanto antes (*quick wins*). Se eles demorarem muito, os funcionários do novo canal podem se desmotivar, achar que é difícil vender a nova marca e tirar totalmente a atenção do novo produto que acaba de chegar.

Se for necessário, o fabricante pode e deve, literalmente, fazer todo o processo das primeiras vendas. Desde gerar o *lead*, passando por todo o processo de vendas, até o fechamento do negócio. À medida que o fabricante percorre todo o processo, até a efetivação da venda, o *partner* vai aprendendo a navegar sozinho e logo estará pronto para desmamar do *vendor*. Digamos que esse primeiro processo funcionará como um treinamento prático.

Esses *quick wins* darão a confiança necessária tanto ao canal indireto como até mesmo para o fabricante de que eles podem, de fato, fazer negócios e ter lucratividade juntos. É o prenúncio de uma aliança duradoura e de muito sucesso.

A importância dos dados estatísticos

A partir do recrutamento de um novo canal, e durante todo o tempo em que a aliança de negócios estiver vigente, o gerente de canais deve planilhar todos os dados históricos do *partner*. Deve ser criado um registro para cada parceiro, com atualizações constantes. É importante incluir informações sobre o histórico de vendas, *ticket* médio, porcentagem de contribuição desse *partner* para o resultado total das vendas, cursos realizados, certificações obtidas, entre outras informações que julgar necessário.

O objetivo é a elaboração de um dossiê com todas as informações relevantes sobre a parceria. Esse dossiê poderá ser utilizado para acompanhamento de resultados, eventuais correções de rota, avaliação de campanhas de marketing e do programa de incentivos, elaboração de relatórios gerenciais e demais referências futuras.

AVALIAÇÃO DO PROCESSO DE RECRUTAMENTO

Recrutar canais é um investimento importante feito pelo fabricante. E, como todo investimento, deve ter seu retorno medido periodicamente. É importante avaliar se o processo de recrutamento está sendo bem-feito e trazendo os resultados esperados.

Mas qual a melhor maneira de fazer esse tipo de avaliação?

Bem, uma avaliação equivocada seria simplesmente considerar a quantidade de canais recrutados. Pela lógica, isso poderia levar os responsáveis pelo recrutamento a assinar com inúmeros canais que, no final das contas, não irão vender nenhum centavo. Como já foi mencionado, o segredo do sucesso não é necessariamente recrutar muitos *partners*, mas recrutar bons *partners*.

Algumas métricas melhores seriam, por exemplo:

- número de *leads* gerados no primeiro semestre de parceria;
- quantidade de registros de oportunidade aprovados nos primeiros seis meses;
- *pipeline* de oportunidades depois dos seis primeiros meses;
- prazo para fechar o primeiro negócio;
- faturamento no primeiro ano;
- número de profissionais certificados nos primeiros doze meses, entre outras.

Esses tipos de métrica indicam que o recrutamento não representa um fim em si mesmo, mas um meio para que mais negócios e mais faturamento sejam trazidos para o fabricante.

É importante ficar de olho na taxa de conversão, ou seja, no número de canais que assinam contrato que realmente se convertem em um gerador de receitas para o fabricante. Se uma parte considerável dos *partners* recrutados não prospera, pode ser sinal de que algo no processo de recrutamento não está funcionando bem.

O mix perfeito

O fabricante deve ter em mente o mix de habilidades que sua rede de canais lhe proporciona. Até porque sua rede de parceiros é formada por empresas que não possuem as mesmas características e não se comportam da mesma maneira.

É importante avaliar como a fraqueza de um de seus *partners* pode ser compensada pela força de outro. Fazer essa análise para cada uma das competências específicas que necessita e verificar se tal competência está sendo suprida de alguma maneira. Se não estiver, ou o próprio fabricante se encarrega de supri-la ou recruta um novo canal que disponha de tal recurso e que possa ajudá-lo.

O *vendor* deve considerar também que precisa de tipos diferentes de canais para cada segmento. Por exemplo, os canais especializados na sua linha de produtos para grandes corporações devem ter características e comportamentos bem diferentes em relação aos parceiros que se dedicam ao seu segmento de pequenas e médias empresas.

Isso significa que o processo de recrutamento tem que ser repetido tantas vezes quantos forem os "tipos de canais" e as competências necessárias. O fabricante deverá desenvolver critérios de seleção específicos para cada tipo de canal que irá recrutar.

Sim, é bem trabalhoso, porém extremamente útil. Esse método forçará o *vendor* a refletir o que cada *partner* agrega na sua rede e por que precisa dele.

Investimentos compartilhados

Uma parceria só tem chances de sucesso no longo prazo quando ambas as empresas estão dispostas a compartilhar investimentos. Refiro-me ao compartilhamento de bens tangíveis, como dinheiro, equipamentos, instalações, bem como aos bens intangíveis, tais como os recursos humanos, os profissionais do fabricante e canais que tocarão em frente a aliança.

Como em qualquer tipo de relacionamento, quando somente um dos lados investe, a tendência é de que a parceria fique desequilibrada, apareçam cobranças e conflitos e as possibilidades de sucesso diminuam. Quando somente uma das partes investe, a outra parte se coloca numa posição oportunista e de exploração. A parte que não investe não tem incentivos para ficar na parceria e fazê-la funcionar. Portanto, os dois lados devem colaborar de maneira equilibrada para que ambos usufruam de uma aliança de sucesso no longo prazo.

Não se esquecer dos parceiros de sempre

Para terminar este capítulo sobre recrutamento de novos canais, peço sua total atenção para uma das mensagens mais importantes desta parte do livro. Quero falar sobre o ciúme e, fundamentalmente, sobre a importância de dar valor a quem já está ao seu lado há bastante tempo.

O ciúme está presente, em diferentes doses, em praticamente todos os tipos de relacionamento. Inclusive na relação entre fabricante e seus canais indiretos. O canal A sempre vai achar que o fabricante está dando mais atenção para os canais B, C, D etc. Como em todos os relacionamentos, dizem os psicólogos, "um pouquinho de ciúme não faz mal", e, de repente, pode até significar que o canal A se importa de fato com sua marca. Demonstra que ele está interessado em obter mais atenção para poder vender mais. Legal!

Mas quero focar num dos momentos em que a crise de ciumeira tem maior intensidade e atinge, de uma só vez, a todos os canais da rede de parceiros do fabricante. Isso acontece justamente na hora em que um novo canal indireto é introduzido ao grupo.

Quando um novo *partner* é recrutado e começa a trabalhar com o fabricante, é normal que os outros canais não fiquem "muito satisfeitos" (estou usando palavras suaves...). "Para que mais um canal?", "esse canal está vindo para pegar parte das minhas receitas", "já está difícil vender, e agora temos mais um concorrente" são frases normalmente ouvidas pelo fabricante nessas situações.

E o que a equipe do fabricante deveria fazer nessa hora? Cancelar o recrutamento desse novo canal para não gerar insatisfação nos canais existentes?

Creio que essa não seja a melhor solução e explicarei o porquê.

Se o *vendor* assinou com esse novo representante e obedeceu toda a cartilha de melhores práticas para o bom recrutamento, esse novo parceiro está lhe trazendo alguma competência nova que os demais canais não podem oferecer, pelo menos nesse momento. Essa competência pode ser, por exemplo, o relacionamento com um segmento de mercado que seus outros canais não têm, ou o conhecimento de uma região do país em que seus parceiros não estão atuando, ou então uma habilidade específica, como capacidade de desenvolvimento de software, ou ainda dispor de um centro de treinamento. Enfim, o que quero dizer aqui é que o *vendor* deve ter recrutado esse canal para fechar uma lacuna existente em sua rede de canais indiretos.

Pois bem, sendo assim, a alternativa de cancelar o recrutamento desse novo canal está descartada.

No entanto, recomendo que o gerente de canais tome duas atitudes que são descritas a seguir.

1. Comunicar, individualmente, a todos os canais indiretos a chegada do "irmãozinho mais novo". Mas ele deve ir além. No seu comunicado, deve explicar de forma clara quais são os objetivos da vinda desse novo parceiro. Reforçar os itens do seu programa de canais que protegem os parceiros existentes e suas oportunidades já registradas. Enfatizar também sua política de treinamento e certificação (provavelmente os canais existentes se encontram em uma situação mais confortável que o novo *partner*, que terá de começar do zero todo o programa de cursos). Reforçar ainda todo

o seu apreço sincero pela aliança com os canais existentes e deixar claro que espera que os laços de parceria estejam cada vez mais sólidos. Enfim, oferecer uma palavra de conforto e segurança aos *partners* que já estão na luta há mais tempo que o novo integrante da "família".

Alguém dirá: "Não concordo. Não acho que o fabricante deva informar os canais existentes sobre o recrutamento de outro canal. Nunca fiz isso e continuarei não fazendo".

Bem, eu sempre digo que, no nosso mercado, não existem soluções universais, e quase sempre a melhor resposta para qualquer pergunta é "Depende". Respeito as opiniões contrárias e reconheço que muitos fabricantes, talvez a maioria deles, não utilizem esse tipo de comunicado. Entendo também que em alguns contextos isso pode não se aplicar. No entanto, eu acredito que, se a notícia é ruim para os canais existentes, então que eles fiquem sabendo logo e o saibam pelo fabricante. Isso evita fofocas, comentários paralelos e perda de foco no trabalho, além de reforçar a transparência no relacionamento entre fabricante e canais indiretos. Já pensou que situação constrangedora o gerente de canais chegar a uma reunião com uma de seus parceiros e ouvir: "Puxa vida, você nem me avisou que a empresa XPTO agora é canal também".

2. Evitar, a todo custo, transformar o novo canal no seu mais novo "queridinho". Todos sabemos que é papel do fabricante, e dever do gerente de canais, dar um gás inicial nesse novo canal para colocá-lo o quanto antes em condições de representar bem sua marca. As atividades de *onboarding* do novo *partner* são muito demandantes e exigem do fabricante um esforço grande e concentrado com o novo parceiro. É normal, portanto, que o *vendor* dedique um pouco mais de tempo, durante esse período inicial, ao relacionamento com o caçulinha da turma. Mas é bom tomar cuidado! Não esquecer

os demais canais! Eles também precisam do fabricante! Da sua presença, do seu esforço, da sua atenção. O *vendor* não pode abandonar, nem mesmo por um curto período, aqueles que lhe dão suporte há mais tempo.

Tão importante quanto ir ao mercado e buscar novos *partners*, é continuar potencializando as relações já estabelecidas. Os atuais canais já foram recrutados um dia, e, se tinham o perfil ideal naquela época, é importante que continuem tendo.

A equipe do fabricante deve dividir seu tempo e suas energias entre o processo de recrutamento e as atividades do dia a dia com seus canais existentes. Se o gerente de canais sumir do convívio dos seus velhos *partners*, corre o risco de recrutar novos parceiros e perder os antigos. Também vale a pena monitorar de maneira constante a *performance* dos canais existentes para assegurar que eles continuam sendo os *partners* corretos. Esse monitoramento frequente também ajuda a identificar e corrigir pontos vulneráveis.

Introduzir um novo membro ao grupo de canais indiretos é uma tarefa complexa, que requer cuidados, mas não precisa ser traumatizante nem gerar conflitos de qualquer natureza. Aos poucos, contando com a habilidade do gerente de canais e de toda a equipe do fabricante, o novo parceiro já estará totalmente integrado à equipe.

6
TREINAMENTO DE CANAIS INDIRETOS

Antigamente, quando um jovem comunicava que ia estudar Medicina, sua família o alertava: "Tem certeza? Médico tem que estudar a vida toda!". Hoje em dia, as pessoas mais velhas ainda conservam esse tipo de pensamento em relação à Medicina, e elas têm razão. Bons médicos, de fato, estudam a vida inteira. Mas o engenheiro, o jornalista, o contador, qualquer profissional, se quiser ser realmente bom naquilo que faz, se quiser se destacar, ter sucesso da mesma forma que o médico, também terá que estudar e se manter atualizado durante toda a sua carreira.

Os canais indiretos que pretendem fazer seu trabalho bem-feito terão que investir continuamente no treinamento de seus profissionais. Cabe ao fabricante, sob a coordenação do gerente de canais, garantir as melhores possibilidades de aperfeiçoamento e manter sempre acesa essa chama em seus parceiros.

O Programa de Treinamento de Canais Indiretos engloba a preparação e a entrega do conteúdo correto para o público-alvo apropriado, utilizando os melhores métodos e no tempo e frequência recomendados, com o objetivo de transferir aos *partners* o conhecimento necessário para que eles possam representar da melhor forma o fabricante.

POR QUE É PRECISO TREINAR OS CANAIS?

Os canais indiretos são responsáveis por levar a marca do fabricante para o mercado, ou seja, para os clientes finais (os reais usuários dos seus produtos/serviços). Esses canais foram recrutados para suprir algumas demandas que o *vendor* não teria condições de executar sozinho. Ou, por alguma razão, nesse momento o fabricante acredita que executar indiretamente seja a melhor opção.

A missão dos canais indiretos, portanto, é muito importante. Eles são "a cara do fabricante" diante dos usuários finais. Dependendo do tipo de empresa, eles têm a missão de prospectar, projetar, vender, instalar e dar suporte técnico. Não é pouca tarefa. Imagine os riscos que um canal mal treinado pode causar ao seu fabricante. E a si próprio.

Do ponto de vista do *vendor*, é uma responsabilidade tremenda "delegar" atividades tão estratégicas a um "terceiro" (uma empresa independente cujos funcionários não estão subordinados hierarquicamente a esse *vendor*). Mais do que isso, transferir essa missão a empresas que não estão com a cabeça 100% do tempo voltada aos interesses do fabricante, a empresas que representam outras marcas, possivelmente até concorrentes.

Por esses e outros motivos, é dever do fabricante preparar e manter disponível um programa de treinamento completo, para que seus parceiros tenham fácil acesso e possam estar aptos a executar todas as tarefas que se espera que cumpram. Do outro lado, cabe aos canais indiretos manter sua capacitação em dia e atender às convocações de novos treinamentos enviadas pelo fabricante.

Mas, caso o *vendor* ainda tenha alguma dúvida sobre a importância de treinar bem os canais, vale lembrar o seguinte: os *partners* estão constantemente aprendendo. Se eles não estão aprendendo sobre seus produtos, pode ter certeza de que estão aprendendo sobre outros (talvez sobre seus concorrentes...).

MÉTODOS DE TREINAMENTO (COMO ENSINAR)

Graças aos avanços da tecnologia, hoje em dia contamos com vários métodos de treinamento. Esses métodos se complementam e, quando combinados e utilizados nos momentos certos, propiciam uma transferência de conhecimento de alto nível do fabricante para seus canais.

Método 1: sala de aula (presencial)

Talvez o mais antigo dos métodos de ensino. Nenhum outro é tão efetivo em termos de interação e de relacionamento. Instrutor e treinandos têm a oportunidade de conviver por algumas horas (ou dias), se conhecerem, conversar sobre outros assuntos durante os intervalos e desenvolver um relacionamento extraclasse que pode ser muito útil para o futuro do relacionamento fabricante-canais.

Nem sempre os fabricantes possuem a figura de um instrutor dedicado. Alguém cuja função na empresa é única e exclusivamente preparar e ministrar treinamentos. Grande parte das empresas utiliza seus vendedores para lecionar os treinamentos de vendas, o pessoal de pós-vendas para os treinamentos de instalação, e suporte técnico e os engenheiros de pré-vendas para os cursos de pré-vendas e design de soluções. Dessa forma, o relacionamento criado durante os treinamentos presenciais é levado para o dia a dia de trabalho de vendas, instalação, suporte e pré-vendas.

Método 1a: sala de aula (presencial) – os alunos vão até o instrutor

Existem grandes multinacionais que possuem seus centros de treinamento fora do país. Essas empresas capricham na montagem e na manutenção de um ambiente propício para receber os canais de todo o mundo e ali ministrar seus cursos. Salas de aula ergonomicamente preparadas, com todos os recursos audiovisuais disponíveis, laboratórios e salas de estudo acopladas. Algumas empresas nacionais criam estruturas semelhantes em apenas uma ou duas cidades do Brasil.

Infelizmente, em virtude dos custos de deslocamento e viagem, muitas vezes não é o método de treinamento mais viável para os canais. Por essa razão, é importante que o fabricante pense em maneiras alternativas de capacitação, como por exemplo os cursos *in-house* e os cursos *onsite*.

Método 1b: sala de aula (presencial) – o instrutor vai até os alunos

Os cursos *in-house* e os cursos *onsite* também são presenciais. A grande diferença é que, em vez de todos os treinandos se deslocarem até o local do curso (que fica longe dos treinandos e perto do instrutor), é o instrutor quem se desloca para um local perto dos treinandos.

A matemática é elementar: suponha que um grupo de vinte profissionais, de alguns dos canais de São Paulo, deve fazer um curso no centro de treinamento do fabricante em Los Angeles. Em vez de passagens aéreas e hospedagens (sem falar nos demais custos envolvidos) para vinte pessoas, teríamos apenas uma pessoa se deslocando (o instrutor americano, que mora em Los Angeles, e que viria a São Paulo lecionar esse curso). Os custos de viagem e hospedagem do instrutor podem ser divididos entre os vinte participantes e o fabricante, ficando mais em conta para todos.

In-house e Onsite

In-house: normalmente refere-se ao treinamento dado "na casa" do cliente (ou do canal indireto, no nosso caso), apenas para seus próprios funcionários. Esse tipo de treinamento permite uma customização maior do conteúdo, de acordo com os interesses específicos desse *partner*. Também permite que os treinandos não tenham que se deslocar do seu local habitual de trabalho para as aulas.

Por outro lado, não existe o *networking* com treinandos de outras empresas. Além disso, há a possibilidade indesejada de os participantes serem chamados a qualquer momento para algo "emergencial", já que estão próximos de sua mesa de trabalho. Sem contar que nem sempre o escritório do canal possui um ambiente de treinamento adequado, com acomodações apropriadas, projetor e toda a infraestrutura necessária para um bom curso. Todas essas questões podem resultar em um ambiente improvisado de estudo, prejudicando o aproveitamento da aula.

Onsite: normalmente refere-se ao curso ministrado fora do centro de treinamento do fabricante, mas, ao contrário do treinamento *in-house* (que é exclusivo para um único canal), a modalidade *onsite* conta com funcionários de diversos *partners*, que dividem os custos. Normalmente, escolhe-se o escritório de um dos canais participantes (aquele que possui uma infraestrutura mais adequada) para que o curso seja ministrado. Também existe a possibilidade de escolha de um local "neutro", como um hotel por exemplo.

Em relação ao treinamento *in-house*, perde-se no quesito customização, uma vez que várias empresas com diferentes interesses participam, mas ganha-se no quesito *networking*, já que funcionários de diversas empresas podem trocar experiências, tornando o ambiente de aprendizado mais rico.

Uma dica prática: sempre que possível, promova os cursos *in-house* e *onsite* fora do escritório dos canais. Paga-se um pouquinho mais, porém se ganha em conforto. Retirar os treinandos do seu ambiente de trabalho (mudança de rotina) impede (ou pelo menos dificulta) que eles sejam chamados a qualquer momento para "apagar incêndios". Tudo isso resulta em maior aproveitamento do conteúdo ministrado, o que é bom tanto para o fabricante como para os parceiros.

ACONTECEU COMIGO

Eu era responsável pelos canais indiretos de toda a América Latina de uma empresa norte-americana. Estávamos vivendo uma situação em que todos os canais reclamavam dos altos custos para enviar seus funcionários para os centros de treinamento da empresa, que ficavam nos Estados Unidos. Para complicar, os instrutores eram todos americanos e só ministravam os cursos em inglês. Como se isso já não bastasse, estávamos em pleno lançamento de uma nova versão de software, o que tornava a necessidade de treinamento ainda mais gritante. Os *partners* "batiam o pé" que não iam arcar com as despesas de envio de seus funcionários para os Estados Unidos.

Para resolver essa situação, contamos com um pouco de sorte e muita boa vontade. Um dos funcionários da nossa equipe de serviços era um mexicano que falava português muito bem. Conseguimos a permissão da diretora de serviços para "utilizá-lo" como instrutor e criamos turmas *onsite* em diversas cidades (nos nossos principais mercados na América Latina): São Paulo, Buenos Aires, Bogotá e Cidade do México. Os custos de viagem do instrutor foram divididos entre os participantes, e nós, o fabricante, não cobramos a inscrição para os cursos.

Foi um sucesso! Os canais ficaram felizes, pois conseguiram treinar seus funcionários por um custo muito menor, nossa empresa ficou feliz, pois nossos parceiros se capacitaram em nossas soluções, e o nosso colega mexicano (o instrutor) ficou mais feliz ainda pela oportunidade de conhecer algumas cidades que ele não conhecia e por turbinar seu plano de milhas...

Método 2: sala de aula virtual

Assim como nos cursos presenciais, esse método tem hora e "lugar" para acontecer, e conta com um professor, disponível todo o tempo, que será o responsável por lecionar o treinamento. A diferença é que os treinandos estarão em locais físicos diferentes, porém todos presentes ao mesmo tempo na sala de aula virtual.

Atualmente, existem muitos softwares e aplicativos que proporcionam ambientes virtuais para treinamentos, com muitos recursos disponíveis para facilitar a interação entre os participantes. Instrutor e alunos podem se comunicar, enviar perguntas e respostas e compartilhar informações por meio de chat, fóruns e outros métodos específicos de cada ferramenta.

Em relação aos cursos presenciais, perde-se a interação física (o olho no olho) entre todos os envolvidos, mas se ganha com a economia dos custos de viagens e estadias. Tudo isso sem perder a qualidade da transferência de conhecimento.

Método 3: cursos online sob demanda

Nessa modalidade de treinamento, o conteúdo é pré-gravado (ou seja, não se trata de uma transmissão ao vivo). As aulas ficam disponíveis, normalmente no *Learning Management System* (LMS) utilizado pelo fabricante e/ou na área de parceiros do site do *vendor* (*Partner Portal*), para que possam ser acessadas a qualquer momento via computador, tablet ou smartphone. Veja mais sobre LMS na sequência deste capítulo e sobre o *Partner Portal* no capítulo 11.

A flexibilidade e a acessibilidade são os maiores atributos desse método de treinamento, uma vez que os treinandos decidem de onde e quando farão o curso. Outra vantagem dessa modalidade de ensino é que cada treinando percorre o conteúdo no seu próprio ritmo: os mais rápidos, que já possuem maior familiaridade com o tema, não precisam esperar os que têm mais dificuldade. Já os iniciantes não precisam se afobar nem ficar acanhados por não estarem numa velocidade compatível com os mais rápidos.

Para compensar a falta do "olho no olho" e a impossibilidade de *networking* presencial entre os participantes, os softwares mais recentes de *digital learning* oferecem uma série de recursos para aumentar a interação, como fóruns de discussão e outros elementos de colaboração. Tudo coordenado por um bom LMS.

Método 4: imersão

Uma preocupação muito grande do fabricante (ou pelo menos deveria ser!) é garantir que os profissionais dos canais, depois de participarem dos treinamentos, estejam realmente aptos e com conhecimento suficiente para representá-lo. O processo de certificação tem um papel importante nesse aspecto, mas em muitos casos não é suficiente. Uma maneira de contornar esse problema é por meio da imersão, que é indicada especialmente para funções técnicas, como instalação e suporte.

Essa modalidade de ensino consiste em proporcionar aos treinandos uma vivência real daquilo que foi ensinado no treinamento formal, sempre com o acompanhamento de profissionais experientes. Praticando em um ambiente real de trabalho, os profissionais dos canais aplicam "pra valer" o que acabaram de aprender, tiram dúvidas e receios comuns dos menos experientes e fixam o que ainda está meio disperso em suas cabeças. Quando voltarem para suas empresas, se sentirão muito mais seguros para executar seu trabalho.

ACONTECEU COMIGO

Trabalhei numa empresa brasileira que estava em processo de internacionalização para diversos países da América Latina. Para complementar o treinamento das equipes de pós-vendas dos nossos canais e dos funcionários que contratávamos no exterior, trazíamos esses profissionais para passar um mês na nossa sede em São Paulo. Durante esses 30 dias, eles faziam uma imersão com nossa equipe de suporte técnico.

Dessa maneira, os profissionais recém-treinados tinham uma oportunidade única de vivenciar, na prática, o dia a dia de nossa equipe de suporte: atender a chamados reais, com os problemas acontecendo e tendo que ser resolvidos rapidamente, com a pressão do cliente ávido por uma solução urgente, entre outras situações.

Isso lhes proporcionava uma experiência única, e eles voltavam para os seus países depois dessa imersão de um mês muito mais bem preparados para executar suas tarefas. Além do mais, isso propiciava uma oportunidade de *networking* com nossos técnicos que era levada por toda a trajetória desses profissionais com a nossa empresa.

Método 5: *shadowing*

Esse é um método muito interessante para complementar o processo de treinamento, destinado principalmente (mas não exclusivamente) às equipes de instalação dos canais indiretos.

De uma maneira simplificada, consiste em convidar os funcionários dos canais para participar, com os especialistas do fabricante, de uma instalação real. É uma excelente oportunidade para que os instaladores dos *partners* vejam, na prática, como se instalam e configuram os equipamentos do fabricante e possam fazer perguntas e tirar dúvidas por meio do acompanhamento de um processo real.

> **ACONTECEU COMIGO**
>
> Trabalhei em uma multinacional fabricante de softwares que incluía em seu processo de capacitação dos profissionais de instalação dos canais duas etapas de shadowing.
>
> Na primeira, nossos funcionários faziam a instalação e os profissionais do canal apenas observavam e tiravam dúvidas. Chamávamos essa etapa de shadowing direto.
>
> Na segunda instalação, ocorria o contrário (chamávamos de shadowing reverso). Os funcionários do partner faziam a instalação, e nossos instaladores observavam se eles estavam fazendo corretamente, corrigiam e orientavam em caso de eventuais falhas.
>
> Vale ressaltar que os profissionais dos canais só podiam participar das sessões de shadowing depois de concluírem o currículo completo de capacitação formal.
>
> Só depois de as duas etapas de shadowing serem concluídas com sucesso é que os canais eram considerados aptos (certificados) a fazer sozinhos uma nova instalação.

Método 6: coaching

Não importa quanto tempo "de casa" o canal indireto possui. Tanto os novos *partners* como as parcerias mais antigas precisam de coaching constante, em todas as áreas de negócio (vendas, pré-vendas, serviços, marketing etc.).

O fabricante é a autoridade máxima nesse assunto (seus produtos e sua empresa). Portanto, sempre haverá espaço para um conselho adicional, uma nova dica, compartilhar uma experiência. O *vendor* deve aproveitar todas as oportunidades de interação com os canais indiretos para isso. Seja num café, num almoço, depois de uma reunião com o cliente, numa revisão de *pipeline*, ou numa sessão de suporte técnico conjunta. É importante nunca deixar passar o momento de transmitir um *bit* de informação a mais para seus canais indiretos. Esse é o momento em que todos os funcionários do *vendor* se tornam instrutores informais.

CONTEÚDO E PÚBLICO-ALVO (O QUÊ E PARA QUEM ENSINAR)

Para começar a definir o conteúdo e o público-alvo do seu programa de treinamento, o fabricante tem que se fazer as seguintes perguntas:

- "O que espero do meu canal indireto?"
- "Quais os problemas que eu quero que ele me ajude a resolver?"
- "Quero que ele faça 'somente' a venda (coloquei "somente" entre aspas para não parecer que vender é uma tarefa fácil), ou quero que o canal indireto cuide do processo completo, desde a geração de *leads*, prospecção, pré-venda, venda, instalação até o suporte técnico?"

Resumindo: cada tipo de canal indireto (revenda, VAR, agente de vendas, VAD etc.), de acordo com suas atribuições específicas, irá necessitar de um conteúdo próprio. Obviamente, você não vai focar em treinamento de vendas para um parceiro de serviços, correto? Neste livro, vou considerar o caso mais abrangente, ou seja, quando o fabricante quer preparar seus canais para executar o processo completo, desde a prospecção de *leads* até o suporte técnico.

De uma maneira bem simplificada, todos os funcionários dos canais indiretos que interagem com o fabricante, e estão na linha de frente dos negócios, precisam passar por algum tipo de treinamento. Refiro-me principalmente às seguintes áreas: a alta direção, vendas, pré-vendas, marketing, suporte técnico e instalação.

Para cada uma dessas funções, deve ser desenvolvido um conteúdo diferente e personalizado, de acordo com o tipo de interação com o fabricante e com os clientes finais.

Quem deve ser treinado primeiro?

Para o canal recém-recrutado, que está começando a trabalhar com um novo fabricante, o investimento em treinamento é alto tanto em tempo como em dinheiro, pois o ideal é que seus profissionais estejam capacitados e aptos a realizar negócios o quanto antes.

Para poder dividir no tempo esse investimento da melhor maneira, uma ideia prática é que primeiro sejam feitos os treinamentos de vendas e pré-vendas, nessa ordem. Com o pessoal de vendas bem preparado, e com o discurso comercial na ponta da língua, os negócios começam a andar e o funil de vendas a migrar para os primeiros fechamentos. A partir daí os profissionais de serviços (instalação e suporte técnico) podem acelerar sua capacitação.

Profissionais de vendas

O coração do programa de treinamento são os profissionais de vendas. Sem as vendas, não será necessário instalação, nem suporte técnico, tampouco que os canais conheçam os processos do fabricante. Geralmente chamados de gerentes de contas (ou *account managers*, utilizando o termo em inglês), esse pessoal tem o contato direto com os clientes finais. Está na linha de frente do processo de vendas, prospectando, qualificando, desenvolvendo oportunidades e fechando negócios.

Depois de a aliança ser formalizada, por meio da assinatura do contrato de parceria, os profissionais de vendas dos *partners* devem ser os primeiros a serem treinados. São eles que sairão a campo para conseguir os primeiros prospectos e clientes, contando sempre com a ajuda do fabricante.

O conteúdo ministrado para os vendedores deve poder ser colocado em prática imediatamente. Assim que o treinamento terminar, os profissionais de vendas devem estar aptos a "saírem à caça" de seus primeiros clientes, com o conteúdo recém-aprendido na ponta da língua.

O instrutor deve ser hábil o suficiente para mostrar como é fácil vender seu produto e quanto os vendedores poderão ganhar de comissões por meio dessa nova oportunidade de vendas. Ao término do treinamento, os gerentes de contas dos canais devem estar convencidos não só das qualidades do produto mas também de que poderão ganhar dinheiro com as novas vendas. Para ajudá-lo nessa tarefa, o instrutor deve lançar mão das mais variadas ferramentas, como estudos de caso de sucesso, testemunhos de clientes, *benchmark* de outros parceiros mais experientes, e não se limitar a demonstrar as inúmeras facilidades e recursos do produto.

Na sequência, há uma lista com o conteúdo típico de um treinamento para profissionais de vendas dos canais indiretos.

Pequeno histórico do fabricante:	Programa de canais:	Modelo de negócios do fabricante:
- Como a empresa nasceu? - Há quanto tempo está no mercado? - Como foi sua trajetória desde a fundação até os dias de hoje? - Quais são os principais acionistas e diretores? - Qual é o faturamento nos últimos anos fiscais? - Qual é o faturamento/crescimento projetado para os próximos anos? - Qual é o perfil dos funcionários (técnicos / vendas / pesquisa e desenvolvimento / administrativo)?	- Qual é a participação de fabricante e canais em cada etapa do processo de vendas? - Como é a remuneração dos parceiros? - Como funciona o programa de incentivo às vendas do fabricante? - Quem será responsável pelos serviços (instalação e suporte técnico)?	- A empresa vende/aluga/faz *leasing*? - Como é o modelo de contrato? - Existe possibilidade de demonstrações/pilotos/provas de conceito/*try and buy*? - Qual é o prazo mínimo de contrato? - Como funcionam as renovações de contrato? - Como é a política de preços e descontos?

Processos:	Clientes:	Concorrentes:	Produtos:
- Como registrar uma oportunidade? - Como solicitar preços e descontos? - Como colocar os pedidos de compra? - Quais os relatórios de vendas que precisam ser enviados? - A quem recorrer em caso de dúvidas?	- Quais os principais clientes? - De quais setores eles são? - Qual o tamanho/faturamento/perfil dos clientes que o produto endereça? - Quais os principais casos de sucesso? - Como trabalhar com as objeções lançadas pelos potenciais clientes?	- Quem são os principais concorrentes? - Quais os diferenciais em relação aos concorrentes? - Qual o posicionamento do fabricante e dos concorrentes nos principais institutos de análise de mercado? - Como combater as fortalezas dos concorrentes?	- Quais as principais funcionalidades? - Quais os principais argumentos de vendas? - Quais as principais objeções alegadas pelos possíveis clientes e como refutá-las? - Como se calcula o *ROI (Return Over Investment)* de um projeto?

ACONTECEU COMIGO

Fui contratado por uma empresa brasileira, fabricante de software, para cuidar de sua expansão internacional, totalmente baseada em vendas indiretas. Uma das minhas tarefas era treinar a força de vendas dos canais recém-recrutados. As sessões de treinamento envolviam viagens a países como Peru, Colômbia, Chile, entre outros.

Para maximizar o investimento da viagem e potencializar o valor do treinamento ministrado, eu passava uma semana inteira com o novo canal em sua sede. Os dois primeiros dias da viagem (segunda e terça-feira, normalmente) eram dedicados ao treinamento formal de vendas. Eu reunia os vendedores e o pessoal de pré-vendas no escritório da revenda e ministrava a capacitação. Na quarta, quinta e sexta-feira, o canal já se encarregava de deixar agendadas reuniões com potenciais clientes. Era muito legal, pois os vendedores começavam a aplicar na prática, no mundo real, tudo que haviam visto nos dois dias de capacitação já no dia seguinte ao treinamento. Funcionava como uma espécie de *on-the-job training* (ou um mix de treinamento presencial seguido de imersão), que trouxe bons resultados para a empresa.

Profissionais de pré-vendas

Na minha carreira, tive a oportunidade de trabalhar com pré-vendas e também com vendas. Essa possibilidade de passar por pré-vendas antes de partir para vendas foi muito importante para mim, e creio que venha dessa fase a imensa admiração que eu tenho por esses profissionais.

Estou considerando como profissionais de pré-vendas os cargos que nosso mercado costuma chamar pelos seguintes nomes: engenheiro de pré-vendas (*presales engineer*), engenheiro de vendas (*sales engineer*), engenheiro de sistemas (*systems engineer*), consultor de pré-vendas (*presales consultant*), incluindo pequenas variações de empresa para empresa.

Os profissionais de pré-vendas têm um papel importantíssimo e um desafio imenso, pois eles devem ser bons vendedores e bons técnicos. Em outras palavras, devem possuir uma combinação de características comerciais com um profundo conhecimento técnico e de produto. E isso não é nada fácil!

O treinamento de pré-vendas, portanto, deve conter dois módulos: um módulo comercial e um módulo técnico.

O módulo comercial pode ser uma versão mais compacta do treinamento de vendas. Dependendo do caso, inclusive para aproveitar datas e otimizar agendas, o pessoal de pré-vendas pode fazer o curso acompanhado da turma de vendas.

Com relação ao conteúdo do módulo técnico, pode mudar muito de acordo com o tipo de produto que o fabricante comercializa. De uma maneira bem genérica, deve conter todos os ingredientes necessários para que o profissional saiba desenhar o projeto, precificá-lo, apresentá-lo aos clientes finais e defendê-lo contra as propostas dos concorrentes. Temas como arquitetura, dimensionamento, configuração e programação estão normalmente presentes nesse módulo.

Profissionais de marketing

Os profissionais de marketing dos canais indiretos têm um papel muito importante na cadeia de distribuição e vendas. Deve haver um alinhamento constante para que as ações de publicidade, propaganda, eventos, mídias sociais do *vendor* sejam reforçadas pelos *partners* e vice-versa. Ambos somando esforços em um mesmo sentido, e não cada um com sua própria estratégia (veja mais sobre estratégias de marketing entre fabricante e canais no capítulo 8).

Portanto, é fundamental que os profissionais de marketing dos parceiros tenham um conhecimento consistente sobre o *vendor*, tanto no que diz respeito à empresa como aos seus produtos.

Minha recomendação é que esses profissionais participem das mesmas sessões de treinamento oferecidas aos profissionais de vendas, tanto na fase de *onboarding* como na fase de treinamento continuado (falarei sobre o treinamento de *onboarding* e o treinamento continuado na sequência deste capítulo). Se for possível fazer algo separado, pode ser uma versão mais enxuta em relação ao treinamento de vendas, mas que englobe basicamente os mesmos tópicos.

Alta direção

A alta direção da empresa (proprietários e diretores no caso dos canais de pequeno/médio porte, e diretores no caso de parceiros maiores) também deve conhecer, da melhor maneira possível, as características da empresa e dos produtos que está representando. A maior parte desse aprendizado acontece antes mesmo de o contrato de parceria ser assinado, durante a fase de recrutamento.

Conforme vimos no capítulo 5, quando o fabricante está buscando um novo canal indireto para representá-lo, fabricante e potencial canal devem fazer tantas reuniões quantas forem necessárias para que a forma de trabalho entre ambos, caso a parceria se concretize, seja esmiuçada e ambas as partes estejam de pleno acordo com o modelo de negócios.

Se o processo de recrutamento foi bem-feito, no momento em que o contrato é assinado, a alta direção do canal indireto já fez tantas reuniões e já conversou tanto com o novo fabricante que está trazendo para seu portfólio que os diretores já possuem um conhecimento consistente e talvez suficiente sobre o novo *vendor*. No entanto, minha recomendação é que eles também atendam, sempre que possível, ao módulo de treinamento com os profissionais de vendas (ou uma versão mais reduzida desse treinamento), tanto na fase de *onboarding* como na fase de treinamento continuado.

Profissionais técnicos

Na maioria dos casos, é importante para o fabricante que seus canais indiretos estejam aptos a realizar as tarefas técnicas. Isso faz com que sua equipe local possa ser mais enxuta, e que essa equipe pequena seja responsável "apenas" pelos casos mais complexos de suporte e serviços profissionais (*professional services*). Deixar que as atividades técnicas do dia a dia sejam resolvidas pelos *partners*, desde que bem treinados, é uma tranquilidade para o fabricante.

Do ponto de vista dos parceiros, creio que é mais importante ainda. Uma parcela considerável do faturamento dessas empresas vem dos serviços prestados e dos contratos de manutenção e suporte técnico que assinam com os clientes finais. Ao contrário do fabricante, que coloca mais foco no produto e de lá extrai seu ganha-pão, muitos canais indiretos conseguem se sustentar com os serviços executados.

Contar com *partners* autossuficientes tecnicamente também é crucial para manter o modelo de negócios do fabricante e para a concretização de mais negócios. Isso porque os canais indiretos conseguem, via de regra, cobrar dos clientes finais preços bem mais baixos pelos serviços de instalação e suporte técnico. Na hora da proposta e do fechamento do negócio, essa diferença de preços pode ser definitiva para ganhar o "sim" do cliente final.

Quanto ao conteúdo do treinamento para as equipes técnicas, pode variar muito de fabricante para fabricante, de acordo com a natureza dos seus produtos e serviços. Minha experiência tem mostrado que, na maioria das vezes, os canais indiretos não separam uma equipe só para instalação e outra só para suporte técnico (principalmente os canais de menor porte). Normalmente são os mesmos profissionais que fazem ambas as atividades. De qualquer maneira, é importante manter conteúdo, datas e formatos específicos para cada tema, no caso em que os profissionais não sejam os mesmos.

AS FASES DO PROGRAMA DE TREINAMENTO (QUANDO ENSINAR)

O programa de treinamento de canais indiretos é composto tipicamente por duas fases, de acordo com o *timing* do relacionamento em que fabricante e *partners* se encontram: Treinamento de *onboarding* e Treinamento continuado.

Treinamento de *onboarding*

A partir do momento em que o recrutamento do novo canal é concluído e que ambas as empresas optam pela efetivação da parceria, é chegada a hora de fazer o *onboarding* do mais novo parceiro. O *onboarding* é uma das fases mais importantes do relacionamento entre fabricante e *partner* e, quando bem-feito, pode evitar grandes aborrecimentos no futuro da relação. É o momento em que o *vendor* vai ensinar ao novo membro da "equipe de canais" todos os detalhes para que ele possa cumprir bem a missão de representá-lo.

É a hora de causar uma excelente primeira impressão! Preparar e entregar um pacote de capacitação profissional útil e consistente fará o fabricante ganhar a admiração e a confiança do seu novo parceiro e tornará a relação muito mais produtiva. O contrário pode provocar a desmotivação do canal e a triste sensação de que "eu estava esperando muito mais desse fabricante" ou "perdi meu tempo fazendo este curso".

O pacote de treinamento de *onboarding* se aplica não somente aos novos canais, mas também aos novos funcionários de canais que já trabalham há mais tempo com o *vendor*. Por essa razão, vale a pena disponibilizar algumas agendas no decorrer do ano, mesmo que não existam novos *partners* (considerando que sempre haverá novos funcionários nos canais existentes).

Treinamento continuado

Conforme falei no início deste capítulo, assim como os médicos (e todos os demais profissionais), os funcionários dos canais devem se atualizar constantemente. Cabe ao fabricante estabelecer uma frequência de treinamentos de reforço, atualização, esclarecimento de dúvidas, lançamento de novos produtos e novas versões de software, entre outros temas. O treinamento continuado também tem a missão de promover um *networking* constante entre os profissionais do fabricante e dos canais. É um momento de renovar as energias e manter a motivação dos parceiros em alta.

A frequência deve variar de acordo com a função. Por exemplo, para os vendedores, um workshop semanal (ou no máximo quinzenal) com uma hora de duração seria o ideal. Lembre-se que, para os vendedores, o treinamento exerce também um importante papel de motivação, e, portanto, esses profissionais devem se manter em contato constante com o fabricante (leia mais sobre o treinamento como fator motivacional na sequência deste capítulo).

Já para as funções mais técnicas e operacionais, não vejo necessidade de uma frequência tão grande. Nesse caso, um workshop mensal com uma hora de duração já deve ser o bastante.

É bom agendar esses treinamentos com antecedência suficiente para que os canais possam se programar e a participação seja maciça. Se possível, o fabricante deve divulgar um calendário de treinamentos para o ano todo (ou no mínimo para o semestre).

Muitos *vendors* caem na armadilha de considerar o treinamento continuado menos importante do que o treinamento de *onboarding* e acabam sendo displicentes na preparação do conteúdo e dos materiais de apoio. Até porque os canais que participam das sessões de treinamento continuado já são mais "velhos de casa" e já existe uma relação mais informal entre esses parceiros e o fabricante. Cuidado! Se o conteúdo não for convincente e não valer a pena, os *partners* vão deixar de participar desses treinamentos, e o *vendor* perderá uma excelente oportunidade de transferência de conhecimento e de *networking* com seus canais.

MELHORES PRÁTICAS

Já estamos partindo para o final deste capítulo, mas não quero perder a oportunidade de dividir com você algumas das melhores práticas sobre o programa de treinamento para canais indiretos.

Materiais complementares: e-books e infográficos

É fundamental complementar a parte expositiva do programa de treinamento (as aulas propriamente ditas) com materiais didáticos que os *partners* possam acessar de acordo com suas necessidades.

Não faz sentido o fabricante caprichar nas aulas e relaxar no material de apoio oferecido. Esse material deve ser elaborado de maneira profissional, sem erros de escrita, e deve ser revisado periodicamente para que esteja sempre atualizado. Devem ser produzidos manuais, apostilas, guias de treinamento, vídeos e demais recursos que, além de servirem como uma referência pós-treinamento para os canais, ainda passarão uma imagem de cuidado e profissionalismo do *vendor*.

Duas boas opções, bem atuais, que fazem muito sucesso são os infográficos e os e-books.

Os infográficos têm o poder de transformar informações dispersas e complexas em algo visualmente atraente e de fácil assimilação. O próprio nome já diz: *informação* na forma de *gráficos*. Eles também são ótimos recursos para resumir uma ideia ou tema e convidar os interessados para se aprofundar no assunto por meio de um e-book, por exemplo.

Os e-books são pequenos livros (livretos), confeccionados em formato digital, que se dedicam de forma detalhada a um tema específico. Podem funcionar bem para explicar uma determinada funcionalidade de um produto do fabricante, uma nova tendência de mercado ou uma aplicação específica de uma de suas soluções.

Se o e-book ou o infográfico não tratarem de algum tema confidencial, é uma boa ideia permitir que os canais divulguem essas informações aos seus prospectos e clientes.

Posso convidar canais diferentes para o mesmo treinamento?

O fabricante não precisa criar sessões de treinamento exclusivas para cada um de seus canais. Na minha opinião, não tem nenhum problema incluir profissionais de vários parceiros diferentes na mesma sala (seja ela física ou virtual). Apesar de serem empresas concorrentes, o fato de colocar seus funcionários numa mesma turma não irá afetar em nada a qualidade da capacitação. Ademais, seria muito custoso, em termos de tempo e dinheiro, fazer sessões de treinamento exclusivas para cada canal.

O que deve ser evitado a todo custo é incluir profissionais dos canais indiretos e dos clientes finais na mesma sessão de treinamento. Canais e clientes finais vivem um tipo de relação peculiar entre si, e entre eles e o fabricante. Durante o treinamento, podem surgir perguntas e comentários de uma das partes que podem deixar a outra parte constrangida e, portanto, comprometer o andamento do curso.

Então não se esqueça: os *partners* devem ser treinados em sessões em que os clientes finais não estejam presentes. E vice-versa.

Treinamento como fator motivacional

Especialmente para as funções relacionadas com vendas (gerentes de contas, gerentes de vendas, profissionais de pré-vendas e de produto, entre outras), o treinamento pode funcionar como uma poderosa ferramenta de motivação. Quanto mais bem treinado estiver, mais o profissional de vendas dos canais estará confiante para promover (e vender!) o produto do fabricante.

Sabemos que, quando o profissional de vendas dos parceiros está com o cliente final, existe certo receio do desconhecido, de falar sobre o que ele não sabe muito bem (de dizer besteira!). O vendedor tende a falar mais e promover mais os produtos com os quais está mais familiarizado, deixando de lado todos os outros com os quais não se sente muito confortável. Dessa forma, quanto mais souber sobre determinado produto, mais incentivado ele estará a conversar a respeito dele com o cliente final.

E note que isso pode se transformar em um ciclo virtuoso: quanto mais ele fala sobre esse produto com o cliente, mais o cliente vai fazer perguntas. Daí surgirão outras dúvidas que farão o vendedor se informar mais, requerer mais treinamento. E, quanto mais treinamento, mais motivado e confiante o vendedor estará para vender o produto. Melhor para todos!

Sessões mais curtas

O *vendor* deve tomar cuidado com a quantidade de informações que despeja de uma só vez na cabeça de seus treinandos! Se as sessões de capacitação forem muito longas, além de correr grande risco de se tornar enfadonha, a maior parte do conteúdo não será assimilada. Sempre que possível, deve-se dar preferência às sessões mais curtas que possam ser seguidas por aplicações práticas.

Por essa razão, vale muito a pena conhecer os conceitos de uma forma bem atual de aprendizagem, que os especialistas em educação corporativa chamam de *microlearning*.

Microlearning é uma estratégia de capacitação que tem como objetivo entregar conteúdo por meio de pequenas "doses", de maneira bem rápida e objetiva. É um método que adota muitos pequenos cursos em vez de um único e longo treinamento.

Esse formato leva em consideração a quantidade absurda de informações às quais as pessoas estão expostas hoje em dia, o ritmo cada vez mais acelerado do mercado corporativo e as necessidades de aprender e resolver problemas específicos em curto espaço de tempo.

Mas não é tão simples assim. Não basta fatiar um treinamento de 45 minutos em 9 módulos de 5 minutos. Uma sessão de *microlearning* deve ser produzida de modo que aborde um único tema (apenas um objetivo de aprendizado) e deve conter início, meio e fim (por mais curta que seja a sessão).

Alguém perguntará: "Mas, afinal de contas, o que distingue um treinamento tradicional (*macrolearning*) do método de *microlearning*?"

Em linhas gerais, o *macrolearning* visa à formação de uma nova competência, de forma ampla e abrangente. Por exemplo, uma sessão de 90 minutos para ensinar aos vendedores dos parceiros como funciona o programa de canais. Essa sessão englobará vários temas, por exemplo, os objetivos do programa de canais, como funciona o programa de incentivo às vendas, quais são os treinamentos obrigatórios para a revenda, quais são os tipos de parceria existentes, como fazer o registro de oportunidades, política de preços e descontos, entre outros temas.

Já o *microlearning* foca na transmissão de uma única informação, de maneira rápida e direta. Por exemplo, um vídeo de 3 minutos que mostra aos vendedores dos *partners* como fazer o registro de oportunidades.

Na sequência, descrevo alguns bons motivos para incorporar o *microlearning* no programa de treinamento de canais indiretos.

1. Como a duração de uma sessão é pequena (em geral de 3 a 5 minutos), o tempo e o custo de produção e atualização tendem a ser menores.
2. É mais fácil capturar a atenção dos funcionários dos parceiros por 5 minutos do que por uma hora ou 90 minutos (especialmente em se tratando das gerações mais novas, cuja disposição para focar em uma determinada tarefa por longos períodos é reduzida).
3. Uma sessão termina rapidamente e, portanto, pode ser iniciada e finalizada numa sala de espera, no metrô ou durante o cafezinho.
4. Cada sessão tem apenas um tema, um único objetivo, com começo, meio e fim. Os funcionários dos *partners* têm uma necessidade de aprendizado específica (p. ex., como registrar uma oportunidade), buscam esse "microtreinamento" e vão direto ao ponto.
5. Como o conceito (objetivo) de uma sessão pode ser rapidamente aplicado pelos treinandos em suas atividades diárias, a compreensão e a retenção do conhecimento são facilitadas.
6. É mais fácil personalizar materiais mais curtos do que longas sessões de treinamento. Dessa forma, a sessão de *microlearning* pode ser mais direcionada ao interesse específico de cada treinando.
7. Permite que os alunos façam apenas os cursos de que necessitam, aumentando o custo-benefício e o prazo necessário para o processo de aprendizagem. Em outras palavras, os treinandos não perdem tempo revendo aquilo que já sabem. Os alunos estão no comando do quê e quando aprender.

É importante deixar claro que o *microlearning* não tem o objetivo de substituir totalmente o *macrolearning*. Não se trata de uma estratégia ser melhor do que a outra. Cada uma tem seu propósito e sua aplicação, e, quando combinadas em um amplo programa de treinamento de canais indiretos, tendem a tornar o processo de aprendizagem dos parceiros mais eficiente, mais simples e mais consistente, o que proporcionará maiores ganhos para a parceria em um menor espaço de tempo.

Webinars

Os *webinars*, ou webinários em português, são seminários ou palestras online interativas, transmitidos ao vivo. Com as dificuldades de deslocamento que temos hoje em dia, principalmente nas grandes cidades, eles quebram um grande galho, pois apresentador e participantes não precisam estar no mesmo local físico. Todos podem acompanhar a transmissão a partir de um computador ou smartphone com conexão à internet.

Os *webinars* são ótimas ferramentas para transmissão de mensagens e conteúdos rápidos. Segundo os estudiosos do tema, eles não devem ultrapassar uma hora de duração. Esse seria o tempo em que se pode captar e manter a atenção da audiência via web. A partir daí, a dispersão e os abandonos começam a crescer demais.

Outro atrativo dessa ferramenta é que o conteúdo de um *webinar* pode ser gravado e reproduzido quantas vezes forem necessárias. Quem não estava disponível para assistir ao vivo, assiste depois, quando tiver tempo e de onde estiver. É usual que o fabricante reserve uma área do seu *Partner Portal* para armazenar a gravação de todos os *webinars* já produzidos (veja mais detalhes sobre o *Partner Portal* no capítulo 11).

Para aqueles que estiverem acompanhando o *webinar* ao vivo, caso tenham uma pergunta ou comentário, podem interagir em tempo real com o apresentador. Isso acontece, normalmente, por meio de chat (escrito). Essa funcionalidade elimina algumas das barreiras que a distância física poderia impor.

O fabricante deve escolher um apresentador que conheça bem o tema e tenha muita experiência no assunto. Ele deve demonstrar credibilidade e autoridade e ter a capacidade de apresentar suas ideias de forma simples, clara e que cative os participantes. Afinal de contas, se o *webinar* não estiver interessante, é muito fácil para um participante abandoná-lo e começar a fazer outra coisa (não existe o constrangimento de se levantar e sair de uma sala de aula).

Existem no mercado diversas opções de softwares para realização de *webinars*, com boa confiabilidade, excelente qualidade de som e imagem e a custos compatíveis. No entanto, deve-se ter bastante cuidado na escolha desse software. Se houver algum problema técnico durante a apresentação do *webinar*, ou se os assistentes tiverem dificuldade para efetuar o login, ouvir, enviar perguntas ou usar algum dos recursos disponíveis, todo o esforço para realizar a apresentação pode ir por água abaixo.

O *vendor* pode criar uma agenda de *webinars* e divulgá-la com antecedência aos seus canais indiretos. Estabelecer uma rotina de *webinars* sempre no mesmo dia da semana e no mesmo horário ajuda a fixar, na cabeça de todos, que aquela é a hora do seu *webinar*.

Para aumentar o engajamento, o fabricante deve perguntar aos seus *partners* quais os temas que eles gostariam de ver nas próximas sessões e divulgar os temas escolhidos pelos participantes. Isso ajuda a garantir uma audiência maciça e interessada.

A importância da certificação

Trabalhei numa empresa que possuía uma boa grade de treinamentos para os canais, os quais eram conduzidos por profissionais altamente capacitados. No entanto, os treinandos não passavam por nenhuma prova, nem teórica e nem prática, ao final de cada curso. Recebiam um certificado de conclusão, que na prática nada mais era do que um certificado de presença. E a partir daí a empresa os considerava aptos a representá-la.

Isso não funcionava. Era comum detectarmos funcionários dos nossos canais que não estavam nem um pouco preparados para exercer suas tarefas, apesar de terem cumprido todas as etapas referentes ao programa de treinamento.

E por que isso acontecia?

Muito simples: porque, apesar de possuir um bom programa de treinamento, a empresa não tinha um programa de certificação. Em palavras simples, a empresa tinha a garantia de que o conteúdo era transmitido, mas nenhum indicador que mostrasse qual parcela desse conteúdo havia sido assimilada.

Para evitar esse tipo de problema, é recomendável que exista um processo formal de certificação, de preferência conduzido por uma entidade externa independente, especializada nesse tipo de trabalho. O selo de uma entidade certificadora trará uma credibilidade adicional ao programa de capacitação e à marca do fabricante.

Porém, enquanto não for possível engajar uma entidade certificadora externa, o próprio *vendor* deve preparar um programa de testes teóricos e práticos que possa confirmar que os profissionais dos parceiros estão aptos a representá-lo.

Do ponto de vista dos *partners*, a certificação representa um *upgrade* em seu currículo. A possibilidade de poder estampar em seus documentos (cartões de visitas, propostas, site) um selo de "certificado" é bastante apreciada. A perspectiva de se certificar motiva os canais e traz um prestígio extra ao programa de treinamento do *vendor*.

Não devemos nos esquecer de que o treinamento é um meio, não um fim em si mesmo. Em outras palavras, o importante é que os profissionais tenham o conhecimento necessário, as habilidades fundamentais para conduzir os negócios. Os treinamentos são um mero instrumento, uma ferramenta para que conhecimento e habilidades sejam conquistados.

Se um profissional já tem esse conhecimento e essas habilidades mas os adquiriu de outras maneiras que não com o treinamento formal do fabricante, não importa. Isso reforça a importância dos testes de certificação. Se o indivíduo passou nos testes, se já sabe o que será ensinado, por que obrigá-lo a fazer os treinamentos?

Em resumo, o fabricante não deve cair na perigosa armadilha de apenas prover treinamentos sem garantir que eles estejam atingindo seus objetivos, ou seja, que de fato os participantes estejam aprendendo como projetar, vender, instalar e dar suporte técnico ao seu produto.

Learning Management System (LMS)

O fabricante que trabalha com uma rede de canais indiretos e tem a responsabilidade de manter esses canais constantemente bem treinados conta com um importante aliado: o Sistema de Gestão de Aprendizagem, ou, usando o termo em inglês, o *Learning Management System* (LMS).

O LMS é um software que tem como principal objetivo auxiliar na implementação e na monitoração de um programa de treinamento on-line. Imagine um grande repositório em que seja possível armazenar e rastrear a utilização de todos os cursos. Qualquer pessoa, mediante login e senha, pode acessar esses recursos de onde estiver e quando quiser. A tabela a seguir mostra os principais benefícios do LMS para o fabricante e para seus *partners*:

Benefícios para o fabricante	Benefícios para os canais indiretos
- Ajuda no armazenamento e organização de uma grande variedade de cursos; - Permite monitorar o progresso e o rendimento dos treinandos; - Possibilita a personalização do conteúdo de acordo com o perfil do aluno; - Amplia as formas de acesso aos treinamentos.	- Permite que cada funcionário complete os cursos no seu ritmo, monitore seu aprendizado e suas avaliações; - Permite aos treinandos controlar sua grade de treinamentos obrigatórios e eletivos; - Permite a geração de certificados de conclusão automaticamente.

Se o *vendor* ainda não conta com um LMS, recomendo que comece a pensar seriamente na sua adoção. Existem diversas marcas que oferecem esse tipo de plataforma. A implementação de um LMS traz praticidade, controle e gestão, tanto para o fabricante que precisa gerenciar seu programa de treinamento como para os *partners* que precisam assistir a esses cursos.

Avaliação do programa

O fabricante deve promover avaliações periódicas de cada elemento do seu programa de treinamento. Conteúdo, local de realização, material didático, instrutores e todos os demais componentes devem ser sempre monitorados para que as melhorias necessárias sejam feitas o quanto antes.

O *vendor* pode fazer uma autoavaliação: instrutores podem avaliar a participação e o engajamento dos treinandos durante as sessões, o nível de presença, o rendimento em campo dos funcionários já treinados, entre outros aspectos que podem ser corrigidos sem a necessidade de perguntar aos participantes.

Além dessa autoavaliação, é importante solicitar aos treinandos que também avaliem os cursos, não só o instrutor e o conteúdo mas também todos os aspectos que fazem parte do treinamento, como ambiente, duração, recursos audiovisuais, entre outros. O ideal é que os treinandos façam essa avaliação "a quente", ou seja, no momento em que ainda estão no ambiente de treinamento. Não convém deixar para mandar uma pesquisa de avaliação uma semana depois de terminado o curso, por e-mail. Além de correr um grande risco de que o número de respondentes seja baixo, os resultados podem não ser precisos.

Soft skills

Antes de falar das *soft skills*, vamos retomar o conceito de *hard skills*.

As *hard skills* são as habilidades que podem ser formalmente aprendidas, medidas e quantificadas. Por serem tangíveis, elas podem ser mais facilmente comparadas entre diferentes pessoas. Por exemplo, fulano sabe mais contabilidade que beltrano, sicrano sabe mais geografia que fulano. Se fizermos um teste, ou uma prova, as afirmações acima são comprovadas com mais facilidade. De modo geral, as *hard skills* são aprendidas na escola, por meio de cursos formais ou de livros.

Já as *soft skills* são competências subjetivas, muito mais difíceis de avaliar, porque estão relacionadas à forma de o indivíduo se relacionar e interagir com as pessoas. Como eu posso provar, com um teste, que fulano se relaciona melhor com as pessoas do que beltrano, ou que sicrano se comunica melhor que fulano? Não é impossível, mas é um tipo de avaliação mais complexa, menos quantitativa e mais subjetiva.

As *soft skills* mais desejadas e valorizadas pela maioria das empresas hoje em dia são: capacidade de trabalhar em equipe, habilidade para resolver problemas, gestão do tempo, capacidades de comunicação e de relacionamento interpessoal, habilidades de negociação, liderança, capacidade de trabalhar sob pressão, entre outras.

E o que isso tem a ver com o programa de treinamento para canais indiretos? Tem tudo a ver. Todo fabricante gostaria que os vendedores dos seus canais indiretos tivessem muita capacidade de negociação, correto? Gostaria que os profissionais de pré-vendas de seus *partners* soubessem se comunicar maravilhosamente bem, certo? Acharia ótimo se os técnicos e instaladores de seus parceiros soubessem trabalhar sob pressão, certo? Creio que qualquer fabricante responderia "sim!" a todas essas perguntas.

Pois bem, a boa notícia é que as *soft skills* também podem ser desenvolvidas e aperfeiçoadas com treinamentos específicos. Muitos fabricantes, por meio de seus departamentos de recursos humanos, oferecem esses cursos aos seus funcionários.

E por que não estender essa possibilidade aos funcionários dos canais indiretos?

Conhecimento e desenvolvimento pessoal nunca são demais e, com os canais mais bem preparados, não só com relação ao produto mas também com relação a essas habilidades comportamentais, melhores as chances de êxito. Vai custar muito pouco quando comparado aos benefícios que proporcionam à parceria fabricante-canal.

Cobrar ou não cobrar?

Uma parceria só é de verdade quando ônus e bônus são compartilhados da maneira mais justa possível. Fabricante e canais devem se empenhar para que funcione dessa maneira. Se não for assim, a possibilidade de êxito diminui muito, e os conflitos podem aumentar (veja mais sobre conflito no capítulo 12).

Dito isso, creio que você já adivinhou minha resposta para a questão sobre cobrar ou não cobrar, certo? Pois bem, creio numa divisão justa de despesas entre fabricante e *partners*. Essa divisão pode acontecer de maneiras diferentes, a depender das circunstâncias do treinamento. Vejamos...

Suponha um curso online: é verdade que o fabricante empenhou seus recursos humanos e teve algum gasto para a produção do curso, ou até teve que pagar terceiros para isso. Também há o custo da hospedagem do treinamento na internet e aquisição do software de LMS. Mas creio que esses custos não sejam valores expressivos e que podem ser diluídos pela quantidade de treinandos que serão beneficiados ao longo do tempo em que o curso estará disponível para acesso. Por outro lado, os canais terão que investir somente o tempo de seus recursos que vão atender o treinamento. Em resumo, em termos de gastos, aqui temos algo próximo de um empate técnico entre fabricante e parceiros, e, portanto, eu diria que, em geral, cursos online não devem ser cobrados.

Pensando em outro cenário: um curso presencial, que será dado num hotel, e o instrutor vem dos Estados Unidos para ministrar o treinamento em São Paulo, que terá duração de duas semanas. Os treinandos são de canais que estão localizados na própria cidade de São Paulo. Concorda comigo que, nesse caso, o fabricante terá um gasto muito maior que os *partners*? Passagens aéreas, hospedagem, alimentação, locomoção do instrutor, além dos custos do hotel, *coffee-breaks* e equipamentos. Nesse caso, acho justo que todos os custos sejam divididos entre os parceiros e o fabricante, de modo a não sobrecarregar nenhuma das partes.

Em suma, não existe resposta rápida e fácil. Cobrar ou não cobrar depende de cada situação, das circunstâncias particulares de cada treinamento.

Um exemplo inspirador

Para terminar este capítulo sobre treinamento, nada mais inspirador do que o exemplo de um atleta que honrou como poucos a palavra "treino".

Oscar Schmidt, o maior jogador de basquete brasileiro de todos os tempos e um dos melhores do mundo, era chamado de "Mão Santa", tamanha sua precisão.

Mas Oscar sempre corrigia: "Mão Santa, não. Mão Treinada!".

Quando terminava o treino da sua equipe, Oscar ficava sozinho na quadra treinando arremessos. Estabeleceu uma meta de *mil* arremessos extras.

Não contente, passou a ir embora só depois de converter vinte arremessos de três pontos na sequência (sem nenhum erro). Quando errava, voltava ao início da contagem. Quando fazia vinte na sequência, continuava até errar, e chegou a um recorde impressionante de noventa arremessos certeiros seguidos!

Por esses e outros motivos, é merecedor de todas as homenagens.

Eu acredito demais no poder da preparação, do treino, da repetição. Lembro-me dos "exercícios de fixação" de matemática, da época em que eu estudava. Eu fazia e refazia aqueles exercícios "milhares" de vezes até o dia da prova.

Isso vale para todas as funções, inclusive para a nossa. A melhor maneira de ficar craque em apresentações, reuniões de negócios, relacionamento com os clientes e parceiros, enfim, em todas as atividades, é por meio do estudo, do treino, da prática.

E, se alguém perguntar seu segredo, explique que não é milagre, mas muito treino.

7
REGISTRO DE OPORTUNIDADES

O processo de registro de oportunidades é um dos elementos mais importantes de qualquer programa de canais. Trata-se de uma ferramenta fundamental, tanto para o fabricante como para seus *partners*, que traz uma série de benefícios para ambas as empresas. Em contrapartida, quando mal planejado e/ou mal executado, pode ser uma das maiores fontes de dor de cabeça para o gerente de canais e toda a equipe do *vendor*. Ao garantir que ele funcione bem, o fabricante dará um grande passo rumo ao sucesso das vendas indiretas de sua empresa.

Em linhas gerais, o registro de oportunidades pode ser definido como o processo pelo qual um canal informa ao fabricante a existência de um *lead* (uma possibilidade de novo negócio) e solicita ao *vendor* a prioridade no processo de venda daquele projeto. Normalmente utiliza-se o termo *"prime"* para indicar o *partner* que teve o registro aprovado e, como consequência, desfrutará de certas vantagens em relação aos demais canais, naquele projeto específico.

Fabricantes de vários segmentos fazem uso dessa ferramenta, mas, especialmente no setor de TIC, é raro encontrar um *vendor* que não tenha um processo de registro de oportunidades em funcionamento, incorporado ao seu programa de canais.

Dada a importância do tema, resolvi dedicar um capítulo integralmente a ele, com o objetivo de ajudar os gerentes de canais e demais profissionais do fabricante a elaborar, lançar, colocar em prática e administrar um processo eficiente de registro de oportunidades. Incluirei um passo a passo de todo o processo, as melhores práticas sobre esse assunto, além de algumas situações muito comuns no dia a dia das empresas que trabalham com vendas indiretas e as melhores alternativas para lidar com esses casos práticos.

O PASSO A PASSO DO PROCESSO

O formulário de registro

O processo de registro de oportunidades varia de acordo com cada fabricante. Mas, em linhas gerais, ocorre conforme mostrado na ilustração seguinte.

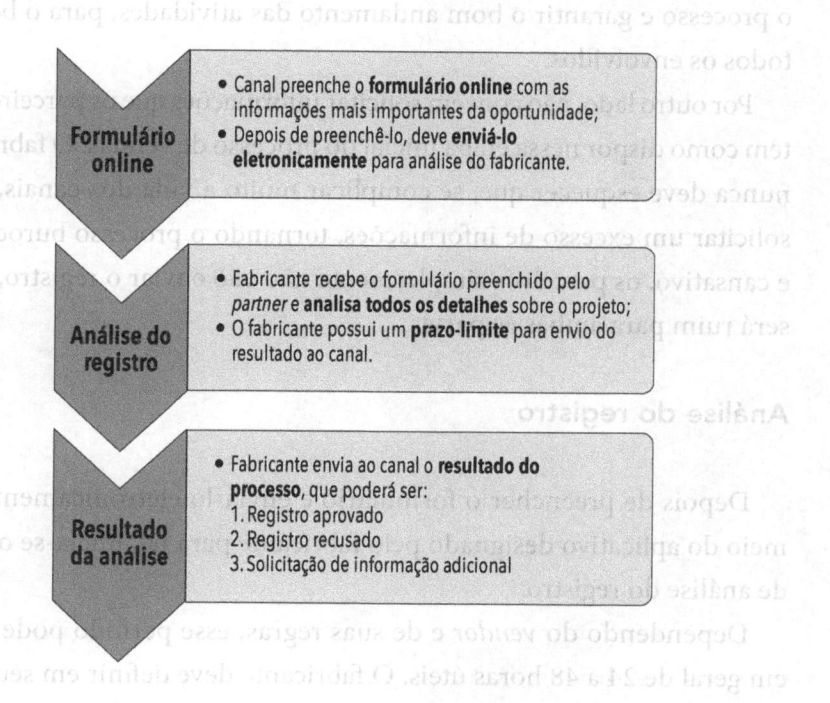

Formulário online
- Canal preenche o **formulário online** com as informações mais importantes da oportunidade;
- Depois de preenchê-lo, deve **enviá-lo eletronicamente** para análise do fabricante.

Análise do registro
- Fabricante recebe o formulário preenchido pelo *partner* e **analisa todos os detalhes** sobre o projeto;
- O fabricante possui um **prazo-limite** para envio do resultado ao canal.

Resultado da análise
- Fabricante envia ao canal o **resultado do processo**, que poderá ser:
  1. Registro aprovado
  2. Registro recusado
  3. Solicitação de informação adicional

Tudo começa com o preenchimento de um formulário de registro (de modo geral um formulário online). Nesse formulário, os *partners* incluem todos os dados relevantes sobre a oportunidade em questão. Algumas das informações normalmente solicitadas pelo *vendor* são:

- nome e contatos do cliente;
- prazo de execução do projeto;
- quais os competidores envolvidos;
- se o cliente final já possui orçamento alocado;
- descrição do escopo da oportunidade;
- outros dados relevantes, dependendo do caso.

É comum, na ansiedade de enviar o formulário o mais rapidamente possível, que os *partners* deixem de preencher dados importantes, ou que façam uma descrição muito pobre sobre o projeto. É função do gerente de canais usar o bom senso e não aprovar os formulários que não estejam preenchidos de forma minimamente satisfatória. Isso ajuda a preservar o processo e garantir o bom andamento das atividades, para o bem de todos os envolvidos.

Por outro lado, não convém solicitar informações que os parceiros não têm como dispor nessa etapa inicial do processo de vendas. O fabricante nunca deve esquecer que, se complicar muito a vida dos canais, ou se solicitar um excesso de informações, tornando o processo burocrático e cansativo, os parceiros simplesmente não vão enviar o registro, e isso será ruim para ambas as partes.

Análise do registro

Depois de preencher o formulário e enviá-lo eletronicamente, por meio do aplicativo designado pelo fabricante para tal, inicia-se o prazo de análise do registro.

Dependendo do *vendor* e de suas regras, esse período pode variar em geral de 24 a 48 horas úteis. O fabricante deve definir em seu regulamento um prazo que não seja longo demais a ponto de comprometer o andamento do processo de vendas, mas que também não seja muito curto a ponto de impedir que uma análise criteriosa do registro seja feita.

Depois de analisar a solicitação de registro, o fabricante, também eletronicamente (de preferência), envia o seu parecer ao canal indireto. É normal serem três os resultados possíveis, conforme a descrição seguinte.

Registro aprovado: o *partner* cumpre com as condições mínimas para levar adiante e ser o *prime* daquela oportunidade, e contará com as vantagens oferecidas pelo programa de registro de oportunidades. Além disso, ficará encarregado de fornecer, periodicamente, informações atualizadas sobre o andamento do projeto. O fabricante definirá em seu programa a periodicidade de envio desses dados. Os softwares mais completos de registro enviam lembretes automáticos para que os *partners* não se esqueçam desse compromisso.

Registro recusado: existe pelo menos um requerimento mínimo para ser o *prime* daquela oportunidade que o canal não cumpre. É importante, nesse caso, que o fabricante descreva no sistema, e comunique devidamente ao canal, qual o requisito que ele não atendeu e precisa melhorar para, no futuro, poder ser aprovado em oportunidades semelhantes. Também pode acontecer de o *partner* cumprir com todos os requisitos mínimos para ser o *prime*, no entanto outro canal chegou na sua frente, registrou antes e já foi aprovado como *prime*. Da mesma forma, é importante que o *vendor* esclareça ao parceiro que esse foi o motivo da recusa.

Solicitação de informação adicional: com o conjunto de informações compartilhadas pelo canal indireto, o fabricante não se sente em condições de aprovar (ou rejeitar) o registro. Portanto, solicita mais esclarecimentos. Da mesma forma que no item anterior, é fundamental que o fabricante explique no sistema e comunique ao *partner* qual informação precisa ser complementada.

Prazo de validade

Um registro de oportunidade não deve ser aprovado com validade indeterminada. O *vendor* deve sempre definir um período de expiração. Esse período varia de fabricante para fabricante, de acordo com a complexidade do seu ciclo de vendas. Um mesmo *vendor* pode determinar períodos de validades diferentes para cada uma de suas linhas de produto. Alguns fabricantes oferecem a possibilidade de renovar o registro por uma única vez, ou de prorrogar o prazo por determinado número predefinido de dias.

Durante o período de validade do registro, é importante estabelecer intervalos de tempo em que os canais devem informar o status do negócio. Essa "prestação de contas" pode ser feita por período de tempo (semanalmente, por exemplo) e/ou por cumprimento de etapas dentro do ciclo de vendas. Por exemplo, "proposta comercial enviada", "em negociação com o cliente", "proposta aceita", entre outros marcos que o fabricante pode definir em seu processo.

Quem aprova?

O processo de registro de oportunidades precisa estabelecer, claramente, quem é o responsável pelas aprovações dos registros recebidos. Alguns fatores devem ser levados em consideração para essa definição. O fluxograma seguinte ajuda na visualização das principais ponderações a serem feitas, antes de definir o aprovador.

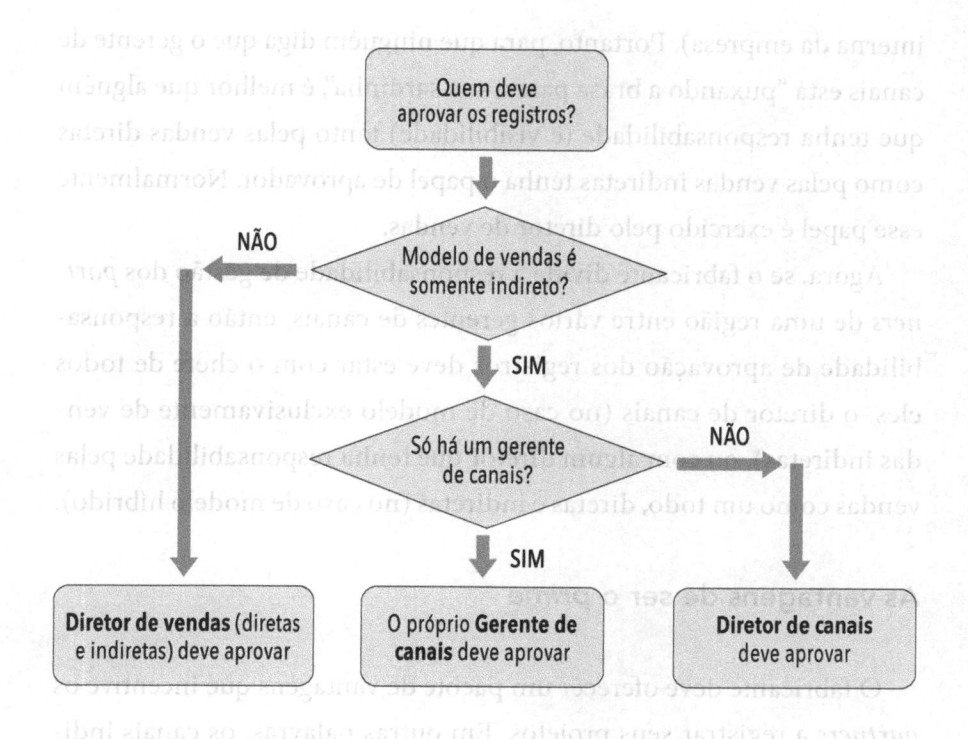

```
                    ┌─────────────────┐
                    │   Quem deve     │
                    │ aprovar os registros? │
                    └────────┬────────┘
                             │
              NÃO   ┌────────▼────────┐
         ┌─────────│ Modelo de vendas é │
         │          │ somente indireto? │
         │          └────────┬────────┘
         │                   │ SIM
         │          ┌────────▼────────┐      NÃO
         │          │  Só há um gerente │────────┐
         │          │    de canais?     │        │
         │          └────────┬────────┘        │
         │                   │ SIM              │
         ▼                   ▼                  ▼
┌──────────────────┐ ┌──────────────────┐ ┌──────────────────┐
│ Diretor de vendas│ │ O próprio Gerente│ │ Diretor de canais│
│ (diretas e       │ │ de canais deve   │ │  deve aprovar    │
│ indiretas) deve  │ │    aprovar       │ │                  │
│     aprovar      │ │                  │ │                  │
└──────────────────┘ └──────────────────┘ └──────────────────┘
```

Só há um gerente de canais no fabricante? Melhor dizendo, só há um gerente de canais responsável por uma determinada região (Brasil, por exemplo)? O *vendor* só trabalha com vendas indiretas? Se ambas as respostas forem "sim", então o próprio gerente de canais pode ser o aprovador. Ninguém na empresa conhece melhor os seus canais, as competências e os pontos a desenvolver de cada um deles. O gerente de canais é a pessoa que tem mais visibilidade por toda a região, e creio que definir seu chefe como aprovador seria instituir um ponto a mais de complexidade no processo.

Mesmo havendo somente um gerente de canais na região, se o fabricante adota o modelo híbrido de vendas, então esse gerente de canais não deve ser o aprovador. No modelo híbrido, conforme estudamos no capítulo 2, o *vendor* trabalha, ao mesmo tempo, com vendas diretas e indiretas, seguindo algum critério de segmentação dos clientes (alguns deles são tratados pelos canais indiretos, e outros pela força de vendas interna da empresa). Portanto, para que ninguém diga que o gerente de canais está "puxando a brasa para a sua sardinha", é melhor que alguém que tenha responsabilidade (e visibilidade) tanto pelas vendas diretas como pelas vendas indiretas tenha o papel de aprovador. Normalmente esse papel é exercido pelo diretor de vendas.

Agora, se o fabricante divide a responsabilidade de gestão dos *partners* de uma região entre vários gerentes de canais, então a responsabilidade de aprovação dos registros deve estar com o chefe de todos eles, o diretor de canais (no caso de modelo exclusivamente de vendas indiretas), ou com algum diretor que tenha responsabilidade pelas vendas como um todo, diretas e indiretas (no caso de modelo híbrido).

As vantagens de ser o *prime*

O fabricante deve oferecer um pacote de vantagens que incentive os *partners* a registrar seus projetos. Em outras palavras, os canais indiretos devem estar convencidos de que conquistar a condição de *prime* realmente vale a pena.

A seguir, são descritas algumas das vantagens mais comuns recebidas pelo *prime* da oportunidade.

- Acesso especial e prioritário à equipe de pré-vendas do fabricante, incluindo suporte ao design, configuração, demos e todas as atividades necessárias para potencializar as chances do *partner prime* no referido projeto.
- Acesso especial e prioritário à equipe de vendas do fabricante, incluindo toda a assistência necessária em atividades como: reuniões e apresentações no cliente final, definição de escopo, modelo de negócios e precificação, inteligência competitiva, estratégias de negociação e fechamento, entre outras ações importantes para que o *prime* reúna mais possibilidades de ganhar o projeto.

- Suporte especial e prioritário em situações de urgência, incluindo respostas de *Request for Proposals* (RFPs), dúvidas e videoconferências, viagens para reuniões com o cliente final e outros itens necessários para melhor posicionar o *partner prime* na oportunidade em questão.
- Acesso a descontos especiais, além dos oferecidos pelo programa de canais do fabricante, de acordo com as necessidades do cliente, o nível de concorrência e as peculiaridades do mercado, do produto e do projeto.

As vantagens de não ser o *prime*

Não, eu não estou ficando maluco, existem sim vantagens de não ser o *prime*. Ou, melhor dizendo, existe uma vantagem muito grande em ser comunicado, logo no início do processo, que não é o *prime*.

Para o canal, registrar uma oportunidade e receber a notícia de que ele não será o *prime* é algo bem frustrante. Com certeza esse *partner* ficará bastante chateado (para dizer uma palavra amena). No entanto, essa é uma reação inicial e passageira, pois obviamente ele gostaria de ser o *prime* e usufruir de todas as vantagens correspondentes.

Em contrapartida, ser informado de que não é o *prime* e entender os motivos evita que o canal invista recursos para desenvolver uma oportunidade que ele, no fim das contas, terá poucas chances de ganhar. Passado o momento de insatisfação inicial, ele vai direcionar seu foco para as oportunidades em que ele é o *prime* e, logicamente, terá uma probabilidade maior de sucesso.

O fabricante deve ser rápido para comunicar ao parceiro que ele não será o *prime*. Eu sei que ninguém gosta de dar notícias ruins, mas, quanto antes o canal souber, menores as possibilidades de prejuízo (para ele e para a parceria de negócios). O *vendor* não deve postergar essa comunicação.

Prime versus platinum

Uma das principais características que um programa de registro de oportunidades de sucesso deve ter é ser justo com todos os *partners*, independentemente do nível de cada um deles dentro do programa de canais do fabricante.

É interesse do fabricante fazer com que seus parceiros evoluam com o passar do tempo e atinjam níveis mais altos de parceria (estou me referindo aos níveis *silver*, *gold* e *platinum*, ou alguma outra nomenclatura equivalente, conforme vimos no capítulo 4). Quanto mais o canal vender, mais ele subirá nessa escala de níveis e, em contrapartida, mais benefícios receberá do *vendor*. Esses benefícios oferecidos em patamares mais altos da aliança servem como incentivo para que o canal busque de maneira ativa atingir esses níveis.

Dito isso, vamos supor o seguinte cenário (que, aliás, pode ocorrer com bastante frequência): um *partner silver*, que é a menor categoria dentro do programa de canais, registra uma oportunidade e conquista a condição de *prime*. Portanto, ele terá o direito de usufruir das vantagens que o programa concede ao *prime* do projeto, conforme já estudamos anteriormente. Outro parceiro, que tem o nível *platinum* (maior nível dentro do programa de canais), resolve competir nessa oportunidade, mesmo sem ser o *prime*. Ele acredita que tem condições de concorrer somente com seus benefícios de canal *platinum*, mesmo sem ter os benefícios de *prime*.

E agora, quem terá melhores condições (mais benefícios) de ganhar esse negócio: o *partner prime* (que nesse caso é um *silver*) ou o canal *platinum* (que nesse caso não é o *prime*)?

A partir do momento em que o programa de canais prevê descontos maiores para os parceiros de níveis mais altos (*platinum* > *gold* > *silver*), o fabricante deve considerar o cenário em que um canal de nível inferior (*silver*, nesse exemplo) conquista o status de *prime*, porém o desconto oferecido a ele como *prime* não é suficiente para superar o desconto que um canal de nível mais alto (*platinum*, nesse caso) tem direito, mesmo sem ser o *prime* daquela oportunidade. Se isso acontecer, o *vendor* estará desmotivando os *partners* de níveis mais baixos a trabalhar com ele.

Esse é um tipo de cuidado que o fabricante precisa tomar quando for estipular as regras do programa de canais. Ao mesmo tempo que as vantagens oferecidas a um *partner platinum*, que trabalhou duro para conquistar esse nível, devem ser atrativas, elas não podem ser maiores que as do canal *prime*. Caso contrário, ao invés de apoiar o crescimento de seus parceiros de nível mais baixo, o fabricante afastará esses *partners* de sua empresa.

Uma possível solução para esse tipo de situação (mas não a única) é deixar claro no seu programa de canais que os descontos referentes a cada nível de parceria somente podem ser aplicados quando esses *partners* forem os *primes* da oportunidade. Por exemplo, se um canal *platinum* tem direito a 30% de desconto, ele só poderá aplicar esse percentual quando for *prime* da oportunidade. Nas situações em que ele não for *prime*, não terá direito a nenhuma porcentagem de desconto preestabelecida.

MELHORES PRÁTICAS

As regras

Normalmente o processo de registro de oportunidade é parte integrante do programa de canais do fabricante. Definir regras claras e divulgá-las de maneira consistente, garantindo que todos os envolvidos estejam familiarizados com elas, cientes de seus direitos e deveres, é ponto de partida para que não haja problemas na execução do processo.

O fabricante não pode se esquecer de incluir no regulamento um item explicando claramente como fará a resolução de conflitos quando eles ocorrerem. Principalmente nos ecossistemas com muitos canais indiretos envolvidos, e também nos ambientes de vendas híbridas, é comum haver muitos conflitos. Haverá, em grande parte das situações, mais que um canal querendo ser o *prime* do mesmo projeto. E, como só pode existir um *prime*, o *vendor* terá que recusar registros. Isso provocará uma frustração no *partner* que tiver o registro negado. Muitas vezes a frustração pode se transformar em um sentimento mais forte de insatisfação, e deve-se estar preparado para esses episódios (veja mais detalhes sobre gestão de conflitos no capítulo 12).

É recomendável não mudar constantemente as regras. Caso o fabricante encontre alguma inconsistência grave no seu processo, que seja capaz de causar problemas a algum dos envolvidos, não deve hesitar em corrigi-la imediatamente. Caso contrário, não convém alterar as regras mais do que uma vez por ano. Ainda assim, essas alterações devem ser, idealmente, apenas pequenos ajustes, e nada muito radical. Os canais indiretos apreciam a estabilidade e a consistência dos processos criados pelo fabricante.

Automatização do processo

É altamente recomendável que todo o processo de registro, aprovação e acompanhamento da oportunidade seja feito por uma ferramenta online. Na maioria das vezes, os canais acessam o sistema de registro por meio do próprio *partner portal* do fabricante (veja mais sobre o *partner portal* no capítulo 11).

Os aplicativos mais modernos de registro de oportunidades se integram aos softwares de CRM, disponibilizam relatórios, gráficos e *dashboards*, que ajudam os *partners* e o fabricante a terem estatísticas e dados completos, com apenas um clique, sobre as oportunidades em andamento e as que já foram fechadas. Além disso, permitem que todo o processo seja feito pelo celular e pelo tablet (por meio de *apps*), facilitando a vida de todos. Um processo automatizado também ajuda a promover maior visibilidade a todos os envolvidos, evitando, por exemplo, que uma oportunidade seja aprovada para mais de um canal.

Dessa maneira, o sistema de registro de oportunidades se transforma numa poderosa ferramenta de gestão de todo o ciclo de vendas, fornecendo informação relevante sobre a *performance* de cada canal.

Alguém perguntará: "Minha empresa ainda não possui um software para registro online. E agora?".

Bem, recomendo que seja adquirido o mais rapidamente possível, pois os benefícios normalmente compensam o investimento realizado. Mas, enquanto isso não acontece, o fabricante deve criar um processo manual. Pode ser simplesmente um formulário em Microsoft Excel que o *partner* preencha e envie por e-mail, com as informações do projeto. A equipe do *vendor*, por sua vez, envia sua aprovação (ou recusa) também por e-mail usando esse formulário. Claro que essa maneira não automatizada requer mais disciplina e exige mais tempo para a gestão, tanto do fabricante como dos canais. Ainda assim, é melhor ter esse método, digamos, improvisado, do que não ter nenhum processo de registro.

Nova oportunidade

Como o próprio nome já diz, o registro deve sempre ser feito por oportunidade, e não por cliente. Esse é um conceito muito importante! Podem existir várias oportunidades diferentes e simultâneas dentro do mesmo cliente, cada uma delas com um canal *prime* diferente. Por isso, é essencial que a descrição do projeto seja muito bem-feita pelos parceiros quando estiverem preenchendo o formulário de registro, para que o fabricante não corra o risco de aprovar a mesma oportunidade para dois ou mais *partners*. Também por essa razão é fundamental que o *vendor* defina de maneira bem clara o que considera como uma nova oportunidade.

Existem diversas situações peculiares que podem ocorrer, e o processo de registro deve estar preparado para lidar com elas. Destaco a seguir alguns exemplos para que fique mais claro o quanto isso pode ser complexo.

- Um cliente final já utiliza o produto do fabricante, no departamento de vendas, há alguns meses. Surgiu a oportunidade de vendê-lo para o departamento de cobranças dessa mesma empresa. Trata-se de uma nova oportunidade? Ela pode ser registrada por outro canal indireto (e não aquele que trabalhou no primeiro projeto, para o departamento de vendas)?
- Existe uma oportunidade registrada pelo canal ABC. Ele é o *prime* para um projeto na filial de São Paulo de um determinado cliente final. Dois meses após esse registro, que ainda está dentro de seu prazo de validade, outro *partner* solicita um registro para a filial de Porto Alegre desse mesmo cliente final. A linha de produtos a ser oferecida é a mesma em ambas as filiais. Trata-se da mesma oportunidade (ou seja, o canal ABC também deve ser o *prime*) ou esse tipo de situação é considerado como uma nova oportunidade? Em outras palavras, se uma grande empresa possui 30 filiais, cada uma delas representa uma nova oportunidade, ou as 30 juntas constituem somente uma oportunidade?
- Há dois anos o canal ABC vendeu um projeto para o cliente final XYZ. Agora, o mesmo cliente está solicitando um *upgrade* e uma expansão do sistema. Outro canal (não o ABC) enviou o registro de oportunidade. Esse outro parceiro tem direito a ser o *prime* dessa oportunidade? Ou o *prime* deve ser obrigatoriamente o canal ABC, que foi quem vendeu a "oportunidade original"?

Há vários outros exemplos de casos igualmente complicados. E o pior de tudo é que não existe, na maioria das vezes, uma resposta certa e uma errada. Na realidade, o certo mesmo é definir uma regra para cada caso específico e aplicá-la toda vez que a mesma situação ocorrer, independentemente de qual for o canal (ou os canais) envolvidos. É provável que o fabricante não consiga prever todos os casos ao elaborar as regras do programa. Não tem problema. Quando uma situação não prevista ocorrer pela primeira vez, o *vendor* deve tomar a melhor decisão de acordo com o cenário e, a partir daí, incorporar essa decisão como regra. Como diz aquele ditado que certa vez ouvi de um executivo chileno e já mencionei anteriormente: *"Lo que es igual, no es ventaja".*

Segmentação

Já sabemos que o processo de registro de oportunidades é fundamental para o sucesso do programa de canais indiretos. Apesar dessa importância toda, a equipe do fabricante, e mais especificamente o gerente de canais, deve tomar cuidado e criar mecanismos para que a administração do processo não tome uma parte muito grande do seu tempo.

Se a rede de canais indiretos se restringir a alguns poucos *partners*, digamos não mais do que uns quinze (apenas para chutar um número), o *vendor* não terá muitos registros de oportunidade para analisar. Portanto, precisará dedicar uma parcela bem pequena do seu tempo diário nessa atividade.

Contudo, se o ecossistema de canais indiretos for composto por dezenas e dezenas de empresas, talvez haja necessidade de segmentar o processo de registro. Na prática, isso quer dizer que nem todas as oportunidades poderão (ou deverão) ser registradas. Caso contrário, a equipe do *vendor* teria que passar o dia inteiro avaliando, aprovando e recusando registros.

Uma das segmentações mais simples e coerentes, que produz bons resultados, é a segmentação por linha de produto. Por exemplo, permitir o registro somente das oportunidades referentes à linha de produtos para grandes empresas. E, ao mesmo tempo, estabelecer que as oportunidades da linha de produtos para pequenos e médios negócios não admitam registro.

Por um lado, essa segmentação reduz drasticamente a quantidade de registros submetidos por dia. Também permite que a equipe do fabricante dedique seu tempo a análises e processos maiores, que trarão ganhos financeiros mais relevantes para a empresa. Afinal de contas, não vale a pena ficar designando canais *prime* para oportunidades de baixo valor, tampouco proteger esses *partners* com vantagens e condições especiais para essas vendas pequenas. Mas, por outro lado, essa segmentação abre uma brecha para que os parceiros concorram livremente no mercado de *small and medium business*, o que pode ocasionar um aumento indesejado no conflito de canais. O fabricante deve avaliar que tipo de consequências isso pode acarretar, pesar prós e contras e criar mecanismos para que o processo de vendas para SMB não vire um caos.

Outro tipo de segmentação, parecida com a anterior, é pelo valor da venda. O fabricante estabelece um piso. Oportunidades cujo valor superam esse piso podem e devem ser registradas. As inferiores, não.

Esse modelo de segmentação corrige uma lacuna criada na segmentação por linha de produto, pois há oportunidades em que a linha de SMB, quando vendida em larga escala (muitas unidades de um produto de baixo custo) resulta em grandes projetos que merecem a atenção especial do fabricante e justificam aplicar o processo de registro. Mas, por outro lado, acaba criando uma situação nem sempre tão fácil de contornar: é comum que os *partners* não saibam ao certo o valor do projeto já na fase de registro. É normal também que os projetos mudem de escopo durante o ciclo de vendas. Imagine que o piso para registro estabelecido pelo *vendor* seja de US$ 50 mil, apenas para citar um valor qualquer. Por ocasião do registro, um determinado projeto pode valer US$ 30 mil, e durante o ciclo de vendas o escopo pode aumentar para US$ 55 mil. Para esse tipo de ocorrência, deve existir uma situação de contorno predefinida.

Os mesmos cuidados mencionados para a segmentação por linha de produto devem ser observados na segmentação por valor do projeto. É importante estar atento para que a livre competição entre os parceiros nos projetos de menor porte não acabe gerando situações indesejadas de conflito, que desestabilizem a harmonia da rede de canais como um todo.

Um tipo de segmentação que não recomendo é a segmentação por nível de parceria (baseado na *performance* passada dos canais). Por exemplo: somente *partners gold* e *platinum* teriam direito de registrar oportunidades. Os canais *silver* não teriam essa chance. Não gosto e não incentivo esse tipo de segmentação, pois ela pode criar um empecilho para o desenvolvimento dos novos parceiros, justamente no momento em que eles mais precisam da mão forte do fabricante, e de sua proteção, para atingir níveis mais altos no seu programa de canais.

Existem outras maneiras de segmentar o processo de registro de oportunidades. O mais importante é que, se bem pensada e bem implementada, a segmentação pode ser uma ferramenta importante de otimização do trabalho do gerente de canais e da equipe do fabricante. E tudo isso sem comprometer o resultado das vendas e a satisfação dos *partners*, em situações em que se lida com quantidades grandes de registros simultaneamente.

Jamais complicar a vida do *partner*

O fabricante deve elaborar um processo de registro de oportunidades que seja eficiente e proporcione todas as informações necessárias para uma boa gestão dos seus canais indiretos. No entanto, precisa tomar cuidado para não criar um monstro!

Muitos *partners* se queixam de processos morosos, burocráticos, que exigem uma quantidade muito grande de informações e "mais atrapalham do que ajudam". Se o *vendor* tiver um processo de registro de oportunidades desse tipo, deve revisá-lo imediatamente.

Uma boa dica para evitar que esse tipo de problema aconteça é sempre pedir *feedback* para os canais. Perguntar, mesmo que informalmente, o que eles acham do processo, se está funcionando bem, se existe algo que possa ser melhorado. Enfim, estar sempre a par da opinião de quem mais utiliza e é afetado pelo sistema, ou seja, dos parceiros.

E se o cliente quiser trocar de canal?

Esse é um dos casos que deve ser tratado com muita cautela. Imagine que a oportunidade foi registrada pelo "canal A". O fabricante aprovou o registro. Mas, durante o processo de vendas, o cliente final solicita formalmente a substituição desse parceiro.

É preciso, antes de tomar qualquer decisão, entender a situação em detalhes. É mandatório ouvir as duas partes (cliente final e canal A).

- Por que o cliente quer mudar de *partner*?
- O que o canal A fez de tão grave a ponto de o cliente final não querer mais fazer negócios com ele?
- Qual a versão do parceiro sobre esse episódio?

O fabricante deve ter em mente que o cliente final não está nem um pouco preocupado, de maneira geral, com a justiça e o sucesso do seu programa de canais. O que ele quer mesmo é obter as melhores condições para fechar o projeto (de preferência com o menor custo e os melhores benefícios).

A preferência deve ser sempre pela conciliação. Se o *vendor* sentir que a situação não é tão grave, e que há como remediar, deve ser o promotor do acordo. Se o cliente final e o canal A voltarem às boas, melhor para todos.

Mas, se o rompimento for inevitável, é importante agir com a maior transparência possível. O *vendor* precisa fazer o canal A entender que tentou todas as alternativas para mantê-lo no negócio, mas que infelizmente não foi possível.

Com relação ao cliente final, é fundamental deixar bem claro que o procedimento de troca de canais no "meio do caminho" é uma exceção. Isso evita que ele adote essa prática como regra em futuros projetos.

Não sabotar seu próprio processo

"Esse negócio de registro de oportunidade não funciona." Já ouvi esse tipo de comentário muitas vezes. Suspeito que também não seja novidade para nenhum fabricante.

Sabe por que isso acontece? Na maioria das vezes, porque o próprio fabricante, o criador das regras do processo de registro, não respeita as diretrizes que ele mesmo criou.

O gerente de canais e todos os envolvidos do lado do fabricante devem ter muita disciplina para seguir e cobrar os *partners* a fim de que eles também sigam o processo. Isso exige convicção, esforço e persistência. Principalmente na fase de implementação do processo e nos primeiros meses de operação.

Os canais vão reclamar, não cumprirão os prazos, enviarão formulários preenchidos pela metade, entre outros métodos criativos para testar o *vendor*. O fabricante de maneira nenhuma poderá ser condescendente com os parceiros. Cabe ao gerente de canais dizer "não" sempre que necessário e explicar o porquê desse "não". Se ele ceder aos pedidos dos parceiros para quebrar ou afrouxar as regras uma vez sequer, será ainda mais difícil tentar ser firme na segunda vez.

Se os canais tiverem sugestões para a melhoria do processo, excelente. É importante ouvir as sugestões, avaliá-las e colocá-las em prática se forem pertinentes. Mas sem deixar de cumprir as regras que estão em vigor. O fabricante não pode ser o sabotador do seu próprio processo de registro. Caso contrário, o processo cairá em descrédito muito rapidamente.

Como incentivar os canais a seguirem o processo?

Se o fabricante fizer uma enquete entre os *partners*, tanto os que trabalham com ele como os que representam outras marcas, a maioria esmagadora vai dizer que o processo de registro de oportunidades é fundamental para o sucesso de um programa de canais. Arrisco dizer que muitos deles irão afirmar que não trabalhariam com um *vendor* que não tivesse um processo de registro.

Em contrapartida, a maioria dos fabricantes se queixa que seus parceiros não registram todas as oportunidades que têm no *pipeline*. Confesso que, no passado, cheguei a trabalhar com *partners* que simplesmente se recusavam a registrar qualquer oportunidade.

Mas por que isso acontece? Se o registro de oportunidades é reconhecido como algo muito importante pelos parceiros, por que esses mesmos parceiros não o abraçam como deveriam? Como o gerente de canais e toda a equipe do fabricante pode incentivar os seus *partners* a seguir fielmente o processo? Compartilho na sequência algumas dicas que podem ajudar.

- O *vendor* deve explicar aos seus canais que o processo de registro de oportunidades é uma proteção e uma garantia para eles próprios. O processo visa, entre outros objetivos, proteger as margens e os investimentos dos *partners*. Se um canal não indica ao fabricante que está trabalhando em determinado projeto, o *vendor* não terá como garantir que outro canal (ou o próprio fabricante de forma direta) não esteja também envolvido naquela oportunidade. Tampouco poderá dar ao *partner* o suporte adequado (vendas, pré-vendas, descontos, entre outros). O parceiro estará entregue à sua própria sorte.
- "Diga o que você faz e faça o que você diz" – gosto muito dessa frase. O fabricante precisa provar por meio de atitudes e não apenas por palavras que o seu processo de registro funciona tal qual previsto no regulamento. Quanto mais o tempo passar e seus canais observarem que o processo é mesmo "pra valer" e está sendo colocado em prática rigorosamente como foi elaborado, mais eles se sentirão confortáveis e incentivados a utilizá-lo.
- Como mencionado anteriormente, o *vendor* não pode ser o sabotador de seu próprio processo. Não deve abrir exceções nem "dar

jeitinhos". Se o fabricante compactuar com desvios do processo, não tenha dúvidas, ele cairá em descrédito rapidinho. É algo inevitável.

- É importante oferecer benefícios que façam o canal *prime* sentir que realmente terá mais chances de sair vitorioso naquele projeto, caso o registre.
- De maneira análoga, é importante oferecer benefícios que façam o canal *prime* sentir que, se registrar o projeto e sair vitorioso, terá mais ganhos financeiros do que se não o tivesse registrado.
- Sabemos que muitos canais indiretos não registram suas melhores oportunidades, pois têm receio de que os dados compartilhados sejam utilizados pela área de vendas diretas do fabricante (no caso do modelo híbrido de vendas). Muitos parceiros também temem que esses dados sejam vazados para outros *partners*. Em outras palavras, alguns *partners* simplesmente não confiam que o fabricante manterá o sigilo dos dados compartilhados. Como consertar isso? Não há outra maneira: como já disse anteriormente, o fabricante tem que conquistar a confiança dos parceiros por atitudes, e não por belas palavras. Garantir a confidencialidade dos dados compartilhados, provar que é um *vendor* digno de confiança, e certamente os canais registrarão as oportunidades. E jamais esquecer que é fácil perder a confiança de um *partner*, mas é muito difícil recuperá-la.
- Se for viável, o fabricante pode incluir no seu programa de incentivo às vendas uma pontuação específica para os registros de oportunidades. Se o canal indireto registrar uma oportunidade e conquistar a condição de *prime*, ele pode ganhar alguns pontos do programa, que quando somados aos outros (de outras atividades) darão direito a prêmios (veja mais sobre o programa de incentivo às vendas no capítulo 9).
- É mandatório criar um processo simples e rápido de ser utilizado tanto para o fabricante como, principalmente, para seus *partners*.

Se o processo de registro de oportunidades for burocrático, difícil de usar, consumir muito tempo dos canais, certamente eles vão boicotar.

Em linhas gerais, o processo deve ser elaborado tendo em mente os interesses dos *partners*, e seguramente eles irão aderir sem necessidade de muito esforço para convencê-los. Se o relacionamento dos canais com o fabricante e com seu produto está sendo útil a eles, e se o processo de registro for bem conduzido, tenha certeza de que eles registrarão as oportunidades.

Bom para o fabricante e para os canais

Depois de todos os pontos aqui discutidos, considero que seja importante, nesta parte final do capítulo, fazer um apanhado geral dos principais benefícios que um processo de registro de oportunidades pode proporcionar aos fabricantes e aos seus *partners*, conforme destacado a seguir.

- Ajuda a diminuir o conflito de canais, tanto entre os canais indiretos como entre eles e a área de vendas do fabricante (no caso de modelo híbrido), à medida que elimina (ou reduz) a competição entre eles. Se o programa de registro de oportunidades é seguido e respeitado por todos, o *prime* da oportunidade pode trabalhar com a segurança de que nenhuma outra empresa estará em melhores condições no processo de vendas.
- Ajuda a preservar as margens do fabricante e dos canais, à medida que a concorrência interna é eliminada (ou na pior das hipóteses, diminuída). Quando falo de concorrência interna, refiro-me à possibilidade indesejada de haver mais de uma proposta do mesmo fabricante concorrendo no mesmo projeto.
- Proporciona ao *vendor* uma maior visibilidade do *pipeline* de todos os seus canais. Facilita a elaboração de relatórios de vendas e simplifica o controle das atividades e da *performance* dos *partners*.

- Trata-se de uma ótima ferramenta para o fabricante influenciar positivamente o comportamento dos canais indiretos, além de incrementar a colaboração entre parceiros e fabricante.

Um processo de registro de oportunidade bem-feito, e que seja seguido por todos, melhora a sensação de confiança no programa de canais e aumenta a credibilidade do fabricante. De forma análoga, quando os *partners* respeitam e seguem as regras estabelecidas no processo de registro, passam ao *vendor* a imagem de uma empresa organizada, sabedora das suas responsabilidades, que respeita e valoriza a parceria de negócios.

O processo de registro de oportunidades não deve ser encarado somente como uma formalidade necessária para ajudar a diminuir o conflito de canais. Muitas vezes os *partners*, e inclusive os fabricantes, o enxergam apenas dessa forma. Um processo automatizado, gerenciado com os softwares mais atuais e seguido à risca tanto pelo fabricante como pelos canais indiretos, aumenta a visibilidade dos projetos em andamento, fornece dados estatísticos relevantes e potencializa o fechamento dos negócios.

8
MARKETING

Em um modelo de vendas indiretas, as atividades do gerente de canais e do profissional de marketing muitas vezes se confundem. Quem é responsável pelos programas de incentivo, marketing ou canais? E pelas atividades de geração de *leads*? E pela comunicação com os *partners*? Há uma intersecção grande entre essas duas especialidades.

Deixando os *job descriptions* de lado, o certo mesmo é que os profissionais dessas duas funções devem realizar juntos essas tarefas. Ambas as funções se complementam. Não é à toa que uma das formas que a literatura acadêmica usa para se referir aos canais indiretos é como "canais de marketing".

Quero aproveitar este capítulo para descrever as principais tarefas relacionadas ao marketing de canais. Para ser mais didático, dividirei essas atividades em duas categorias conforme descrito a seguir.

- **Atividades cujo público-alvo são os canais:** são iniciativas tomadas pelo fabricante para facilitar o trabalho dos *partners*, e para motivá-los a se manter firmes e focados em sua missão de representar o *vendor* da melhor maneira possível. Chamarei essas atividades de "marketing para os canais".
- **Atividades cujo público-alvo são os clientes ou potenciais clientes finais (*prospects*)**: são iniciativas, normalmente executadas em

conjunto pelo fabricante e pelos canais, que promovem o *vendor* e seus produtos para os usuários finais. Geralmente o objetivo principal dessas atividades é a geração de *leads*. Chamarei essas atividades de "marketing para os clientes finais".

É interessante notar que existem algumas atividades que cumprem, simultaneamente, ambos objetivos. São iniciativas que motivam os canais e, ao mesmo tempo, auxiliam na geração de *leads*. Vejamos...

MARKETING PARA OS CANAIS

Conforme comentado nos parágrafos anteriores, o marketing que o fabricante produz com foco em seus parceiros de negócios deve ter dois objetivos principais: motivá-los e facilitar seu trabalho.

Sabemos que os canais indiretos são "seres" que se dispersam facilmente. Eles possuem vários fabricantes para representar e devem se dedicar a muitos tipos de produtos ao mesmo tempo. Portanto, o *vendor* que tiver mais habilidade para captar a atenção dos parceiros, motivando-os a trabalhar com sua marca e facilitando seu trabalho, será recompensado com uma dedicação maior.

É justamente nesse ponto que entram as atividades de marketing para os canais, sobre as quais falarei um pouco mais a partir de agora.

Partner Meeting

A maioria dos fabricantes promove, uma vez ao ano, o seu *partner meeting* (ou *partner day*, ou *partner forum*, ou qualquer outro nome de acordo com a preferência do fabricante). Trata-se de um grande encontro que reúne todos os canais da empresa.

Essa reunião normalmente dura um dia inteiro, e às vezes até mais de um dia. É realizada num lugar bem bacana (um hotel de luxo ou um centro de eventos), costuma ocorrer no início do ano fiscal do fabricante e tem diversas finalidades:

- fazer um resumo do desempenho do fabricante no ano fiscal que acaba de terminar;
- premiar os canais e os profissionais que mais se destacaram no ano fiscal anterior;
- fazer projeções, compartilhar planos e novidades para o novo ano fiscal que está só começando;
- estimular o *networking* entre os parceiros de negócios, e entre eles e os profissionais do *vendor*;
- promover sessões rápidas de treinamento comercial e técnico;
- e principalmente: ser um grande evento motivador dos parceiros, para que todos saiam dessa reunião confiantes e energizados em relação às perspectivas para o novo ano.

É importante que os principais executivos do fabricante estejam presentes e tenham um espaço para falar sobre os assuntos referentes às suas áreas. Assim, o presidente (ou o *country manager*) pode dar um panorama geral sobre os negócios e principais perspectivas; o diretor de vendas pode falar sobre o desempenho do ano anterior e as projeções futuras; o diretor de serviços pode esclarecer as novas iniciativas de sua área, e assim por diante.

O gerente de canais deve ser o grande anfitrião do evento. Ele pode ser o mestre de cerimônias e ter um espaço entre os palestrantes para falar sobre as novidades do programa de canais para o novo período.

Um dos momentos mais esperados pelos profissionais dos parceiros é a premiação dos Melhores do Ano. O fabricante geralmente define diversas categorias, divulga com antecedência os três indicados para cada uma delas e, no dia do evento, anuncia os campeões em grande estilo. Entre as categorias que geralmente são contempladas, posso citar: melhor vendedor, melhor engenheiro de pré-vendas, melhor profissional de suporte técnico, melhor profissional de apoio às vendas, melhor projeto do ano, melhor *partner* do ano, entre outras. Com relação aos prêmios, normalmente o fabricante entrega um troféu ou uma placa, acompanhado de alguma lembrança na forma de "experiência" (um jantar, um ingresso para um show, ou algo semelhante). Se a verba não estiver curta, pode até ser algo de maior valor, mas não é mandatório. Veja mais sobre premiações na forma de experiência no capítulo 9.

Com relação ao investimento necessário para produzir esse evento, o montante pode variar muito, de acordo com a disponibilidade de recursos do *vendor*. Se a situação estiver mais apertada e se a rede de canais não for muito grande, pode ser feito algo "caseiro", organizado pela própria área de marketing com apoio de toda a equipe do fabricante. Agora, se a quantidade de parceiros for grande ou se o fabricante desejar fazer algo mais grandioso, é conveniente contratar uma empresa para produzir todo o evento.

O mais importante é que seja um evento levado com muito alto-astral e alegria. O *vendor* não pode esquecer que o principal objetivo é engajar, motivar e inspirar os *partners* a realizar um belíssimo trabalho no novo ano fiscal. O evento deve ser leve, informal, divertido e ter um encerramento em grande estilo, com uma banda ou um DJ, para que todos se lembrem com muita alegria desses momentos.

Lançamento de novos produtos – Parte 1/2

O lançamento de um novo produto (ou de uma nova versão de um produto existente) é uma excelente ocasião para renovar as energias da rede de parceiros (marketing para os canais) e, também, para geração de *leads* (marketing para os clientes finais). Por essa razão, dividi este item em duas partes. Agora vamos tratar dos benefícios para os canais indiretos.

A área de marketing do fabricante e o gerente de canais devem trabalhar em conjunto numa estratégia marcante de lançamento. O foco deve estar em duas mensagens principais:

- o novo produto "cairá como uma luva" no portfólio dos parceiros e, portanto, irá melhorar sua oferta;

- o novo produto resolverá algumas "dores" dos clientes finais. Como consequência, aumentará as vendas e o faturamento dos *partners*.

O fabricante deve produzir uma sequência de anúncios utilizando todos os canais de comunicação disponíveis. Além de divulgar textos nas redes sociais, no blog e na *newsletter*, convém utilizar também as mensagens de e-mail e o *Partner Portal* (falarei mais sobre comunicação no capítulo 10 e sobre o *Partner Portal* no capítulo 11). É interessante produzir materiais tanto em texto como audiovisuais que ajudem os canais indiretos a replicar facilmente a mensagem para seus clientes finais.

É fundamental deixar muito claro que o novo produto, além de resolver uma "dor" dos usuários finais, também irá colaborar no desenvolvimento de mais negócios para os canais. Mostrar aos parceiros como o novo produto será maravilhoso para os clientes, mas acima de tudo explicar como os canais se beneficiarão com mais oportunidades de negócios e aumento de receita e lucratividade.

Partner Locator – Parte 1/2

Os clientes interessados em conhecer mais detalhes sobre os produtos do *vendor* precisam ter fácil e rápido acesso aos seus parceiros. Uma das maneiras mais simples e baratas de propiciar essa facilidade é por meio do próprio site do fabricante, em uma área chamada de *partner locator* ("localize um canal").

Ao clicar nesse menu, o potencial cliente deve fornecer alguns detalhes sobre sua localização, as características principais da empresa e sobre quais produtos está interessado. De posse dessas informações, o *partner locator* identifica e recomenda os canais daquela localidade que estão aptos a atender esse cliente.

Como se trata de um recurso que, ao mesmo tempo, motiva os canais indiretos (marketing para os canais) e também auxilia diretamente na obtenção de *leads* (marketing para os clientes finais), divide este item em duas partes. Aqui falarei sobre os benefícios para os parceiros.

Essa possibilidade de ser recomendado a um cliente final diretamente, por meio do site do fabricante, é muito bem-vista pelos canais indiretos, pois trata-se de um benefício que pode gerar bons negócios. São *leads* que, embora ainda não qualificados, chegam aos *partners* com custo praticamente zero para sua obtenção.

Por esse motivo, o fabricante pode incluir esse benefício como parte de seu programa de canais, por exemplo, oferecendo o privilégio de estar no *partner locator* somente aos parceiros *gold* e *platinum*. Conforme visto no capítulo 4, esse pode ser mais um incentivo para que os canais *silver* lutem para atingir níveis mais altos dentro do programa de parcerias, ao mesmo tempo que os parceiros *gold* e *platinum* são recompensados pelo seu bom desempenho.

Conselho de canais

Essa é mais uma atividade importante a ser conduzida pelo gerente de canais, com apoio da área de marketing do fabricante. O Conselho de canais é um grupo de representantes de alguns *partners* selecionados que se reúnem periodicamente sob o comando do *vendor* para discutir diversos temas comuns. Criar e manter um grupo de parceiros com essa finalidade demonstra que o fabricante valoriza e está comprometido com o bom rendimento e com as opiniões de seus canais.

Esse grupo não deve ser muito grande, caso contrário o debate de ideias poderia virar uma bagunça e sair do controle. De 10 a 15 participantes (um representante por canal) pode ser um bom número, a depender da quantidade de *partners* do *vendor*.

É legal criar uma maneira de fazer com que o convite para uma cadeira no Conselho de canais esteja vinculado ao atingimento de uma meta importante. Por exemplo, "somente os canais que atingirem sua meta anual de vendas terão direito a participar no ano seguinte".

O fabricante deve reunir os membros do Conselho em uma reunião presencial periodicamente (uma reunião trimestral pode ser uma boa pedida). Convém convidar os responsáveis por diversas áreas da empresa (fabricante), como marketing, vendas, pré-vendas e serviços, pois assuntos relacionados a esses departamentos podem ser discutidos. Vale a pena comunicar com antecedência quais os temas que serão abordados na reunião, para que os canais possam ir preparados e mandem o representante mais apropriado.

Essas reuniões presenciais podem começar com uma rápida apresentação sobre o "tema do dia", e em seguida o fabricante pode abrir a sessão para perguntas, opiniões, sugestões e críticas. É bom ter cuidado para que somente temas de interesse comum sejam discutidos, a fim de não permitir que assuntos específicos de um determinado parceiro consuma o tempo de todos os participantes.

É fundamental anotar todos os temas discutidos e, principalmente, todas as sugestões e solicitações recebidas. Dar um retorno por escrito sobre todas as perguntas que ficaram sem resposta e manter os participantes a par da evolução das ideias discutidas são tarefas que não podem ser deixadas de lado. Até porque, se os assuntos tratados caírem no esquecimento, os membros do Conselho logo dirão que essas reuniões são tempo perdido.

MARKETING PARA OS CLIENTES FINAIS

Em se tratando das atividades de marketing de canais que visam atingir os clientes finais, o ideal é que sejam realizadas de maneira conjunta entre o fabricante e seus parceiros. Quando *vendor* e *partners* se unem para produzir uma iniciativa conjunta de marketing, as vantagens podem ser grandes para ambas as partes. Essas iniciativas podem abranger desde um folheto, um catálogo, um e-book, ou infográfico com o logo de ambas as empresas, até um evento, seminário ou treinamento produzido conjuntamente.

Por um lado, os canais, que normalmente são empresas menores e com uma marca menos poderosa que o fabricante, beneficiam-se por terem ao seu lado todo o poder e a credibilidade do *vendor*. Por outro lado, o fabricante, que, via de regra, conta com uma quantidade pequena de recursos humanos para as atividades de marketing, amplia o seu exército.

Caso o *vendor* tenha muitos parceiros, provavelmente não vai conseguir criar materiais, atividades ou campanhas conjuntas com todos eles. Ele deverá ter algum tipo de filtro para poder selecionar com quais canais irá adiante com essas iniciativas. Uma boa sugestão, novamente, é considerar o nível de cada *partner* no seu programa de canais – por exemplo: "Somente canais *gold* e *platinum* são elegíveis a produção conjunta de atividades de marketing". De uma maneira ou de outra, o fabricante deverá dispor de um método para selecionar quais são os melhores canais para investir seu tempo e sua verba de marketing, visando obter o maior retorno sobre esse investimento.

Não é demais lembrar que essas iniciativas conjuntas, como o próprio nome já diz, têm dois grandes responsáveis pela sua execução: o fabricante e o parceiro. Portanto, ambas as empresas devem participar ativamente, compartilhando esforços, dividindo custos e visando concretizar o objetivo comum.

Geração de *leads*

Quando falamos de marketing em nosso segmento, seja com vendas diretas ou indiretas, uma das maiores demandas está relacionada à geração de *leads*. Os profissionais de marketing e, no nosso caso, também os gerentes de canais, sofrem uma pressão muito grande das diversas áreas envolvidas (*partners*, vendedores, executivos, entre outras), todas ávidas por mais e mais *leads* de boa qualidade.

Mas alguém dirá: "Eu recrutei os canais justamente para eles me trazerem mais *leads*". De fato, o fabricante conta com seus parceiros para que, entre outras coisas, eles gerem *leads*. Mas a recíproca também é verdadeira. O fabricante também tem parte dessa responsabilidade. Um dos principais objetivos da equipe de marketing do fabricante, em associação com o gerente de canais, está justamente na organização de atividades conjuntas de geração de *leads*.

Lançamento de novos produtos – Parte 2/2

Já vimos que o lançamento de novos produtos é uma atividade que o fabricante deve realizar para energizar sua rede de canais indiretos. No entanto, depois que os *partners* já estiverem devidamente informados sobre os benefícios do novo produto (para si próprio e para os clientes finais), é hora de fabricante e canais se unirem para promover uma grande campanha de lançamento para os clientes finais e *prospects*.

Mais uma vez, é necessário caprichar na comunicação: utilizar as ferramentas disponíveis de ambas as empresas (fabricante e parceiros) para anunciar e informar sobre o novo produto. Usar e abusar das redes sociais, blog, e-mails e os demais recursos de comunicação apresentados no capítulo 10.

O foco agora são os clientes finais e suas "dores". Portanto, deve-se enfatizar todos os recursos que o novo produto (ou a nova versão de um produto existente) possui. Enumerar todos os problemas que serão resolvidos e descrever como a vida dos clientes finais vai ficar mais fácil com o novo recurso.

Se o orçamento permitir, vale muito a pena criar um evento de lançamento. Esse evento pode ser produzido das duas formas descritas a seguir.

- Uma iniciativa conjunta do fabricante com apenas um dos canais. Nesse caso, como se trata de algo exclusivo para somente um parceiro, pode ser um evento pequeno, como um café da manhã ou um almoço, para que os custos não extrapolem. Logicamente o fabricante poderá promover vários desses pequenos eventos, em conjunto com vários *partners*, um de cada vez. O *vendor* deve ter o cuidado de definir e divulgar de maneira clara os critérios utilizados para a escolha dos canais para a realização desses eventos,

supondo que não haverá condições de fazer com todos eles. Sem uma justificativa adequada, os *partners* que não forem escolhidos poderão se sentir desprestigiados, o que pode se transformar em um foco de conflito.
- Uma iniciativa conjunta do fabricante com vários (ou todos) parceiros. Nesse caso é possível produzir um evento mais grandioso, pois o custo será compartilhado entre diversos patrocinadores. Da mesma forma que no item anterior, o *vendor* deve tomar cuidado na definição dos parceiros elegíveis a participar dessa iniciativa. É importante também prestar atenção na elaboração da lista de convidados e na maneira pela qual os convites serão enviados, especialmente nos casos em que nem todos os parceiros sejam patrocinadores. Se um usuário final, que tradicionalmente é cliente de um canal que não estará no evento, for convidado, uma situação de conflito de canais poderá ser gerada.

Partner Locator – Parte 2/2

Já vimos que o *partner locator* funciona como um fator de motivação para os canais indiretos. Receber uma indicação via site do fabricante é uma vantagem competitiva que os *partners* apreciam e lutam para conseguir.

Mas, além de ser encarado como uma ferramenta de marketing para os canais, o *partner locator* também pode ser visto como uma importante iniciativa de marketing para os clientes finais, potencializando o processo de geração de *leads* do fabricante.

O *partner locator* estabelece uma ligação direta entre o *prospect* que está acessando o site do *vendor* e um dos seus canais de vendas. Essa via rápida de atribuição de um *partner* ao potencial cliente demonstra profissionalismo do fabricante, acelera o processo de vendas e contribui para a melhora dos seus resultados.

Materiais de apoio

Tenho falado neste livro sobre a importância de criar facilidades para que os canais indiretos possam representar melhor o fabricante. Essa é uma incumbência do gerente de canais, da equipe de marketing e dos demais departamentos do *vendor*. Seguindo esse conceito, sugiro que sejam criados textos prontos (estilo *templates*), de modo que os parceiros possam copiar e colar diretamente esse conteúdo, sem a necessidade de grandes adaptações, nos seus materiais promocionais e em sua página na internet.

Quer um exemplo da importância dessa atividade?

Quando um visitante acessa a página da web dos *partners*, o fabricante tem total interesse que esses potenciais clientes obtenham informação abundante e atualizada sobre seu produto, certo? Sendo assim, quanto mais ele facilitar a vida dos seus parceiros para a confecção desses textos e informações, melhor será para ambas as partes.

Além de textos, o fabricante também deve produzir áudios, vídeos, infográficos e todo tipo de material de apoio que ajude a equipe de marketing dos canais, além de orientá-los sobre a melhor forma de divulgar esse conteúdo. O *Partner Portal* pode ser utilizado para compartilhar esses documentos. Os parceiros vão ficar bem contentes com esse tipo de facilidade, e ao mesmo tempo o fabricante colherá os frutos de ter seu produto amplamente divulgado aos potenciais clientes.

Casos de sucesso

Contar a história de um cliente que já utiliza seus produtos e está obtendo grandes resultados com eles é uma poderosa ferramenta de marketing que o *vendor* tem em mãos. O gerente de canais do fabricante deve trabalhar em conjunto com as áreas de vendas e de marketing na identificação desses clientes e na confecção do material de divulgação.

Além de produzir um material impresso, ou até mesmo um vídeo, para ser amplamente divulgado entre os canais indiretos e seus clientes finais, os casos de sucesso são uma excelente opção de conteúdo para os eventos conjuntos. Se o cliente final, o usuário satisfeito do produto, concordar em falar ao vivo sobre essa experiência vitoriosa para uma plateia de potenciais novos clientes, o retorno pode ser fenomenal.

Relatórios de analistas

Existem grandes empresas de análise de mercado que frequentemente divulgam estudos sobre nosso setor. Sem querer fazer propaganda de nenhuma companhia, mas apenas para você se situar melhor, estou me referindo a empresas como Gartner, Forrester, IDC, Frost & Sullivan, entre outras.

Muitos desses relatórios comparam o desempenho de diversas empresas concorrentes, com foco em algum tipo de produto ou tecnologia específica. Considerando que os clientes, em seus processos de compra, costumam comparar diversos fornecedores, é interessante que a equipe do fabricante facilite o acesso dos *partners* a esses tipos de relatórios (supondo, claro, que a empresa esteja bem posicionada nessas avaliações). Trata-se de um ótimo material que os parceiros poderão usar em suas reuniões de vendas.

Existem também relatórios que não comparam empresas, mas trazem estudos sobre tendências de utilização de determinada tecnologia. Esse tipo de análise também é muito interessante para os potenciais clientes finais, pois pode ajudar a esclarecer dúvidas específicas sobre determinado assunto.

Em tempo: como a maioria das grandes empresas de análise publica seus relatórios em inglês, é importante que o fabricante disponibilize uma versão traduzida no idioma dos seus canais indiretos e respectivos clientes. Como já comentado repetidas vezes, uma das principais tarefas do gerente de canais é produzir facilidades para seus parceiros e, consequentemente, para seus clientes finais.

O grande evento anual para clientes

Da mesma forma como promove um grandioso evento anual para seus parceiros, cabe ao fabricante organizar (com o apoio dos *partners*) um inesquecível evento para os usuários finais e para os potenciais clientes (*prospects*). Esse tipo de evento tem alguns objetivos muito característicos:

- mostrar aos participantes, por meio de palestras, pequenos treinamentos e casos de sucesso, os principais produtos e suas aplicações;
- anunciar as principais novidades e lançamentos;
- promover *networking* entre clientes, canais e fabricantes. Não faltam nesses eventos atividades que promovem a interação dos participantes, como almoços, jantares, *happy hours* e passeios externos;
- passar uma imagem de grandiosidade, força e solidez do fabricante, para que os clientes presentes tenham a certeza de que fizeram a opção correta e os *prospects* se animem a efetivar um possível negócio.

Para a produção desse evento, a exemplo do que comentei sobre o evento para os canais, a criatividade e o *budget* também são o limite. Geralmente o fabricante investe um bom dinheiro nesse tipo de evento, que em muitos casos dura mais de um dia, num hotel de primeiríssima linha, até mesmo fora do país.

Organizar um evento desse porte é uma responsabilidade tremenda e uma trabalheira que parece não ter fim. Requer a colaboração de muita gente, liderada pela área de marketing e pelo gerente de canais do fabricante, com apoio fundamental dos parceiros. Se, por um lado, o pessoal de marketing deve cuidar de todos os detalhes do show, por outro o gerente de canais e seus respectivos *partners* devem garantir que a audiência seja o mais qualificada possível.

Tudo começa vários meses antes da data do evento, na definição de quais clientes serão convidados, de que forma serão convidados, quem será o responsável pelo pagamento das despesas e outras atividades que requerem muito esforço para que tudo funcione.

A questão da divisão dos custos é algo crucial, já que há muitos gastos envolvidos. Geralmente os representantes dos canais pagam suas próprias despesas de locomoção e estadia. Com relação aos clientes finais e aos *prospects*, *partners* e fabricante devem negociar quem arca com as contas. Não existe uma regra fixa. O fabricante pode pagar todas as despesas para alguns clientes, enquanto os parceiros pagam para outros. Ou, como alternativa, o fabricante pode pagar uma parte das despesas (por exemplo, as passagens aéreas e a inscrição para o evento), ficando a cargo dos *partners* o pagamento da estadia e refeições. O gerente de canais tem um papel fundamental nessa negociação.

Grupos de usuários

Criar um grupo de usuários para a sua marca, com o apoio dos seus *partners*, é outra atividade que pode ser realizada com a junção de esforços entre a área de marketing do fabricante e o gerente de canais. A ideia é selecionar os maiores usuários, os mais antigos e os mais fiéis à marca e lhes oferecer a oportunidade de participar de um "clube exclusivo".

Esse tipo de grupo, ou de clube, promove um interesse continuado na marca do fabricante, além de ser uma excelente fonte de ideias para melhorias e novas funcionalidades. Esse clube pode se comunicar constantemente por meio de grupos fechados nas redes sociais, possuir um acesso privado no site do fabricante para divulgação de conteúdo exclusivo, além de poder se reunir presencialmente uma ou duas vezes por ano. Trata-se de uma excelente ferramenta para compartilhamento de experiências em que tanto os clientes finais como os *partners* e o fabricante podem se beneficiar.

O *vendor* deve encorajar seus parceiros a trazer mais membros para o clube e a participar de todas as atividades. Uma maneira interessante de motivar seus canais a se engajar nessa iniciativa é oferecendo pontos ou benefícios no programa de incentivo às vendas (veja mais sobre programas de incentivo no capítulo 9).

Relações públicas

A área de marketing do fabricante deve contratar uma boa empresa de relações públicas, que ficará responsável por viabilizar os anúncios que são feitos por meio da imprensa (*press releases*).

Muitas dessas comunicações são realizadas em conjunto entre fabricante e canais, por exemplo, para anunciar uma nova aliança de negócios ou a realização de um evento. A empresa de relações públicas também coordena as requisições de entrevistas que frequentemente chegam até o fabricante. É importante que os profissionais autorizados a falar em nome da empresa sejam previamente definidos e recebam o treinamento adequado para lidar com a imprensa (*media training*).

É fundamental que as atividades de relações públicas sejam sempre aprovadas pela equipe de marketing do *vendor*, para que tenham adesão às políticas de comunicação e de mídia da empresa.

Inbound Marketing

Até agora neste capítulo, vimos algumas atividades relacionadas ao chamado "marketing tradicional". É importante, porém, que também estejamos atentos às novas formas de fazer marketing pela internet e redes sociais.

Não é segredo para ninguém que, hoje em dia, a grande maioria dos consumidores busca as opções disponíveis na internet antes de procurar os seus fornecedores. Isso acontece não somente no segmento B2C mas também, e muito, no segmento B2B, que é nosso foco neste livro.

O *inbound marketing*, também conhecido como marketing de atração, tem como objetivo principal atrair potenciais consumidores por meio do compartilhamento na internet de informações relevantes sobre seu produto. Ao contrário das ferramentas tradicionais de marketing, nas quais a empresa "corre atrás" dos clientes, no *inbound marketing* são os consumidores que buscam pelos fornecedores.

Não estar presente na internet, por meio de um site próprio, ou de páginas nas principais redes sociais virtuais, é quase como não existir. Portanto, a equipe de marketing do fabricante, de maneira coordenada com as áreas de marketing dos canais, deverá garantir que essa presença seja consistente e atinja de forma correta os potenciais compradores.

AVALIAÇÃO DOS RESULTADOS

Como mensagem final deste capítulo, um lembrete sobre algo que todos sabem que deve ser feito, mas que pouca gente faz corretamente e de forma disciplinada: avaliar os resultados das iniciativas de marketing. Eu sei que não é fácil. Aliás, talvez seja uma das tarefas mais difíceis nessa área. Ainda mais quando existe um *partner* envolvido.

Antes de qualquer coisa, é preciso definir quais serão as métricas que indicarão o sucesso ou o fracasso de uma iniciativa conjunta de marketing. As equipes de marketing (dos parceiros e do fabricante), associadas ao gerente de canais e às equipes executivas de ambas as empresas, devem estabelecer, ainda na fase de planejamento da atividade, quais serão esses parâmetros.

Para tornar o conceito mais palpável, vamos imaginar que o *vendor* irá participar, em conjunto com um de seus parceiros, de uma feira de negócios. Haverá um estande nesse evento, e os funcionários de ambas as empresas estarão presentes, promovendo um novo produto do fabricante.

As métricas de sucesso, nesse caso, poderiam ser o número de potenciais clientes que visitarão o estande e o número de reuniões agendadas.

Depois de estabelecer quais serão as métricas de avaliação, é preciso quantificar o que significará sucesso nessa iniciativa de marketing. No caso do nosso exemplo, pode-se definir que a meta será receber trinta potenciais clientes no estande e conseguir agendar quinze reuniões.

Pronto, agora já há a definição clara do que irá representar sucesso ou fracasso nesse evento. É fundamental coletar muito bem todos os dados durante o evento, para que seja possível produzir um relatório final bem detalhado. Esses dados ajudarão o *vendor* e seus parceiros na hora de decidir sobre a participação em um novo evento conjunto.

9
PROGRAMA DE INCENTIVO ÀS VENDAS PARA CANAIS INDIRETOS

Todo fabricante de tecnologia que vende seus produtos por meio de uma rede de canais indiretos deseja que esses *partners* promovam seus produtos da melhor maneira possível, conseguindo assim mais clientes finais. No entanto, seus parceiros são empresas independentes, que têm seus próprios objetivos e podem não estar trabalhando seu produto de maneira tão engajada e eficiente como o *vendor* gostaria. Até porque, como tenho dito exaustivamente, eles representam diversas marcas e têm que dividir seus esforços entre todas elas. Para tentar manter seus *partners* engajados, o fabricante tem em mãos uma ferramenta que pode ser muito eficiente: o programa de incentivo às vendas.

A experiência mostra que poucas coisas são capazes de produzir, de maneira rápida e consistente, tanta energia e empolgação nos vendedores dos canais indiretos como uma boa recompensa. Geralmente os vendedores são seres bastante competitivos, e, por essa razão, adicionar uma pitada de disputa por prêmios no programa de canais pode trazer bons frutos para o fabricante.

Um programa de incentivo às vendas eficiente e consistente pode ser a diferença entre chegar ao final do ano fiscal lamentando o rendimento dos vendedores dos *partners* ao invés de comemorar o atingimento de todas as metas. É importante, portanto, criar e pôr em prática programas de incentivo às vendas que conduzam ao crescimento da empresa por meio do reconhecimento e da recompensa ao empenho da força de vendas.

Quando criados e aplicados de maneira correta, os programas de incentivo caminham lado a lado com os objetivos de negócio do fabricante, além de se tornarem um importante fator de diferenciação em relação à concorrência. Os programas de incentivo ajudam, ainda, o fabricante a construir uma relação de lealdade com seus canais indiretos.

A má notícia é que não existe um modelo ou um tipo de programa de incentivo às vendas que funcione igualmente para todas as organizações. Talvez por isso existam tantas maneiras diferentes para produzi-lo. Mas a boa notícia é que certamente há um tipo de programa que se encaixa perfeitamente ao perfil dos profissionais dos *partners* de todo e qualquer fabricante.

O objetivo deste capítulo é auxiliar o gerente de canais e demais profissionais envolvidos nessa difícil e fundamental tarefa de produzir, pôr em prática e administrar um programa de incentivo às vendas para seus canais indiretos. As principais atividades que fazem parte de todo o processo estão resumidas na figura a seguir.

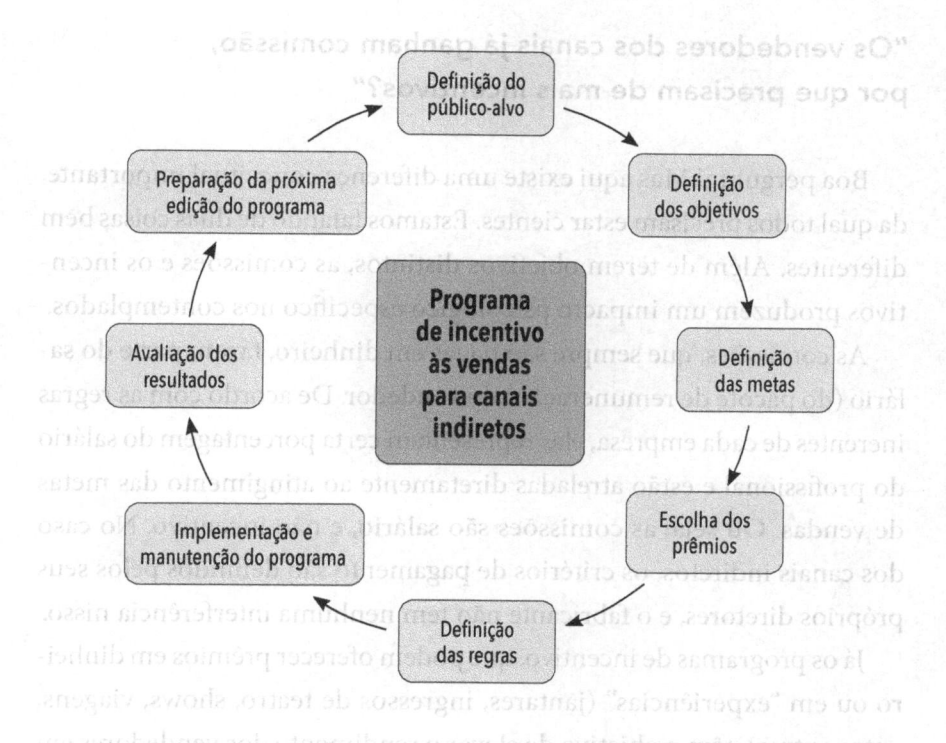

```
          Definição do
          público-alvo
Preparação da próxima                    Definição
  edição do programa                   dos objetivos

Avaliação dos        Programa           Definição
  resultados       de incentivo        das metas
                   às vendas
                   para canais
                    indiretos
Implementação e                        Escolha dos
manutenção do programa                   prêmios
                    Definição
                    das regras
```

O QUE MOTIVA OS PARTICIPANTES DO PROGRAMA DE INCENTIVOS?

Antes de começar a rabiscar o que seria um programa de incentivos, o fabricante deve tentar entender como os participantes do seu futuro programa se motivam. Isso é fundamental, pois cada pessoa (ou cada funcionário, extrapolando para o ambiente corporativo) se energiza de maneira diferente. Descobrir o que motiva os vendedores dos *partners* é a chave para extrair o máximo deles.

É crucial fazer essa análise antes de definir o tipo de programa, bem como escolher as premiações que serão oferecidas. Uma boa ideia seria fazer uma rápida pesquisa, talvez por e-mail ou pelo *Partner Portal*, com os potenciais participantes do futuro programa de incentivos, pedindo *insights* de quais as melhores formas de motivá-los e recompensá-los. Leia mais sobre o *Partner Portal* no capítulo 11.

"Os vendedores dos canais já ganham comissão, por que precisam de mais incentivos?"

Boa pergunta! Mas aqui existe uma diferença conceitual importante, da qual todos precisam estar cientes. Estamos falando de duas coisas bem diferentes. Além de terem objetivos distintos, as comissões e os incentivos produzem um impacto psicológico específico nos contemplados.

As comissões, que sempre são pagas em dinheiro, fazem parte do salário (do pacote de remuneração) do vendedor. De acordo com as regras inerentes de cada empresa, elas representam certa porcentagem do salário do profissional e estão atreladas diretamente ao atingimento das metas de vendas. Ou seja, as comissões são salário, e não incentivo. No caso dos canais indiretos, os critérios de pagamento são definidos pelos seus próprios diretores, e o fabricante não tem nenhuma interferência nisso.

Já os programas de incentivo, que podem oferecer prêmios em dinheiro ou em "experiências" (jantares, ingressos de teatro, shows, viagens, entre outras), têm o objetivo de elevar o rendimento dos vendedores em alguns degraus, quebrar a rotina, ir além. Até porque os incentivos às vendas devem estimular e premiar uma variedade de comportamentos, e não somente o tradicional cumprimento da meta de vendas.

Oferecer aos vendedores dos *partners* um bom programa de incentivos, combinado com as comissões que já são pagas pelos próprios parceiros, pode proporcionar ao fabricante maior rentabilidade, um ecossistema de canais mais motivado e um processo de vendas mais eficiente.

"Os canais já têm um programa de incentivos, então não preciso me preocupar com isso"

Errado. Não podemos nos esquecer de que os canais indiretos são empresas independentes, sem nenhuma relação de subordinação ao fabricante que representam. O programa de incentivo às vendas que o canal já oferece aos seus funcionários, portanto, está baseado nos objetivos da própria empresa (canal), e não necessariamente alinhado com os interesses do fabricante que trabalha com esse parceiro.

É tarefa do gerente de canais conhecer o programa de incentivos dos seus *partners* e, na medida do possível, tentar complementá-lo de acordo com os interesses do fabricante. Conforme o nível de abertura que ele tenha com seus parceiros, deve orientá-los de modo a fazer com que o programa de incentivos deles seja compatível com os interesses da parceria.

PÚBLICO-ALVO

Como primeiro passo, é importante definir quais os canais e quais os profissionais desses *partners* que estarão elegíveis a participar do programa de incentivo às vendas.

Alguém dirá: "Isso é moleza, todos os meus canais vão participar".

Cuidado! Em se tratando de vendas indiretas, quase nada é tão simples assim. Vejamos...

Normalmente o fabricante tem uma lista bem variada de canais indiretos representando sua marca, e seu programa de canais contém aquela famosa classificação *platinum*, *gold* e *silver*. Conforme já estudamos no capítulo 4, essa segmentação separa aqueles canais com melhor desempenho, e que consequentemente trazem maior retorno para a marca, daqueles que ainda estão um passo atrás. É possível que alguns desses canais indiretos estejam completamente engajados com o *vendor* e gerando bons resultados, outros têm um potencial enorme, mas por alguma razão ainda não decolaram, e outros não têm demonstrado tanto interesse na parceria.

Bem, será que um único programa de incentivos é capaz de endereçar as necessidades específicas dessa grande variedade de perfis?

Creio que não. Como toda iniciativa de marketing, um programa de incentivo às vendas funciona melhor quando tem um foco claro e preciso. Portanto, em vez de colocar todo mundo no mesmo balaio, é recomendável que o fabricante selecione de quais perfis de canais ele quer potencializar a *performance* por meio do programa.

Uma sugestão, dentre as muitas possíveis, é atrelar a participação dos *partners* ao seu status dentro do programa de canais. Por exemplo: "Somente os profissionais dos canais *platinum* e *gold* são elegíveis a participar do programa de incentivos". Essa regra pode incentivar os parceiros *silver* a se esforçarem para subir de status o quanto antes, a fim de se tornarem elegíveis ao programa, ao mesmo tempo que premia os canais *platinum* e *gold* pelos bons resultados que vêm obtendo.

A venda não é feita somente pelos vendedores

Quando pensamos em elaborar um programa de incentivo às vendas, logo pensamos nos vendedores (os famosos gerentes de contas, executivos de vendas ou alguma outra variação de nome). Ou seja, aqueles profissionais que estão na linha de frente do negócio, em contato direto com os clientes finais (os responsáveis pelo fechamento do negócio).

Mas você há de concordar comigo que o processo de vendas envolve uma série de outros profissionais, igualmente importantes para a concretização dos negócios. Quer um exemplo? Pense no engenheiro de pré-vendas.

O engenheiro de pré-vendas (também conhecido como *sales engineer*, *systems engineer*, ou simplesmente pelas iniciais *SE*) tem um papel fundamental no processo de vendas. Ele é responsável pelas especificações do projeto, pelo design, pelas apresentações mais técnicas, pela coordenação de demonstrações ("demos"), pela defesa da marca frente aos concorrentes, entre outras tarefas. Ele é muito exigido e normalmente colabora muito na hora de colocar a mão na massa. Grande parte das vendas que são fechadas têm um final feliz justamente em função de um trabalho de pré-vendas bem executado.

Dito isso, eu te faço a seguinte pergunta: por que grande parte dos programas de incentivo lançados no nosso mercado não contempla esses profissionais? Por que a maioria dos programas inclui somente os gerentes de contas?

Quando se produz um programa de incentivo às vendas para os canais indiretos, a criatividade é o limite (e o orçamento também, infelizmente...). O fabricante pode lançar um programa mais restrito, somente para os gerentes de contas e para os profissionais de pré-vendas, mas também pode criar algo mais abrangente, que inclua os responsáveis pelo marketing, por suporte às vendas, o pessoal de *sales operations* e outros profissionais que colaboram diretamente para a concretização das vendas. Nesse caso, deverá tomar um cuidado especial com a definição das metas, pois elas deverão ser customizadas para cada tipo de função (conforme veremos na sequência deste capítulo). Caso contrário, nem todos os profissionais se sentirão motivados a participar do programa.

Com a finalidade de facilitar a escrita, vou utilizar a partir de agora simplesmente o termo "vendedor" para me referir a todos os participantes do programa de incentivo às vendas. Fica subentendido, então, que vários tipos de profissionais dos *partners* estão inseridos nesse conceito de "vendedor".

Um programa para pessoas físicas, jurídicas ou ambas?

Talvez não seja novidade para você, mas nunca é demais lembrar. Os programas de incentivo podem ter como objetivo a premiação dos profissionais dos canais indiretos (pessoas físicas), mas também podem ter como meta recompensar os próprios canais enquanto empresas (pessoas jurídicas).

Um não exclui o outro, e, se houver *budget* para tal, recomendo que ambas as opções sejam adotadas simultaneamente. Dessa maneira, os donos (ou sócios) dos parceiros estarão mais engajados e dando suporte às atividades realizadas pelos seus funcionários.

O fabricante não deve esquecer que, como já comentei algumas vezes neste livro, os canais indiretos são empresas independentes, que possuem seus próprios interesses e objetivos de negócio. Portanto, nada melhor do que garantir a motivação e o respaldo de quem define esses objetivos (alinhamento executivo).

Raio X dos participantes

Depois que o *vendor* definir quais os *partners* que estão aptos a participar do seu programa e quais os funcionários desses parceiros que são elegíveis, chegou a hora de traçar um raio X completo do seu público-alvo. É o momento de descobrir os famosos "dados demográficos".

Essa parte é um pouco "chatinha", mas tem uma importância tremenda. Começando pelos funcionários dos seus canais indiretos, o fabricante deve fazer um levantamento completo do perfil desse pessoal, incluindo faixa etária, sexo, estado civil, se têm filhos, onde vivem, quais seus gostos fora do trabalho, entre outras questões. Se for possível (e permitido), vale a pena inclusive descobrir qual a renda média mensal do grupo. Todas essas informações serão importantes na hora de definir as regras, o tipo de programa, a melhor forma de comunicação e, principalmente, estipular as premiações.

Com relação aos canais (enquanto empresas), é importante que o *vendor* investigue o número de funcionários, quanto faturam, qual a porcentagem que as vendas do seu produto representam no faturamento total, tempo de parceria com sua empresa, em quais cidades estão localizados, entre outras informações.

Com certeza alguém dirá: "Mas será que vale a pena perder tempo com esse levantamento de dados?".

Vale, sim, e muito! A intenção do fabricante é que o público-alvo abrace seu programa e o engajamento seja maciço, correto? Então tem que elaborar um programa de incentivos que esteja alinhado aos interesses e aos objetivos desse pessoal.

OS OBJETIVOS DO PROGRAMA

Um dos passos mais importantes na criação do programa de incentivos para canais indiretos é a definição dos seus objetivos. Essa é a etapa em que devem ser determinadas as tarefas, que, quando cumpridas, proporcionarão prêmios aos participantes. Os objetivos do programa devem estar em sintonia com os objetivos do fabricante durante o período de validade do programa de incentivos.

Alguém dirá: "Isso é simples, o objetivo é vender mais!".

Concordo. Talvez esse seja o objetivo principal em 100% dos programas de incentivo às vendas. No entanto, podem (e devem) existir "objetivos complementares", que quando atingidos, colaboram para o cumprimento do "objetivo principal", que é vender mais. Isso inclui a definição de recompensas por boas práticas em vendas, que são os comportamentos desejáveis para que o vendedor esteja mais bem preparado para exercer suas funções. Alguns exemplos desses comportamentos são a participação em treinamentos, programas de certificação, qualificação e seguimento de *leads*, elaboração de relatórios de vendas, entre outros.

Vale a pena pensar num programa de incentivos que ajude todos os participantes a melhorar seu rendimento. Um programa que possa tornar cada vendedor dos canais indiretos "a melhor versão de si mesmo". Uma boa maneira de fazer isso é por meio da definição de objetivos complementares que todos estejam aptos a atingir, como aqueles atrelados às certificações (treinamentos) e ao cumprimento de processos. Criar objetivos que não sejam somente relacionados com fechamento de vendas auxilia os vendedores com menor desempenho comercial, mantém esses profissionais engajados e os ajuda a se tornarem melhores vendedores.

Para definir esses objetivos complementares, o fabricante precisa fazer uma análise de quais atributos, recursos, habilidades estão faltando aos vendedores de seus canais indiretos e que deseja incentivar. Tudo isso alinhado aos objetivos da empresa e visando, como resultado, ao aumento das vendas.

ACONTECEU COMIGO

Em um dos fabricantes com que trabalhei, quando estávamos criando o programa de incentivos para nossos canais indiretos, definimos três objetivos complementares, de acordo com o momento que estávamos vivendo.

1. **Registro de oportunidades:** nosso programa de canais estava completando um ano de existência, e as revendas não estavam aderindo ao formato de registro de oportunidades que elaboramos. Em nosso ponto de vista, era fundamental o registro para que, como fabricante, pudéssemos manter controle sobre as oportunidades que estavam sendo trabalhadas. Para tentar estimular esse processo, colocamos no programa de incentivos uma pontuação para todos os registros que fossem enviados dentro da nossa regra. Isso gerou como resultado um aumento significativo na quantidade de registros enviados, e nos ajudou bastante na gestão das oportunidades e no controle do conflito de canais.
2. **Treinamento:** grande parte da força de vendas dos nossos canais indiretos era nova, e muitos não estavam totalmente familiarizados com nossos produtos. Sabemos que, quando o vendedor não está confortável com o produto, ele simplesmente não o apresenta aos seus clientes. Pois bem, fizemos uma divulgação maciça da nossa plataforma de treinamento online, escolhemos os cursos mais importantes e atribuímos uma pontuação para cada curso completado com sucesso. Essa iniciativa aumentou consideravelmente a *expertise* da nossa força de vendas indiretas.
3. **Casos de sucesso:** a matriz da empresa, nos Estados Unidos, nos cobrava insistentemente a elaboração e a divulgação de casos de sucesso de nossos clientes aqui no Brasil. E nós tínhamos uma enorme dificuldade em cumprir essa

> tarefa, e grande parte em razão da falta de engajamento dos vendedores dos canais indiretos (eles estavam mais preocupados em vender do que em conseguir autorização dos clientes para elaboração de *cases*; não os culpo por isso). Como essa era uma atividade importante para nós, também inserimos uma pontuação para o vendedor que conseguisse autorização do seu cliente e fizesse a intermediação para nossa equipe preparar o *case*.

Atenção com os produtos "queridinhos"

Quando o fabricante decide incluir como objetivo do seu programa de incentivos a promoção de um produto ou de uma linha de produtos específica (oferecendo prêmios pela venda desse produto), automaticamente ele se transformará no "queridinho" dos seus canais. Se os prêmios forem bons e as metas coerentes, os vendedores "farão de tudo" para comercializar o tal produto.

"E isso não é bom?", alguém perguntará.

Sim, é ótimo. Mas a equipe do fabricante tem que tomar cuidado para que os parceiros não se esqueçam dos demais produtos. E, mais importante, que não estejam forçando o produto "queridinho" erroneamente no lugar de outros mais apropriados, os quais não dão direito a prêmios. Olho vivo!

Alternância de objetivos

O fabricante deve ser criativo para não tornar seus programas de incentivo sempre mais do mesmo. Isso poderia desmotivar os participantes. É importante alternar tanto os objetivos como o tipo de programa. Por exemplo, se no programa do semestre passado o *vendor* premiou o vendedor que fechou mais negócios de uma linha de produtos específica, no semestre seguinte convém mudar a linha de produtos a ser contemplada, ou então premiar o vendedor que fizer mais demos desse produto. Essa alternância de estilos traz um frescor ao programa e aumenta o engajamento.

AS METAS

Depois de estabelecidos os objetivos do seu programa de incentivo às vendas, chegou a hora de transformar esses objetivos em metas. Essas metas serão perseguidas pelos participantes em busca dos prêmios oferecidos pelo programa. Por exemplo, se o fabricante definir que o aumento do número de profissionais certificados será um dos objetivos do programa, terá que estipular quantas e quais as certificações que os participantes precisarão cumprir para ganhar prêmios, ou pontos.

É fundamental ser ponderado na hora de definir as metas do programa. Claro que elas não podem ser muito fáceis. Nesse caso, o fabricante teria que premiar todo mundo, e o programa ficaria sem graça. Com certeza deve haver um grau de desafio para que o programa valha a pena. No entanto, se o *vendor* "subir muito a barra" e criar metas quase impossíveis de serem alcançadas, os vendedores dos seus parceiros vão se sentir desanimados logo de cara, e o engajamento será pequeno. Nem tanto ao mar, nem tanto à terra...

Essa calibração das metas talvez seja a atividade central no momento da criação do programa de incentivos. A melhor maneira de "acertar na mosca" é basear-se em dados históricos, nas estatísticas coletadas nos períodos anteriores e em programas de incentivo já realizados. Também é crucial estar alinhado com o que a empresa espera obter de crescimento com o programa.

OS PRÊMIOS

Antes de começar a pensar nos prêmios que serão oferecidos aos participantes que atingirem as metas, é importante que o fabricante saiba quanto terá à sua disposição para gastar com isso, ou seja, o orçamento (*budget*) do seu programa.

Muitos *vendors* desistem de lançar um programa de incentivo por acharem que se trata de algo muito caro. Acreditam que seja necessário um montante de dinheiro que a empresa não tem condições de investir naquele momento. Estão enganados!

Vale reforçar aqui, que os vendedores são competitivos por natureza e não precisam de uma viagem à Austrália ou de uma Ferrari para se sentirem desafiados e engajados. Na maioria das vezes, um prêmio relativamente barato, bem escolhido, criativo e atrativo, cumpre bem esse papel.

De maneira genérica, um bom programa de incentivos pode ter um bom nível de engajamento dos participantes e, como consequência, gerar um aumento das vendas, com um custo (para compra dos prêmios) de 1% a 3% do faturamento do período em que o programa estiver em vigor. Não me parece um montante absurdo, principalmente se levarmos em conta todos os benefícios que um bom programa de incentivos pode proporcionar para a parceria entre fabricante e seus canais indiretos.

E se o próprio participante puder escolher seu prêmio?

Escolher presente para os outros é complicado. Eu sempre tive essa dificuldade na vida pessoal. "Será que ele vai gostar? Será que vai servir? Será que ela já tem?" Imagine então a dificuldade de escolher um presente (prêmio) que seja bacana o suficiente para fazer com que alguém se motive a lutar para conquistá-lo. Complicado...

Mas, calma, existe uma saída honrosa para isso.

Sempre que possível, o *vendor* deve dar ao participante a possibilidade de escolher seu próprio prêmio. Ou, pelo menos, dar a ele mais do que uma opção. Por exemplo, ao divulgar as regras do programa, pode-se estipular como prêmio "um jantar com direito a acompanhante no restaurante que o vencedor escolher". Assim, o fabricante não corre o risco de escolher um restaurante japonês para alguém que não goste desse tipo de comida. Ou, então, algo ainda mais amplo como "o ganhador terá direito a escolher entre um jantar em qualquer restaurante da cidade, um par de ingressos para qualquer peça de teatro que esteja em cartaz ou um dia num *spa*". Quanto mais o prêmio se aproximar do gosto do participante, maior a possibilidade de engajamento.

"Quem quer dinheiro?"

Silvio Santos já provou em seus programas de televisão que todo mundo quer dinheiro. Mas, em se tratando de um programa de incentivo às vendas para canais indiretos, será que o melhor modo de premiar é com dinheiro vivo ou com algum outro tipo de presente, como as famosas "experiências"? Esse é um tema controverso, com muitos pontos de vista diferentes. Vou logo dar minha opinião pessoal: prefiro as recompensas em "experiências" e vou explicar o porquê.

Se o fabricante der um valor em dinheiro como prêmio, o premiado vai acabar usando essa quantia para as despesas normais do dia a dia. Ou então, dependendo do montante, vai colocar no banco, numa aplicação financeira. O prêmio em dinheiro não se converte em algo marcante.

Mas, por outro lado, se ele for presenteado, por exemplo, com um par de ingressos para um show ou com um jantar no melhor restaurante da cidade, ele sempre irá se lembrar desse acontecimento e irá contar para os amigos com orgulho, quando o assunto surgir numa conversa:

"Em 2018 fui ver um show do Phil Collins em São Paulo. Foi um prêmio de um dos fabricantes com quem trabalho, por causa do meu bom desempenho profissional. Um show inesquecível!".

"Eu tive a oportunidade de conhecer o restaurante XYZ. É sensacional! Foi um prêmio que recebi por ter atingido a meta de vendas".

Por esse motivo, prefiro os prêmios em experiências nos programas que desenvolvo. Mas, como sempre, estou aberto às opiniões diferentes.

O poder do elogio

Elogio faz um bem danado... pena que muitos gestores não sabem disso. Ou, se sabem, não aplicam.

Isso não é conversa fiada, é sério. Os psicólogos costumam dizer que o reforço positivo (ou *feedback* positivo) funciona melhor que a punição para educar e motivar. Segundo os especialistas, elogiar desencadeia uma série de substâncias do prazer, da alegria e da satisfação na corrente sanguínea de quem o recebe, gerando, por consequência, mais autoestima.

O profissional elogiado fará um pouco melhor e dará um algo a mais para, na próxima vez, receber outro elogio.

"Elogie em público, critique em particular"

Não sei a origem nem o autor, mas concordo 100% com essa frase.

Um elogio público pode potencializar os efeitos positivos da ação de elogiar. Muitas vezes, ter a oportunidade de subir num palco em frente a uma plateia de colegas e apertar a mão do presidente do fabricante é tão importante para os vendedores dos seus canais indiretos como o valor financeiro recebido por outro prêmio qualquer. E o melhor de tudo: promover esse aperto de mão é grátis, não custa nada.

Mas se não for possível agendar esse encontro, que tal um bilhete escrito à mão, ou até um e-mail do presidente parabenizando o participante a ser reconhecido? Ou, então, publicar o nome dos vencedores no site ou na *newsletter* do fabricante? Pode parecer bobagem, mas não é.

Sobre a segunda metade da frase, acho que nem é necessário comentar aqui, certo? Em todo caso, aí vai um reforço: críticas devem sempre ser feitas em particular. E sempre com muito tato. Apesar de todos saberem disso, ainda tem gente (muitos chefes e gente do alto escalão) que apela e submete seus subordinados e outros colegas da empresa (e dos *partners*) ao constrangimento de uma crítica com mais pessoas presentes. Que vergonha desse pessoal...

Dinheiro, experiência ou elogio: um estudo científico

Para você não ficar pensando que essa história de elogio é papo furado, saiba que existem até pesquisas científicas que se dedicam a estudar esse fenômeno, em comparação com outras formas de reconhecimento. Na sequência apresento os resultados de uma delas, apenas a título de ilustração.

Jeffrey Scott, professor da Universidade de Chicago, desenvolveu um trabalho científico para tentar determinar o que mais motivava os funcionários da própria universidade a realizar seu trabalho com mais rapidez e eficiência. No experimento, foram oferecidos prêmios em dinheiro, em experiências e reconhecimento verbal (elogios), para três grupos diferentes. Esses três grupos tiveram seu desempenho monitorado durante um determinado tempo.

Resultado: o grupo que recebeu prêmios em dinheiro teve desempenho 14% melhor que o grupo que recebeu elogios verbais. Já o grupo que recebeu prêmios baseados em experiências teve *performance* 38% melhor do que o grupo que recebeu elogios verbais.

Conclusão do experimento: a julgar pela diferença de rendimento (*performance*) desses três grupos, os funcionários dessa universidade se motivam mais quando recebem prêmios baseados em experiências. Em segundo lugar, a preferência é pelos prêmios em dinheiro. E, finalmente, o grupo que ficou menos motivado e melhorou menos o seu desempenho foi aquele que recebeu reconhecimento na forma de elogios.

Esse é apenas um trabalho científico dentre tantos outros. Ele foi feito num ambiente restrito aos funcionários de uma universidade nos Estados Unidos, e obviamente os resultados não podem ser generalizados e tomados como regra. Porém serve como reflexão e exemplo sobre a importância de considerar essas três formas de reconhecimento – dinheiro, experiência e elogios – de maneira combinada, quando o fabricante pensar de forma mais ampla sobre motivação de funcionários.

Rapidez para premiar

Quando você ganha um prêmio, você quer recebê-lo o quanto antes, certo? Então por que o *vendor* haveria de criar um programa de incentivos que demora para entregar as recompensas aos profissionais premiados?

O raciocínio é simples: Quanto mais rápido o fabricante for para premiar, mais motivado ficará o participante do programa para vender ainda mais e ganhar mais prêmios. Ganhou -> Recebeu.

O inverso é totalmente verdadeiro. Se houver muita demora e burocracia para a entrega dos prêmios, o ganhador ficará desmotivado e se engajará menos ao programa.

Sete prêmios legais e baratos!

Apenas para "não dizer que não falei das flores", vou listar sete exemplos de prêmios interessantes que qualquer fabricante pode adotar em seu próximo programa de incentivos.

Importante: o *vendor* deve obedecer sempre às regras de sua empresa e à legislação local na hora de pensar nos presentes que serão oferecidos. Existem muitas empresas que não permitem prêmios em dinheiro (nem dar, nem receber), nem sequer os vale-presente, pois eles são considerados uma forma alternativa de dinheiro. Há também empresas que não permitem recompensas que ofereçam qualquer tipo de risco, como passeios de balão, *test-drives* de carros esportivos, entre outras. Na sequência, são listadas algumas opções:

1. dia de folga com direito a um relaxante *spa day*;
2. visita ao centro de treinamentos de seu time do coração;
3. par de ingressos (de camarote) para um show musical;
4. almoço/jantar num restaurante badalado da cidade;
5. fim de semana, com acompanhante, num belíssimo hotel-fazenda;

6. *happy hour* com os colegas de empresa;
7. um curso (de acordo com os interesses da pessoa premiada).

Algo que ajuda muito é contratar uma empresa especializada em recompensas. Existem várias que se dedicam exclusivamente a essa atividade e, com certeza, saberão orientar o fabricante na escolha do melhor prêmio, de acordo com seu bolso e com o perfil dos participantes do seu programa de incentivos.

AS REGRAS

Agora que já falamos bastante sobre os prêmios, podemos começar a estudar a parte que eu mais gosto: as regras.

Escrever as regras do programa de incentivo às vendas é algo que requer criatividade, atenção e 100% de alinhamento aos objetivos do programa. Nesta seção, vou falar um pouco sobre os tipos mais comuns de programas, suas vantagens e desvantagens. Mas antes é necessário dedicar algumas palavras a um quesito que deve estar presente em qualquer tipo de programa de incentivos: simplicidade.

Ouvi de uma colega, já faz algum tempo, que "os vendedores são como a eletricidade: sempre seguem o caminho de menor resistência". Em outras palavras, os vendedores buscam simplicidade e facilidade para executar seu trabalho.

Sendo assim, tenho uma má notícia para você, caro amigo fabricante: se você criar um programa de incentivo às vendas que não seja suficientemente fácil de entender, seguir e ser recompensado, os vendedores dos seus canais indiretos não vão dar a menor bola para ele. Deve-se fugir de regras complexas, criar maneiras simples de pontuar (atingir as metas) e acompanhar os resultados, e manter os participantes do programa sempre bem informados sobre o andamento.

Uma dica para a criação de programas simples é focar em alguns poucos produtos (ou linhas de produtos) que a empresa queira promover durante um período específico. No período seguinte, o foco pode ser alterado para outros produtos, e assim sucessivamente.

Cuidado com os programas importados

Aqui vai um recado importante para meus colegas que trabalham em fabricantes multinacionais e representam essas marcas estrangeiras no nosso país: nem sempre os programas de incentivo que fazem sentido lá podem ser aplicados da mesma forma e com os mesmos resultados aqui.

É muito comum que a matriz envie os programas prontos para as filiais, esperando uma replicação *ipsis litteris* das suas regras. Mas nem sempre isso dá bons resultados. É importante que o gerente de canais e demais responsáveis pela criação do programa local avaliem com muito critério se as mesmas regras podem simplesmente ser replicadas. Arrisco a dizer que, na grande maioria dos casos, adaptações são necessárias. Cada mercado possui suas especificidades, que devem ser respeitadas ao criarmos um programa de incentivos.

ACONTECEU COMIGO

Numa das empresas em que trabalhei, uma multinacional estrangeira, recebíamos trimestralmente um programa de *bundles* de produtos com descontos especiais, válidos somente para aquele trimestre. Esse "pacote" vinha prontinho da matriz, e os gerentes de marketing de lá esperavam que a gente replicasse os mesmos *bundles* e descontos aqui.

Obedecemos a essa determinação por uma ou duas vezes, e não foi difícil concluir que simplesmente não funcionava: os *bundles* que faziam sentido lá não se aplicavam ao nosso mercado, e os descontos oferecidos tampouco.

Foi uma briga dura, mas, com um forte apoio executivo local, conseguimos autorização para adaptar tanto os *bundles* como os respectivos descontos, logicamente passando pela aprovação da matriz antes de colocá-los em vigor. Os resultados foram ótimos (para a nossa sorte e para a manutenção dos nossos empregos...).

OS TIPOS MAIS COMUNS — PARTE 1: OS VENDEDORES

Como comentei anteriormente, existem programas de incentivo destinados aos vendedores dos parceiros, e existem também os programas focados nos canais enquanto empresas. Vou abordar essas duas formas, começando pelos programas mais comuns para os vendedores (pessoas físicas).

Só os primeiros ganham

Essa modalidade de programa de incentivos tem uma vantagem muito importante sobre as demais: o fabricante sabe com antecedência exatamente quanto o programa vai custar. A seguir, destaco dois exemplos apenas a título de ilustração.

- "Os primeiros cinco vendedores dos canais indiretos que venderem duas unidades do produto XYZ no terceiro trimestre ganharão um aparelho celular modelo XPTO." O custo desse programa será, no máximo, o equivalente a cinco vezes o custo de aquisição do aparelho celular modelo XPTO, pois existe a certeza de que não haverá mais do que cinco vencedores.
- "Os dois primeiros vendedores dos canais indiretos que atingirem US$ 100 mil em vendas no segundo semestre ganharão uma TV de 60 polegadas." O custo desse programa será, no máximo, o equivalente a duas vezes o custo de compra da TV de 60 polegadas.

Uma desvantagem desse tipo de programa é que, se o número máximo de participantes premiados é atingido logo no começo do período de validade do programa, obviamente o ânimo e o engajamento no tempo restante diminuem. No primeiro exemplo acima, supondo que os cinco vendedores sejam premiados logo no início do terceiro trimestre, no restante do período não haverá nenhum programa de incentivos em andamento.

Todos que atingirem a meta ganham

O grande atrativo desse tipo de programa, quando comparado ao anterior, é que pode premiar mais participantes, aumentando o engajamento. A maior desvantagem para o fabricante é que ele não saberá ao certo, com antecedência, quanto o programa irá lhe custar. O *vendor* terá que se basear em projeções e estimativas de vendas, que podem ser feitas a partir das estatísticas de períodos anteriores, para tentar antever os custos do programa. Os mesmos exemplos do item anterior poderiam ser adaptados para essa modalidade, conforme o seguinte:

- todos os vendedores dos canais indiretos que venderem duas unidades do produto XYZ no terceiro trimestre ganharão um aparelho celular modelo XPTO;
- todos os vendedores dos canais indiretos que atingirem US$ 100 mil em vendas no segundo semestre ganharão uma TV de 60 polegadas.

Tomando este último caso, e supondo que o fabricante trabalhe com um universo de cinquenta vendedores, somando todos os seus canais indiretos que participam do programa, não se sabe se o custo total será equivalente a uma, dez ou cinquenta TVs de 60 polegadas. Em contrapartida, independentemente do número de vendedores premiados durante o segundo semestre, o programa permanecerá ativo, até o último dia, para os concorrentes que ainda não foram premiados.

Baseado em acúmulo de pontos

Esse tipo de programa propicia o reconhecimento pela execução de vários tipos de tarefas, desde as mais simples, baseadas em comportamentos, até as grandes vendas. Fazendo uma analogia com os planos de milhagem das empresas aéreas, os vendedores dos canais indiretos terão uma lista de metas que, quando atingidas, darão direito ao acúmulo de pontos do programa.

As metas devem ser estabelecidas de modo que as mais fáceis deem direito a um menor número de pontos e as mais complexas sejam recompensadas com pontuação maior. Essa medida de "fácil" e "difícil" deve estar alinhada aos objetivos do fabricante para o período de execução do programa. Normalmente o fechamento de vendas dá direito a uma pontuação maior do que os "objetivos complementares", como conclusão de treinamentos e envio de registros de oportunidade.

A calibragem da pontuação, ou seja, a definição de quantos pontos vale cada meta, é um dos itens mais sensíveis da elaboração do programa. Antes de lançá-lo, o fabricante deve fazer várias simulações para evitar que situações indesejadas aconteçam. Por exemplo, o vendedor que concluiu alguns cursos, mas não fechou nenhuma venda, não deveria (em tese) receber o mesmo número de pontos que um vendedor que não fez nenhum treinamento, mas fechou a maior venda do ano.

Uma das maiores vantagens desse tipo de programa é que pode premiar um grande número de participantes. No catálogo de recompensas, os vendedores com pontuação pequena terão direito a um prêmio menor (quase que simbólico), enquanto os vendedores com grandes pontuações trocarão seus pontos pelos presentes mais desejados.

Outra característica marcante dessa modalidade de programa de incentivos é que o próprio participante decide, de acordo com os pontos de que dispõe, a data de expiração desses pontos e dos prêmios disponíveis no catálogo, quando fará a troca de seus pontos por prêmios. Se o participante já tem pontos suficientes para trocá-los por um par de tênis, mas prefere tentar acumular um pouco mais para poder trocar por um aparelho celular, fica a seu próprio critério.

SPIFFs

Um tipo de programa muito rápido de ser colocado em prática, e que requer pouquíssimo esforço de administração, são os *Special Promotional Incentive Factory Funds* (SPIFFs). Normalmente, eles são usados para canalizar a atenção dos vendedores dos canais indiretos para um produto, ou uma linha específica de produtos. Também são muito úteis quando os canais indiretos representam outras marcas concorrentes. Um exemplo típico de SPIFF poderia ser: "A partir de hoje e nos próximos noventa dias, o fabricante pagará um bônus de US$ 50 para cada unidade do produto ABCD que os vendedores dos parceiros venderem".

A desvantagem do SPIFF é que também se trata de um tipo de programa em que todos que atingirem a meta ganham, ou seja, fica difícil prever com exatidão o custo final do programa. Conforme já comentado anteriormente, a estimativa de custos deve ser feita por meio das estatísticas de períodos anteriores e das projeções de vendas para o prazo de validade do programa.

OS TIPOS MAIS COMUNS — PARTE 2: OS CANAIS

Agora que já sabemos os tipos mais comuns para os vendedores dos parceiros, vamos aproveitar para estudar sobre alguns tipos de programas de incentivo destinados aos canais enquanto empresas (pessoas jurídicas). Em outras palavras, são incentivos que, em vez de serem destinados a um ou outro funcionário dos parceiros, podem beneficiar ao mesmo tempo essas empresas como um todo.

Descontos ou condições especiais

O raciocínio, do ponto de vista do fabricante, é simples: "Se eu der mais desconto, vou vender mais". Embora muitas vezes esse pensamento possa não estar 100% correto, oferecer um desconto especial para todos os produtos, ou para algum em particular, pode chamar a atenção dos principais dirigentes dos canais e, consequentemente, com uma venda na teoria mais fácil, animar seus vendedores.

De maneira análoga, oferecer um prazo maior de pagamento pode surtir o mesmo efeito. Por exemplo, o *partner* que deve, por contrato, pagar o fabricante em trinta dias a partir da data de venda passa a ter esse prazo ampliado para sessenta dias.

É importante que esse tipo de oferta seja limitado a um prazo curto e predefinido, para que os resultados sejam mais consistentes.

Rebates

Os *rebates*, que podem ser traduzidos para o português como "restituições", são uma ferramenta de incentivo utilizada para atrair a atenção dos canais indiretos, motivando-os a cumprir e a exceder suas metas de vendas.

Normalmente eles são utilizados da seguinte maneira: os *partners* que atingem sua meta de vendas com o fabricante, ou que excedem essa meta em X% (a depender das regras de cada *vendor*), têm direito a receber, a título de restituição, determinada porcentagem do valor total vendido (2%, por exemplo).

Esse montante é pago em dinheiro e geralmente não está condicionado a nenhuma utilização específica por parte dos parceiros. Ou seja, em teoria os canais podem usar esse cheque da forma como bem entenderem. No entanto, cabe ao gerente de canais exercer sua influência para incentivá-los a usar esse valor extra em ações de fomento da parceria, como em treinamento para seus funcionários, compra de equipamentos para seu laboratório/*showroom* ou em outras ações de promoção da marca que lhes proporcionou essa quantia adicional.

Co-op funds

Traduzidos livremente para o português como "verba de marketing cooperado", trata-se de reservar uma porcentagem do total de vendas dos canais indiretos para futuras atividades conjuntas de marketing.

Tipicamente, o fabricante destina porcentagens diferentes de acordo com o nível de vendas de cada *partner*. Normalmente estes percentuais são previamente definidos no programa de canais e fazem parte dos tradicionais diferenciadores dos níveis *silver*, *gold* e *platinum*, conforme vimos no capítulo 4. Os canais *platinum* têm direito a uma porcentagem maior que a dos canais *gold*, que por sua vez recebem uma fração maior que os parceiros *silver*.

É muito importante que o fabricante especifique muito bem, nas regras de seu programa de canais, quais as atividades em que essa verba pode ser alocada. Isso evita que os *partners* usem esse dinheiro para algo que não seja de interesse da parceria. As atividades mais comuns são as relacionadas aos eventos conjuntos de promoção da marca e publicidade, porém o fabricante pode incluir outras atividades, de acordo com os interesses em comum de ambas as empresas.

IMPLEMENTAÇÃO E MANUTENÇÃO DO PROGRAMA

Ufaaa... você não imaginava que criar um programa de incentivo às vendas para os canais indiretos desse tanto trabalho. Quantos detalhes importantes que devem ser levados em conta! Mas finalmente, depois de muito esforço, o programa está pronto para ser lançado. Agora é só ficar "de boa" esperando os resultados...

Engano seu! Ainda tem muito trabalho pela frente. Para garantir que o resultado seja um sucesso, o fabricante deve prestar muita atenção no lançamento do programa e no andamento das atividades. É necessária monitoração constante. Trabalho de formiguinha, dia após dia, para poder comemorar no final. Vale a pena prestar atenção nas dicas a seguir para não jogar toda essa trabalheira por água abaixo.

Treinar os participantes

O fabricante não pode esquecer que o programa de incentivo às vendas tem como público-alvo os vendedores de seus canais indiretos. Se esse pessoal não entender o programa, ou não estiver convencido de que é uma boa ideia aderir a ele, o programa não irá prosperar. Portanto, a primeira "venda" que deve ser feita em qualquer programa de incentivos é aos seus próprios participantes. Se eles não comprarem a ideia do fabricante, nada feito.

Essa venda é feita por meio de boa informação: um belíssimo treinamento inicial para ensinar aos participantes todas as regras do programa e convencê-los a se engajar. Se o orçamento permitir, é uma excelente ideia promover um evento de lançamento para reunir todos os potenciais participantes a fim de conhecerem o programa. Um café da manhã, por exemplo. Mas, se a grana estiver curta, um *webinar* também pode funcionar.

É importante que a equipe do fabricante prepare um material escrito que contenha, de maneira didática e com vários exemplos, todas as regras do programa de incentivos. Também é crucial manter um canal sempre aberto para perguntas e respostas (um tira-dúvidas). As respostas devem ser publicadas para que todos os participantes possam acessá-las. Pode ser criada uma área especial no *Partner Portal* para esse fim (veja todos os detalhes sobre o *Partner Portal* no capítulo 11).

O *vendor* deve ter em mente que seu programa vai competir com os das outras marcas que seus parceiros representam. Portanto, deve enfatizar muito bem os diferenciais do seu programa, para que ele seja bem-aceito e tenha a preferência dos seus *partners*.

Comunicação constante

Os participantes do programa de incentivos devem receber atualizações regulares sobre o andamento do programa. E-mails, podcasts, anúncios no *Partner Portal*, enfim, qualquer maneira de mantê-los bem informados e engajados vale a pena.

É uma boa oportunidade para o fabricante tentar, na medida do possível, individualizar a comunicação com cada participante do programa. Mostrar que está atento, ouvindo seus anseios e de olho no seu rendimento.

Outras ações interessantes de comunicação podem ser criadas por meio de *quizzes* online, pequenos desafios e *microtraining* (*bits* de conhecimento) no site do programa de incentivo durante toda a duração do programa, oferecendo aos participantes pontos pela sua participação. Esse tipo de ação motiva os vendedores dos canais indiretos a manter-se aprendendo. E vendedores bem informados e conhecedores do seu produto são tudo que o *vendor* precisa, não é mesmo?

Administração profissional

O gerenciamento do programa deve ser feito de maneira que os participantes tenham acesso amplo aos seus dados, resultados e pontuações. O fabricante deve empregar todos os recursos que tiver em mãos: o site da empresa e o *Partner Portal* são boas ferramentas para essa tarefa.

Vale o investimento de contratar um bom *web designer* (caso o fabricante não tenha um) para criar um *microsite* para seu programa de incentivos. Se sobrar uma quantia do seu orçamento, que tal criar um *app* para que os participantes possam acompanhar seu rendimento e as novidades do programa direto no seu smartphone?

Revisão periódica

Muitas organizações cometem o grave erro de tratar seus programas de incentivo às vendas como entidades estáticas. Essas empresas colocam o programa em funcionamento e não se preocupam em fazer revisões, ajustes e atualizações periódicas.

Seus objetivos e metas dentro da empresa em que você trabalha são revisados com certa frequência, correto? Da mesma forma, para manter-se sempre relevante, um programa de incentivo às vendas deve ser atualizado de maneira constante. O gerente de canais deve manter isso na sua lista de tarefas importantes, envolvendo as demais áreas da empresa quando necessário.

É recomendável ficar atento também ao que os outros fabricantes estão propondo em termos de programas de incentivo. Perguntar aos canais sobre as experiências positivas e negativas que eles têm vivido com outras empresas. Fazer *benchmark* é sempre uma boa ideia.

O PROGRAMA ACABOU. E AGORA, O QUE FAZER?

Foi uma longa jornada desde que o fabricante pensou pela primeira vez no lançamento de um programa de incentivo às vendas para seus parceiros, até chegar a esse ponto em que o tempo de duração do programa se encerrou. Chegou a hora de fazer as avaliações sobre os resultados obtidos, e verificar os ajustes necessários para lançar o próximo programa.

Podemos dizer que um programa de incentivos foi bem-sucedido se conseguiu atingir os objetivos de todas as partes envolvidas, como descrito a seguir.

- O fabricante (que teve um maior faturamento em razão do aumento de vendas dos produtos que faziam parte do programa).
- O gerente de canais (que, além da satisfação pessoal de ver seu trabalho dar bons frutos, ainda ganhou um valor a mais de comissão em decorrência das vendas extras).
- Os canais indiretos (que lucraram mais com a quantidade maior de negócios fechados para uma de suas marcas).
- Por fim, os vendedores desses canais, os participantes do programa (que além de venderem mais, e consequentemente ganharem

mais comissões e serem mais bem avaliados pelos seus chefes, de quebra ainda ganharam bons prêmios por terem atingido as metas do programa de incentivos).

Ao avaliar os resultados do programa como um todo, é importante estar atento aos erros e acertos obtidos em cada uma das suas fases: a definição do público-alvo, dos objetivos e das metas, a criação das regras e a escolha do tipo de programa, além da definição dos prêmios e de todas as tarefas da fase de implementação e manutenção.

Além de tudo isso, é fundamental apurar se o faturamento adicional que o fabricante obteve em virtude das vendas extras que foram geradas pelo programa de incentivos foi maior do que o montante investido. Em outras palavras, o programa deu lucro financeiro para a empresa? Sei que essa medida do lucro do programa não é algo trivial e geralmente será baseada em estimativas. Até porque é difícil prever quais foram as vendas geradas pelo programa e quais seriam efetivadas mesmo sem a existência de qualquer incentivo extra. Uma aproximação pode ser feita ao comparar com os dados de vendas de períodos anteriores, em que não houve programa, ou então no aumento de vendas, no mesmo período, dos produtos que não faziam parte do programa.

Recomendo que seja feita uma pesquisa de satisfação com os participantes do programa e seja solicitado um *feedback* sincero e justo daqueles que foram as grandes estrelas do programa de incentivos. Para estimular um número maior de respostas, o *vendor* pode aproveitar essa atividade e já oferecer pontos para o próximo programa a todos que responderem essa pesquisa.

Para terminar, a equipe do fabricante deve produzir um relatório detalhado sobre os bons resultados do seu programa e apresentá-lo ao time de executivos da empresa e aos diretores dos canais (com o devido cuidado de não divulgar números confidenciais aos parceiros). Do lado do fabricante, esse relatório pode garantir a verba para o próximo programa e, do lado dos *partners*, pode motivá-los a se engajar ainda mais nas próximas vezes.

10
COMUNICAÇÃO FABRICANTE-CANAIS INDIRETOS

Não importa em qual linha de negócios sua empresa atua, ou que tipo de necessidade seu produto atende. Também não faz diferença em que lugar do mundo você está localizado, nem se você é uma *startup* de três pessoas ou uma multinacional com milhares de funcionários espalhados pelo planeta. Se você e sua empresa quiserem ter sucesso e ser reconhecidos no mercado, vocês precisam se comunicar. E se comunicar bem!

Em se tratando do nosso mundo das vendas indiretas, aposto que nenhum gerente de canais tem dúvidas sobre a importância do engajamento dos seus *partners* para um aumento dos negócios. Se um canal está verdadeiramente engajado com sua marca, naturalmente ele se dedicará mais aos seus produtos do que aos outros fabricantes que ele também representa.

Então aí vai a boa notícia: uma comunicação eficiente aumenta o engajamento e fortalece a relação com os *partners*, o que faz com que a produtividade melhore e, consequentemente, se converta em melhores resultados.

Somos testemunhas de que os negócios atualmente se movem de maneira mais rápida do que nunca. Os mercados se modificam de forma assustadora, e as necessidades dos clientes também. Essa aceleração criou um ambiente muito desafiador para os fabricantes. Nesse cenário, a comunicação exerce um papel ainda mais crucial. Se os funcionários dos parceiros não estiverem sempre atualizados com as novidades, a todo momento e em qualquer lugar, o *vendor* corre o risco de ver os esforços desses *partners* migrando gradativamente para seus competidores.

Escrevi este capítulo com o objetivo de auxiliar o gerente de canais e toda a equipe do fabricante a elaborar e colocar em prática uma estratégia de comunicação eficiente com seus parceiros. Tentei reunir informação relevante sobre os principais meios de comunicação disponíveis hoje em dia, suas características, vantagens e desvantagens. Vou procurar transmitir dicas práticas para que a estratégia de comunicação esteja alinhada aos objetivos da empresa, e para que o fabricante possa tirar o máximo proveito das ferramentas que tem em mãos.

OS DESAFIOS DA COMUNICAÇÃO FABRICANTE-CANAIS INDIRETOS

Estabelecer um bom fluxo de comunicação com os *partners* é uma missão desafiadora. Requer planejamento e método, além de muita disciplina para manter uma execução consistente.

O *vendor* trabalha com vários canais indiretos. Cada canal tem suas necessidades específicas em termos de mensagens, pois trabalham com produtos diferentes, têm tamanhos diferentes, estão localizados em diversas regiões, eventualmente falam idiomas diferentes... Uma loucura, não é?

Pois bem, não é difícil perceber que o número de pessoas, de empresas e de necessidades específicas é muito grande. Se o fabricante não criar e colocar em prática uma estratégia para organizar tudo isso de maneira eficiente, pode se meter em maus lençóis.

Para não transformar a vida do *vendor* (e a dos seus parceiros) num caos improdutivo, é crucial formular uma estratégia coerente de comunicação com todos eles, visando manter as discussões e as ações na direção correta. E, principalmente, buscando manter sempre os *partners* engajados com a sua marca.

Mensagem na hora certa

Já estamos de acordo que a comunicação fabricante-canal é de vital importância para o bom andamento dos negócios. Também já sabemos que estabelecer uma estratégia adequada de comunicação com todos os envolvidos na rede de canais indiretos não é uma tarefa tão simples. Agora precisamos falar um pouco sobre a questão "quantidade". Como dosar o número correto de mensagens a serem disparadas para os *partners*?

Nesse caso, não existe fórmula matemática. A régua deve ser o bom senso. Se, por um lado, a escassez de mensagens pode fazer os canais se sentirem abandonados, um excesso de comunicação pode ser sufocante, inapropriado e contraproducente.

Comunicação frequente nem sempre é sinônimo de comunicação efetiva. E comunicação abundante também não quer dizer boa comunicação. Se o conteúdo da mensagem não for relevante, se ela não for enviada na hora certa e pelo meio mais apropriado, será ignorada e considerada inútil.

A credibilidade nesse quesito se conquista com o número de mensagens relevantes que o fabricante envia aos seus parceiros. Vamos fazer um teste? Procure se lembrar de alguém da sua rede de relacionamentos profissionais, seja da sua empresa, de algum dos seus fornecedores, ou até mesmo de um canal, que quando te liga você já pensa: "Nem vou atender, esse cara me liga quinhentas vezes para dizer a mesma coisa", ou então "Deixa pra lá, com certeza não é nada importante". Se por acaso os canais tiverem essa impressão sobre o fabricante, já adianto que será um árduo caminho para conseguir reverter essa percepção.

Agora, procure se lembrar de outro profissional (sem ser os seus chefes, claro) pelo qual você para tudo o que está fazendo para atender o telefonema ou para ler sua mensagem, porque sabe que "com certeza é algo importante". Se os *partners* tiverem essa imagem sobre o *vendor* e seu modo de se comunicar, esse *vendor* está no caminho certo!

ACONTECEU COMIGO

Eu era gerente de canais em um dos fabricantes que trabalhei e me orgulhava da quantidade de informações que eu compartilhava, por e-mail, com os *partners*. Todo tipo de conteúdo que eu recebia da matriz, nos Estados Unidos, tratava logo de adaptar para a realidade local e disparava para os parceiros.

Eu tinha uma lista enorme de todos os profissionais de vendas, pré-vendas, marketing e demais executivos dos canais, e meus e-mails atingiam umas 400 pessoas (mais adiante, neste capítulo, vou abordar esse tema das listas de profissionais a quem enviar mensagens). Muitas dessas pessoas eu nem conhecia pessoalmente, e muitas delas nem sequer se dedicavam aos produtos da minha empresa (algumas se dedicavam às outras marcas que esses canais representavam).

Certa vez, em um evento, fui apresentado a um desses vendedores que eu não conhecia pessoalmente, mas que recebia minha artilharia de mensagens. Ao me apertar a mão, ele disse: "Ah, então você que é o Spam Man?" – ele se referia às famosas mensagens de spam, que são indesejadas, não solicitadas, e que os próprios softwares de e-mail tentam bloquear automaticamente.

Aquilo foi muito marcante para mim, uma verdadeira lição. E me fez refletir muito e avaliar quão importante é usar o bom senso ao definir quando, com que frequência e para quem enviar mensagens e comunicados para os canais indiretos. Desde então, procuro prestar muita atenção para não cometer novamente aquele erro.

Do you speak English? ¿Hablas Español?

Este trecho é dedicado especialmente aos funcionários de um fabricante que trabalha com *partners* de outros países. Infelizmente (ou felizmente, sei lá...) falamos português, que, apesar da imensidão do Brasil, é apenas a sexta língua mais falada do mundo (se não fosse o Brasil, nem apareceria na lista das *Top 10*). Estima-se que 250 milhões de pessoas falem português como idioma nativo, e nós, os brasucas, somos a esmagadora maioria delas. Em contrapartida, o espanhol é o segundo idioma mais falado do planeta, com cerca de 400 milhões de nativos, pulverizados numa quantidade grande de países. Já o inglês, terceira língua mais falada do planeta, é o primeiro idioma de cerca de 360 milhões de pessoas e segundo idioma de outros 500 milhões.[6]

Isso quer dizer que estamos em minoria se comparados às duas línguas que mais nos interessam em termos de negócios (inglês e espanhol). Significa também que somos nós que temos que nos adaptar à maioria, e não o contrário. Não faz sentido culpar um americano, um argentino ou um colombiano por não falarem português.

No mundo dos negócios, esse assunto é ainda mais relevante do que no nosso convívio social. Comunicar-se com um canal, ou com um cliente final, no idioma dele, transmite a ele mais segurança, mais profissionalismo, minimiza a possibilidade de interpretações equivocadas e dá a ele um conforto que só a língua-mãe pode proporcionar.

As duas melhores dicas que eu posso te dar nesse sentido são: dedique-se com afinco ao estudo de idiomas e não seja tímido. Quando você está escrevendo ou falando em um idioma estrangeiro, é esperado e perdoável que cometa erros. Esteja certo de que seus contatos de outros países ficarão muito felizes ao perceber o quanto você está se esforçando para se comunicar na língua deles.

---

6. Fonte: *Revista da Babbel* – texto escrito por James Lane em 22 dez. 2019.

No entanto, esses erros não devem comprometer o conteúdo e a clareza da mensagem. Muito cuidado, por exemplo, ao utilizar tradutores automáticos para adaptar sua mensagem ao idioma dos destinatários. Essas ferramentas, apesar de ajudarem em alguns casos, em outros cometem verdadeiras catástrofes, e você poderá acabar sendo motivo de piada.

Como última opção, caso você ainda não esteja num bom nível no idioma dos seus interlocutores, negocie com eles uma alternativa que seja confortável para todos. Já presenciei conferências telefônicas entre brasileiros e argentinos sendo feitas em inglês. É um pouco bizarro, mas se funcionar para ambas as partes, tudo bem.

One to One, One to Many e Many to Many

Um pouquinho de teoria não faz mal a ninguém, correto? Então, não custa lembrar que os meios disponíveis para comunicação entre fabricante e canais, no que diz respeito à sua origem e destino, podem ser classificados nos tipos descritos a seguir.

- **Mensagem *One to One* (de um para um):** como o próprio nome já diz, é a comunicação que parte de uma única pessoa no fabricante e tem como destino um único profissional no canal (ou vice-versa, no caso de a iniciativa partir do parceiro). O exemplo mais típico são as chamadas telefônicas (esqueça por enquanto as videoconferências). Duas pessoas interagem, uma no fabricante e outra no *partner*.
- **Mensagem *One to Many* (de um para vários):** quando uma única pessoa do fabricante passa a mensagem para diversos profissionais dos canais ao mesmo tempo. Por exemplo, um *webinar* ou um treinamento, em que um instrutor ou palestrante (um único profissional) se comunica com vários participantes simultaneamente.
- **Mensagem *Many to Many* (de vários para vários):** quando vários profissionais do fabricante se comunicam ao mesmo tempo com vários funcionários dos canais. Por exemplo, o blog ou a

newsletter do *vendor*. Nesses casos, geralmente existem vários autores para os artigos e as publicações, e uma audiência variada do lado dos parceiros.

Segmentação da mensagem

Creio que estamos de acordo que, para uma mensagem ser considerada relevante, ela deve ser enviada a um destinatário (ou grupo de destinatários) que tem interesse naquele assunto. Não tem sentido (na grande maioria das vezes) você mandar um comunicado sobre suporte técnico para profissionais de vendas, para dar um exemplo bem simplório.

Isso é óbvio, não é mesmo? Sim, mas por incrível que pareça, muitos de nós cometemos esse erro. Para evitar que esse tipo de equívoco ocorra, o fabricante deve elaborar um método prático e rápido de segmentação das mensagens a serem enviadas aos seus parceiros. Um método que lhe permita definir facilmente todos os destinatários corretos para cada comunicado que irá enviar.

Não importa qual a ferramenta escolhida para fazer esse processo de segmentação. O importante é que o *vendor* se sinta confortável e sempre a utilize. Dependendo do software de CRM que adota, poderá obter todos os dados que necessita diretamente dessa ferramenta. No meu caso, prefiro usar o velho e bom Microsoft Excel. Vou descrever, na sequência, como eu costumo fazer.

O primeiro passo é construir uma lista de potenciais destinatários de cada um dos canais. Um potencial destinatário é aquele que interage com o fabricante no dia a dia dos negócios e que, portanto, deve receber conteúdo de acordo com sua área e seus interesses. Normalmente eu considero o pessoal de vendas, pré-vendas, marketing, produto, instalação e suporte técnico como os potenciais destinatários dentro de um parceiro. Também incluo os principais diretores e, conforme o caso, os donos do canal. Costumo ter uma lista consolidada de profissionais semelhante à tabela mostrada na sequência.

Nome	Sobrenome	Canal	Cidade	Linha de produtos	Categoria	Cargo	Temas de Interesse					
							Vendas	Pré-vendas	Marketing	Produto	Instalação	Suporte técnico
José	Silva	IP Telecom	São Paulo	SMB	*Gold*	Diretor de Vendas	√		√	√		√
Sueli	**Santos**	**WEB S.A.**	**Vitória**	**Enterprise**	***Platinum***	***Gerente de Vendas***	√		√			
Carlos	**Leal**	**DNS Ltda**	**Curitiba**	**Enterprise**	***Platinum***	***Account Manager***	√					
Ana	Souza	HTML S.A.	Natal	Enterprise	*Silver*	Engenheira de Pré-Vendas		√				
Sonia	Oliveira	IP Telecom	São Paulo	SMB	*Gold*	Gerente de Marketing			√	√		
Carlos	Teixeira	TCP Ltda	Cuiabá	SMB	*Silver*	Gerente de Produto	√			√		
Teresa	Pereira	TCP Ltda	Cuiabá	SMB	*Silver*	Diretora Técnica	√				√	√
João	**Bastos**	**WEB S.A.**	**Vitória**	**Enterprise**	***Platinum***	***Account Manager***						
Gabriel	Lima	DNS Ltda	Curitiba	Enterprise	*Platinum*	Instalador				√	√	√
Maria	Duarte	HTML S.A.	Natal	Enterprise	*Silver*	Engenheira de Suporte Técnico						

Note que, além do nome do profissional, da empresa onde ele trabalha e de sua área de atuação e de interesses, é bom colocar outros dados demográficos na planilha, que permitam potencializar o processo de segmentação das mensagens. Recomendo incluir a cidade (e país, caso o fabricante trabalhe com canais internacionais), linha de produtos que o *partner* comercializa e seu nível de acordo com o programa de canais (*silver*, *gold* ou *platinum*).

Suponha agora que o *vendor* tenha que enviar uma mensagem para todos os vendedores dos parceiros *platinum* que trabalham com sua linha de produtos para grandes empresas (Enterprise). Com essa planilha em mãos, é muito fácil fazer um filtro e obter rapidamente a lista customizada de destinatários (em destaque na planilha).

Note que, de acordo com o perfil de cada profissional, suas responsabilidades dentro do *partner* e seus próprios interesses pessoais, ele pode (e deve) receber comunicados referentes a mais que um assunto. Esse nível de detalhe e de conhecimento se adquire com o tempo de convivência com o parceiro, e faz parte dos atributos de um bom gerente de canais.

Utilizando esse método, o fabricante garante que não enviará mensagens desnecessárias para quem não se interessa por aquele tema, e também assegura que não deixará de incluir gente importante, que precisa receber aquele comunicado, na sua lista de destinatários.

Personalização da mensagem

Todos nós, na correria do dia a dia, às vezes cometemos um erro de comunicação que eu considero bem grave: enviamos a mesma mensagem genérica e impessoal para toda a nossa rede de contatos. Se por um lado esse tipo de comportamento poupa nosso tempo, sempre tão escasso, por outro lado a comunicação corre sérios riscos de se tornar mecânica, desinteressante e ineficiente.

Quer exemplos? Você já recebeu por e-mail aqueles cartões de Natal genéricos, que nitidamente o remetente enviou para uma lista de distribuição (provavelmente imensa) e te incluiu lá no meio desse monte de gente, em cópia oculta? Por acaso já recebeu uma mensagem sobre uma nova promoção de um dos seus fornecedores, em que seu nome nem sequer aparece, e que inicia com algo como "Aos nossos clientes especiais" ou "Não perca essa oferta sensacional"?

Provavelmente já recebeu, certo? Como se sentiu? Por acaso você se sentiu prestigiado, reconhecido? Você se sentiu único? Sentiu-se realmente um cliente especial? Sentiu que o remetente realmente se importa com você? Aposto que não, muito pelo contrário, você certamente se sentiu apenas mais um na multidão de pessoas que receberam exatamente a mesma mensagem que você.

As pessoas normalmente não dão nenhuma importância quando recebem esse tipo de comunicação genérica. Eu, por exemplo, nem respondo esse tipo de cartão de Natal que mencionei, enviado para um montão de gente ao mesmo tempo. Talvez o mesmo aconteça com você. Sabe por quê?

Porque todo mundo gosta de se sentir único, especial, valorizado. Quando você recebe uma mensagem, você quer ter a certeza (ou pelo menos a sensação) de que ela foi feita especialmente para você, pensando nos seus interesses e necessidades.

E com os canais indiretos não é diferente. Por isso, é fundamental que todas as comunicações sejam personalizadas. O fabricante não deve cometer o erro de enviar um comunicado, sobre qualquer assunto, em um único e-mail genérico endereçado a todos os canais.

Alguém dirá: "Mas eu tenho muitos canais e não tenho tempo de escrever um e-mail diferente para cada um de seus funcionários. Isso levaria o dia inteiro!".

Compreendo esse tipo de situação e vivo o mesmo dilema. Mas que tal tentar algo diferente, que pode causar um melhor impacto e uma sensação diferenciada às pessoas que recebem essas mensagens?

Quando o *vendor* tiver uma mensagem que deve ser enviada a muitas pessoas da sua rede de parceiros, o que torna inviável personalizá-la "na unha", pode utilizar o recurso de mala direta (*mailing*). Essa funcionalidade é supercomum e está disponível em editores de texto, ferramentas de e-mail e vários outros aplicativos. É muito fácil de aprender a usar e pode ajudar muito nessa tarefa de customizar mensagens de acordo com o destinatário.

A ideia é fazer um texto-padrão com a mensagem que se deseja comunicar, e personalizá-lo com o maior número de itens possível, como o nome do destinatário, a empresa em que ele trabalha e qualquer outro dado que o diferencie. De preferência, o nome do destinatário pode ser mencionado no título do e-mail. A planilha de segmentação, sobre a qual falei no tópico anterior, pode ajudar nessa tarefa de personalização.

Se o fabricante não gosta desse recurso, pode tentar pelo menos fazer uma personalização por parceiro. O texto pode começar por "Olá, amigos da XYZ" ou "Uma mensagem importante para a XYZ". Os funcionários do canal XYZ, ao receberem essa mensagem, de alguma forma já se sentirão mais importantes. Será como se o *vendor* tivesse feito uma distinção especial para se referir a esse *partner*.

Experiência própria: personalizar as mensagens é algo que funciona muito bem com os canais indiretos. Os comunicados passam a ser vistos de uma forma diferenciada e mais profissional. O fabricante ganha mais credibilidade e atenção dos destinatários.

Centralizar ou descentralizar o envio das mensagens?

O gerente de canais não deve ser um *hub* entre o fabricante e seus *partners*. Isso vale para várias atividades, inclusive no que diz respeito à comunicação. Todos os funcionários das diversas áreas do fabricante que interagem com os parceiros devem criar e manter um canal de comunicação direto com seus respectivos pares nos parceiros. Não teria nenhum sentido, por exemplo, que o departamento financeiro do *vendor* dependesse do gerente de canais para enviar uma nota fiscal ao *partner*, ou que o pessoal de marketing precisasse da aprovação do gerente de canais para definir o que será servido no próximo evento conjunto. Esse tipo de comunicação deve ser feito diretamente pelas partes envolvidas, e ao gerente de canais não cabe nada além de tomar ciência de tais atividades.

Porém, para certos tipos de comunicado, especialmente os mais formais, é importante que o gerente de canais centralize, ou pelo menos controle, o envio da mensagem. Por exemplo, suponha que o fabricante acaba de adquirir uma empresa. Quem envia esse comunicado para os parceiros? O gerente de canais, o diretor de marketing, o diretor de vendas? Para evitar que um deixe para o outro, ou que vários mandem a mesma mensagem, é recomendável deixar predefinido o responsável pelo envio de cada tipo de comunicação. Uma tabelinha simples (uma matriz de responsabilidades), de forma que, quando a necessidade de um novo comunicado surgir, todos já saibam exatamente como agir. E, nesse caso, sempre com cópia para o gerente de canais a fim de que ele faça o controle.

Os canais se comunicam entre si

O fabricante não possui o monopólio da comunicação com seus parceiros. Eles também se comunicam entre si. Portanto, o *vendor* deve ser consistente em todas as suas mensagens para os *partners*. Se ele disser "A" para um deles, deve repetir "A" para todos. Esse cuidado de não passar mensagens diferentes é muito importante, pois caso isso aconteça os canais rapidamente descobrirão o equívoco.

O *vendor* também deve prestar atenção para não deixar parceiros "esquecidos", principalmente nos comunicados importantes. Caso contrário, corre o risco de que eles fiquem sabendo das novidades por outras fontes. Além de a mensagem poder chegar torta, os *partners* ainda ficarão chateados com o fabricante por não ter avisado diretamente.

QUAL O MELHOR MEIO DE COMUNICAÇÃO ENTRE FABRICANTE E CANAIS INDIRETOS?

A resposta é: depende. Cada tipo de comunicado, cada mensagem a ser transmitida, tem suas características próprias, de acordo com o tema, o nível de formalidade exigido, o grupo de profissionais a quem se destina, entre outros aspectos.

Quer um exemplo? Será que uma mensagem corriqueira, como a mudança de data de uma reunião, merece o mesmo nível de formalidade que o anúncio de grandes mudanças organizacionais no fabricante? Essas duas mensagens têm teores totalmente diferentes quanto à seriedade do tema, os detalhes exigidos e a audiência que deve recebê-la. É fundamental, portanto, entender bem as "especialidades" de cada uma das principais opções de comunicação disponíveis, para só então escolher a forma de envio.

Mensagens de e-mail

Quando se fala de comunicação fabricante-canais (ou outros tipos de comunicação corporativa), o e-mail pode ainda ser considerado como o "queridinho da turma". Já há muitos anos, o correio eletrônico é tido como a primeira opção para a grande maioria dos comunicados.

Apesar de se tratar de um meio de comunicação corporativa bastante consolidado, e muito familiar para a grande maioria dos usuários, não custa lembrar que o e-mail não se aplica a 100% das mensagens. Existem certos temas e conteúdos que exigem outro meio mais adequado de transmissão.

Veja na sequência uma lista simples, que mostra quando se deve usar o e-mail e quando é melhor optar por outro meio.

Use o e-mail, preferencialmente, para:

- compartilhar dados e informações importantes, que não se enquadram no nível de informalidade das mensagens instantâneas;

- assegurar-se de que sua mensagem estará disponível para futuras referências;
- formalizar assuntos previamente discutidos em telefonemas ou reuniões;
- direcionar o receptor para um site ou qualquer fonte online, por meio de um link em que ele possa obter mais informações;
- compartilhar para uma pessoa ou um grupo rápidas atualizações de status de algum projeto ou negócio específico (no próprio corpo do e-mail);
- enviar comunicados para destinatários que estejam em fusos horários diferentes, quando não há necessidade de ir dormir mais tarde ou acordar mais cedo para fazer uma chamada telefônica;
- mandar a mesma mensagem para múltiplos destinatários;
- fazer uma pergunta cuja resposta não é urgente;
- enviar, anexado, um documento longo, como uma minuta de contrato ou um manual;
- não ser invasivo; ao contrário de uma chamada telefônica, o e-mail não irá interromper o receptor durante uma reunião ou fora do horário de expediente;
- fazer *follow up* quando você não quiser parecer tão agressivo ou inconveniente; seu interlocutor poderá responder no momento que mais lhe convier.

Contudo, os e-mails não devem ser usados para:

- enviar notícias ruins ou negativas;
- dar informações ou instruções complexas, detalhadas ou extensas;
- transmitir mensagens para as quais o receptor merece uma oportunidade de dar uma resposta ou *feedback* imediato, ou quando é você quem precisa dessa resposta imediata;
- enviar mensagens que contenham qualquer tipo de sentimento envolvido, o qual pode não ser entendido corretamente por palavras escritas;

- mensagens extremamente importantes e/ou confidenciais, as quais você não pode correr o risco de que caiam em mãos erradas;
- conduzir negociações de qualquer tipo, em que ambas as partes precisam chegar a um consenso, como pedidos de desconto ou aumento de salário;
- fazer entrevistas ou quaisquer questionários com muitas perguntas, que vão exigir da outra parte um tempo muito grande para digitação;
- mandar mensagens mais longas do que alguns poucos e curtos parágrafos.

Dez dicas para que os e-mails não transformem a vida do fabricante e dos canais num caos

Apesar de as gerações mais novas serem mais adeptas aos aplicativos de mensagens instantâneas e às redes sociais, que permitem enviar e receber mais rapidamente ideias e mensagens curtas, o e-mail continua sendo o método ideal para uma troca de mensagens mais cuidadosa, estruturada e formal. Especialmente para o gerente de canais, o e-mail pode ser um grande aliado na comunicação com seus *partners*.

Mas, apesar de todos os seus encantos, o e-mail vem se transformando em uma das grandes fontes de estresse no trabalho. Isso por conta da enorme quantidade de correios eletrônicos que todos têm que gerenciar atualmente. A maioria das pessoas não utiliza essa ferramenta de maneira correta. Por essas e outras razões, resolvi compartilhar dez dicas valiosas para não deixar que o e-mail se transforme em um vilão assustador.

1. Antes que o fabricante comece a escrever um e-mail aos seus canais, deve se perguntar: "Ele é realmente necessário?". Essa mesma pergunta se aplica em relação a cada uma das pessoas para quem a mensagem será endereçada. Convém avaliar se todas realmente precisam receber aquele comunicado.
2. O *vendor* deve avaliar se o e-mail é a melhor forma de comunicar a mensagem que tem para enviar. Certos comunicados combinam mais com outros meios, como o chat ou o velho e bom telefone.

3. O assunto de um e-mail tem duas funções: capturar a atenção dos destinatários e fazer um resumo da mensagem. O assunto deve descrever o conteúdo do e-mail e dar aos receptores uma razão concreta para abri-lo. Um título vago ou em branco diminui as chances do e-mail ser lido. O fabricante não pode esquecer que sua mensagem não é a única na caixa de entrada dos seus canais. A clareza e a precisão do título (ou a falta desses atributos) podem ser a diferença entre os parceiros lerem o e-mail ou pularem para o próximo. Portanto, é bom caprichar no título!
4. É sempre bom evitar arquivos anexos, pois a experiência mostra que os recipientes relutam em abri-los. Em vez de forçar seus leitores a baixar o arquivo anexado e abri-lo em outro programa, o *vendor* obterá melhores resultados simplesmente copiando a parte mais importante do documento no próprio corpo do seu e-mail.
5. As mensagens de e-mail devem ser enviadas a partir de uma conta pessoal (por exemplo, a do gerente de canais: denys.vojnovskis@abcdcompany.com). Essa atitude simples aumenta a taxa de abertura da mensagem em relação à opção de enviá-la por meio de uma conta genérica (marketing@abcdcompany.com, por exemplo). Os canais indiretos, destinatários da mensagem, ao identificarem o nome de uma pessoa conhecida, terão mais disposição de abrir e ler a comunicação.
6. Salvo raras exceções, os e-mails devem ser curtos e diretos, bem como cada uma de suas frases. Se a mensagem for longa, com vários parágrafos, sentenças intermináveis e complicadas de entender, provavelmente os destinatários irão fechá-la sem chegar ao final. Se for preciso abordar vários assuntos, é melhor enviar vários e-mails mais curtos, um para cada tema. Até porque, de modo geral, cada assunto fará sentido para listas diferentes de receptores.
7. O remetente deve ler o e-mail antes de enviá-lo. Na correria do dia a dia, muita gente não faz isso. Reler sua mensagem antes de clicar no "enviar" pode livrar o fabricante do envio de comunicados com

erros de digitação, gramática, frases desconexas e outros equívocos que cometemos quando digitamos.

8. Nunca se esqueça de que os e-mails não são tão seguros como aparentam ser: muitas vezes as pessoas reencaminham mensagens sem deletar o histórico. Isso sem contar que é bem comum enviar e-mail a destinatários equivocados. Como regra geral, jamais se deve escrever sobre algo que não seja estritamente profissional nem emitir opiniões pessoais por meio de e-mail.

9. Más notícias devem ser dadas pessoalmente. O tom da voz, o volume, a linguagem corporal vão ajudar a demonstrar empatia com o interlocutor e amenizarão o impacto da informação negativa. Se não for possível estar frente a frente com a outra pessoa, então o fabricante deve usar o telefone. Mas jamais utilizar o e-mail para notícias que não são boas. Se for necessário, o e-mail pode ser usado apenas para formalizar, mas depois de já ter havido a conversa "cara a cara".

10. Deve-se procurar sempre responder rapidamente os e-mails recebidos, principalmente os enviados pelos canais. Isso demonstra atenção e profissionalismo. Mesmo que o fabricante não possa resolver ou dedicar mais tempo àquele assunto no momento, vale a pena uma resposta como "Desculpe, mas só poderei tratar desse tema na semana que vem" em vez de deixar os parceiros esperando um retorno rápido que não virá.

A equipe do fabricante sabe o quanto é desafiador manter uma comunicação eficiente com os *partners*. E sabe também como isso é importante. O e-mail é um grande aliado nessa missão, mas como vimos deve ser utilizado com critério e parcimônia.

Chamadas telefônicas

Sim, o telefone ainda existe! E sim, ele ainda serve para conversar! Apesar de as gerações mais novas praticamente ignorá-lo (estou falando das chamadas de voz, aquelas de antigamente...), o aparelho telefônico ainda é a melhor maneira de comunicar certos tipos de mensagens. De maneira genérica, uma chamada de voz deve ser considerada a melhor opção sempre que o fabricante quiser passar a mensagem pessoalmente, mas se encontra impedido de estar diante de seu interlocutor.

Sabemos que o tempo de todos é escasso, portanto é de bom tom preparar o assunto a ser conversado antes de fazer a chamada. Se houver vários temas a serem tratados, convém fazer uma lista por escrito, para não se perder nem se esquecer de nenhum ponto.

Quando o interlocutor atender a ligação, é educado perguntar se ele pode falar naquele momento ou se prefere conversar em outro horário. Também é elegante procurar saber de quanto tempo a pessoa dispõe, no caso de precisar tratar de assuntos mais longos.

O fabricante pode, e até deve, iniciar a conversa com alguma amenidade ao ligar para seus *partners*. Perguntar se está tudo bem com a família ou qualquer outro tema que ajude a "quebrar o gelo" é sempre uma boa ideia. Mas essa parte da conversa deve ser rápida. Conduzir as chamadas sempre de forma objetiva, evitando se alongar em assuntos que não dizem respeito ao trabalho, demonstra profissionalismo e respeito pelo tempo da outra pessoa.

Em linhas gerais, deve-se optar por uma chamada telefônica:

- sempre que não for possível dar uma notícia ruim ou negativa pessoalmente; nesse caso, o telefone é a melhor opção;
- para conversas confidenciais (nunca em viva voz, obviamente);
- sempre que o *vendor* quiser criar mais intimidade, confiança e relacionamento com seus canais indiretos; como as chamadas telefônicas são mais "pessoais" do que as outras formas de comunicação, elas são importantes quando a intenção é estreitar laços;
- sempre que precisar expressar qualquer tipo de sentimento;
- quando precisar reduzir ao máximo os riscos de ser mal interpretado.

Em contrapartida, convém não usar uma chamada telefônica:
- fora do horário do expediente, exceto para comunicar algo de extrema urgência;
- para assuntos que não requerem uma imediata atenção do recebedor da mensagem;
- quando o fabricante não quiser interromper o que o destinatário estiver fazendo (a ligação telefônica é um meio de comunicação bastante invasivo quando comparado às demais opções);
- nas ocasiões em que a mensagem deve estar disponível na forma escrita, para referências futuras.

Mensagens instantâneas

As mensagens instantâneas são uma ótima alternativa para a comunicação (texto, voz, vídeo) em tempo real. Para tal, podem ser usadas ferramentas proprietárias, restritas a uma única empresa, ou ferramentas públicas, às quais todos têm acesso. As mensagens são recebidas instantaneamente graças à internet ou às redes privadas de comunicação.

Cada vez mais em alta, são a melhor opção para transmitir ideias rápidas, que não requerem a formalidade do e-mail. A mais popular de todas atualmente, o WhatsApp, se tornou já há algum tempo uma ferramenta de trabalho indispensável.

Algumas das vantagens de usar as mensagens instantâneas:
- se a outra parte estiver online, é um método eficaz, em tempo real, para fazer rápidas perguntas e obter respostas imediatas;
- a facilidade de criação de grupos de trabalho ajuda na gestão de projetos, de maneira que rápidas atualizações de status são enviadas simultaneamente a todos do grupo;
- permite que ambas as partes continuem fazendo outras tarefas enquanto interagem em um diálogo;
- possibilita manter o registro da conversa para referências futuras;

- permite uma troca de mensagens mais coloquial, sem as formalidades exigidas pelo e-mail.

No entanto, não convém usar as mensagens instantâneas para:
- envio de mensagens confidenciais, principalmente ao utilizar aplicativos de terceiros, que não proporcionam os requisitos de segurança mais adequados;
- enviar mensagens longas, sejam elas de texto, voz ou vídeo;
- mensagens que exigem um nível de formalidade maior, como anúncios organizacionais, por exemplo;
- enviar informação fora do horário de expediente, a não ser que seja algo inadiável;
- enviar mensagens pessoais, piadinhas, memes, ou qualquer outro conteúdo que não seja profissional, a não ser que se tenha intimidade com o destinatário para tal. Ainda assim, é preciso ter muito cuidado com conteúdo de mau gosto, grosseiro ou preconceituoso. Em grupos de trabalho essa prática deve ser evitada a todo custo.

Redes sociais

Muita atenção para elas. Especialmente com a chegada dos *millennials* ao mercado de trabalho (e ao mercado consumidor), elas têm tido relevância cada vez maior. E sim, elas podem e devem ser utilizadas para comunicação com os canais indiretos.

Se o fabricante não se comunicar com seus *partners* via Facebook, Twitter, Instagram, LinkedIn (e talvez outras redes), está perdendo uma grande oportunidade. Até porque esses *partners* certamente já interagem com outras marcas (talvez concorrentes) por meio das mídias sociais. Quando feitos de maneira correta, a comunicação e o marketing nas redes sociais podem gerar uma rede de seguidores fiéis à marca do *vendor*, potencializando sua estratégia de geração de *leads* e efetivação de vendas, graças aos efeitos positivos do chamado marketing de atração (ou *inbound marketing*).

Quanto mais os canais indiretos estiverem engajados nas mídias sociais do fabricante, mais fácil para esse *vendor* alcançar qualquer outro objetivo do seu programa de marketing e de canais. Ademais, o imediatismo dessas mídias também proporciona um *feedback* quase simultâneo em relação ao que é postado.

Uma das principais vantagens desse meio de comunicação é a possibilidade de transmitir uma mensagem por meio de anúncios direcionados a audiências específicas, utilizando textos, áudios e vídeos, que normalmente têm a função de atrair o público-alvo e direcioná-lo ao site da empresa. As redes sociais aumentam a visibilidade da marca, criam identidade e proporcionam uma associação positiva ao produto do fabricante. E o mais legal de tudo isso é que, ao mesmo tempo que atinge os parceiros, também pode alcançar os clientes finais, potencializando os efeitos positivos desse tipo de comunicação.

É crucial caprichar no conteúdo! O fabricante deve ter um plano para postar regularmente e sempre com informação relevante para seus canais indiretos (e também para os clientes finais, claro). Vale a pena usar e abusar das imagens, vídeos e infográficos. Existem pesquisas que mostram que o uso de vídeos amplifica a quantidade de visualizações. Com a publicação frequente de informação de qualidade, o *vendor* rapidamente se tornará referência naquele tema e atrairá cada vez mais a audiência dos parceiros e clientes finais.

Recomendo tomar cuidado com o risco de mal-entendidos, que aumenta muito nas interações via redes sociais, principalmente quando os seguidores começam a debater entre si. Dependendo do caso, pode até acarretar prejuízos à imagem do fabricante. As redes sociais exigem monitoração constante, gerenciamento impecável e respostas imediatas aos comentários (principalmente os negativos).

Como todos os mecanismos capazes de produzir grandes efeitos, também pode gerar grandes danos. Por essa razão, esse tipo de comunicação deve ser feito por profissionais da área, especialistas em *inbound marketing*. Não recomendo, de maneira nenhuma, que o fabricante utilize as redes sociais de maneira improvisada. Isso poderia causar sérios danos a sua imagem e reputação.

Blog

O termo "blog" é uma abreviação de *web log*. Trocando em miúdos, seria algo como um "diário online". É interessante notar que, normalmente, associamos o uso dessa ferramenta a comunicações entre empresas e seus clientes finais (os chamados blogs corporativos). No entanto, os blogs também podem ser bastante úteis para potencializar a comunicação e a interação entre o fabricante e seus canais indiretos. Quando bem utilizados, podem ser muito úteis para complementar os outros meios empregados na estratégia de comunicação do fabricante com seus parceiros.

Os blogs são uma excelente alternativa de publicação de conteúdo relevante para um público-alvo predefinido. Geralmente são escritos de maneira leve e informal, o que ajuda a cativar e criar conexão com a audiência. Esse tom conversacional passa aos *partners* a sensação de que eles estão envolvidos numa conversa direta com o fabricante. Da mesma forma que nas redes sociais, os blogs proporcionam um fórum de discussões entre os autores e os leitores das publicações. A diferença é que, nas mídias sociais, o imediatismo dos *feedbacks* é sensivelmente maior.

Como os textos publicados nos blogs normalmente não são muito longos, eles são uma excelente alternativa para introduzir um assunto que pode ser complementado por um e-book, por exemplo. Dessa forma, quem quiser se aprofundar no assunto, pode baixar o e-book e obter mais informações.

Uma das grandes vantagens dos blogs é que as plataformas existentes atualmente para produção e divulgação são extremamente flexíveis, com recursos multimídia que permitem envio dos mais variados formatos de mensagens. Essas plataformas são amigáveis e não requerem nenhum conhecimento específico de TI para utilizá-las.

Como os blogs são atualizados semanalmente, ou até diariamente, eles podem se converter de forma rápida numa das melhores fontes de informação atualizada para os canais indiretos. Se o blog for bem atrativo, será parada obrigatória para os funcionários dos parceiros quando estiverem navegando na internet. O fabricante deve ter em mente que um dos fatores determinantes para o sucesso de qualquer blog, incluindo o seu blog para os *partners*, é a consistência das publicações. De nada adianta postar hoje e depois só daqui a dois meses. É importante estabelecer uma periodicidade que consiga cumprir, com textos interessantes e relevantes para os seguidores.

Apesar de todos esses atrativos, produzir e administrar um blog pode consumir muito tempo, e o fabricante pode não dispor de alguém com as habilidades necessárias de escrita. Da mesma forma, manter um ritmo constante e frequente de publicações requer uma certa dose de criatividade e de conhecimento para a produção do conteúdo. A equipe do fabricante precisa ponderar a quantidade de tarefas que tem para fazer hoje, ou nesta semana, e adicionar a todas elas mais uma: a responsabilidade de manter o blog atualizado com conteúdo novo e ainda por cima responder os comentários e perguntas dos leitores. Vai ser possível dar conta?

Para tornar essa tarefa menos árdua, a responsabilidade de escrita dos textos pode, e deve, ser dividida entre vários membros da equipe do fabricante. Como o objetivo é falar diretamente com os canais indiretos e os blogs podem ser divididos por assunto, podem ser criadas diferentes seções para públicos diferentes. Por exemplo, o diretor de serviços pode publicar textos sobre suporte técnico, já o diretor de vendas pode falar sobre dicas práticas para os vendedores dos parceiros, e o gerente de canais pode dar dicas valiosas sobre o programa de canais. Dessa forma, além de o blog conseguir cativar uma audiência mais ampla dentro dos parceiros, com conteúdo diversificado, o trabalho de criação e manutenção também será compartilhado entre vários funcionários do *vendor*.

Em relação ao dilema qualidade *versus* quantidade, a regra é focar sempre na qualidade das postagens. É melhor postar apenas um excelente texto por semana, que agregue bastante valor aos leitores, do que publicar vários *posts* "mais ou menos". A consistência, a profundidade e a relevância dos textos são os fatores que trarão mais leitores para o blog, e não a quantidade de postagens por semana.

Uma última dica: como o blog para canais indiretos pode tratar de alguns temas que não fazem sentido para os clientes finais e não interessam à concorrência, é fundamental restringir o acesso somente aos funcionários dos parceiros. Uma opção é manter o blog dentro da estrutura do *Partner Portal*. Dessa maneira, somente quem tiver acesso a essa área mediante login e senha também terá acesso ao conteúdo do blog. Veja mais detalhes sobre o *Partner Portal* no capítulo 11.

É importante não esquecer também de permitir que os canais possam replicar esse verdadeiro arsenal de conteúdo, com as devidas adaptações e sempre que a confidencialidade permitir, aos seus próprios blogs e redes sociais. Dessa forma, multiplica-se o alcance do conteúdo postado, atravessando as fronteiras dos *partners* e atingindo também uma quantidade relevante de clientes finais.

Newsletters

As *newsletters* são um pequeno jornal (ou, se você preferir, uma pequena revista), cujo objetivo é divulgar uma empresa ou determinada área de uma companhia. Trata-se de um excelente veículo para contar histórias sobre a empresa, os funcionários, seus objetivos, metas alcançadas, entre outros temas. Elas são uma ferramenta adicional de comunicação de que o fabricante dispõe para cativar seus canais indiretos, fazendo com que eles se tornem fãs, não somente de seus produtos, mas também de seus valores e de sua gente.

É comum comparar as *newsletters* com os blogs. Porém, existem algumas diferenças cruciais. Uma delas está relacionada à periodicidade:

se por um lado os blogs, como já estudamos, requerem uma atualização semanal ou até diária, as *newsletters*, em geral, são distribuídas mensalmente, bimestralmente ou em alguns casos até trimestralmente (sobretudo nos fabricantes que têm a cultura das métricas por *quarter*).

Outro ponto importante de diferenciação é que as *newsletters* exigem uma preocupação muito maior com a formatação e o estilo. Enquanto os blogs são formatados quase que de maneira automática pelas plataformas existentes hoje em dia, as *newsletters* seguramente farão o *vendor* "perder" muito mais tempo nesse quesito.

Também é importante comentar que a expectativa por excelente conteúdo nas *newsletters* é ainda maior do que nos blogs. Isso porque, ao contrário dos blogs, que conservam um tom bastante informal entre autores e leitores, as *newsletters* são vistas como uma "publicação oficial" do fabricante para seus canais indiretos. Para escrever um post no blog, o fabricante precisa se preocupar com aquele tema específico, mas, para publicar uma *newsletter*, precisará de algumas páginas com temas diversos.

Antes de publicar a edição de número 1, é preciso refletir muito bem na periodicidade. Por exemplo, se ficar decidido que será uma *newsletter* mensal, o fabricante deve refletir: "Terei conteúdo suficiente para publicar uma edição por mês?", "terei tempo e gente suficiente para me ajudar a publicar uma edição por mês?", "meus canais indiretos terão tempo e motivação de ler uma edição por mês?".

Por todas essas razões, é importante contratar gente especializada para ajudar na criação, produção e edição da *newsletter*. Uma agência de marketing com experiência nesse tipo de publicação, com redatores, revisores, editores e diagramadores, tornará a vida do *vendor* muito menos complicada.

Apesar de as *newsletters* terem um nível de complexidade um pouco maior que os blogs, elas também são uma boa opção para complementar a estratégia de comunicação do fabricante com seus canais indiretos. E, para ajudá-lo a diferenciar as principais características dessas duas ferramentas, apresento a seguir uma tabela comparativa.

Característica	Blog	Newsletter
Formalidade	Informal	Formal
Fórum de discussões?	Sim	Não
Tamanho dos artigos	Textos curtos e diretos	Textos mais longos e elaborados
Formato	Softwares fazem uma diagramação automática	Exige uma diagramação profissional
Periodicidade	Diária ou, no máximo, semanal	Mensal, bimestral ou até trimestral
Produção	"Caseira", pela própria equipe do fabricante	"Profissional", por meio de empresa especializada contratada pelo fabricante

Comunicação "ao vivo e em cores"

Falei de diversos meios diferentes que podem ser combinados para potencializar a comunicação entre fabricante e seus canais indiretos: mensagens de e-mail, chamadas telefônicas, mensagens instantâneas, redes sociais, blogs e *newsletters*. Mas não devemos nos esquecer de algo muito importante: a comunicação que se faz pessoalmente, cara a cara com os *partners*.

Recomendo que o fabricante, principalmente o gerente de canais, aproveite ao máximo cada oportunidade de interação direta com seus colegas dos canais indiretos. É o método mais indicado para melhorar o relacionamento, desenvolver a empatia, confiança e credibilidade, que são atributos indispensáveis às atividades do gerente de canais e para potencializar a aliança de negócios entre *vendor* e parceiros.

A importância de saber ouvir

Para terminar este capítulo, nunca é demais lembrar que uma boa comunicação é uma pista de mão dupla. Tão importante quanto utilizar com inteligência os métodos de comunicação que estudamos aqui, é saber ouvir o retorno que os *partners* emitem a todo momento.

O fabricante precisa ter sempre os olhos e os ouvidos bem abertos para captar da melhor maneira possível as sugestões, críticas, ideias de seus parceiros. Essa é uma das grandes missões do gerente de canais. Como já disse aqui em capítulos anteriores, ele é a interface entre o fabricante (que é a empresa que o paga e para quem trabalha) e os parceiros que gerencia. Portanto, saber interpretar bem o *feedback* que recebe e tratá-lo da melhor maneira dentro de casa, sempre com o intuito de melhorar a relação com os canais, é um dos grandes segredos dessa função.

É mandatório, portanto, manter sempre uma linha aberta e incentivar os *partners* a sempre exporem suas opiniões e comentários, sem receio de críticas ou prejulgamentos. Um diálogo aberto e respeitoso de ambas as partes só pode fazer bem para os resultados da aliança de negócios.

11
O PARTNER PORTAL

Trata-se de algo indispensável. Algo que 100% dos fabricantes que trabalham com vendas indiretas deveriam disponibilizar para seus canais: o *Partner Portal*. Ele também é um meio de comunicação, assim como os demais meios vistos no capítulo anterior. Mas por ser tão especial, e talvez o mais importante de todos, merece um capítulo exclusivo, totalmente dedicado a ele.

O *Partner Portal* é uma importante ferramenta online que o fabricante dispõe para informar, transferir conhecimento e conteúdo, e manter a atenção dos seus canais indiretos. Via de regra, quando um *partner* precisa de alguma informação, seja ela de produto, de processo, de documentação, entre outras, é ao *Partner Portal* que ele irá recorrer como primeira fonte de consulta. Ao contrário da equipe do fabricante (que também deve ter vida social) o *Partner Portal* está disponível 24 horas por dia, 7 dias por semana.

Por ser tão fundamental e tão presente no relacionamento do fabricante com seus parceiros, o *Partner Portal* requer cuidados especiais em sua elaboração. Seguir as melhores práticas de design e criação de conteúdo vai incentivar sua utilização frequente. Quanto mais os funcionários dos parceiros acessarem, e mais tempo ficarem conectados no sistema, menos tempo eles terão para dedicar aos outros produtos que representam. Quanto mais dúvidas e consultas forem sanadas por meio do *Partner Portal*, menos tempo do gerente de canais e da equipe do fabricante será consumido. Por outro lado, um *Partner Portal* malfeito e com informação irrelevante e desatualizada cairá no esquecimento muito rapidamente.

Vamos dar uma olhada em algumas regras básicas para que o *Partner Portal* se transforme no melhor amigo dos canais indiretos?

DESIGN – VISUAL BONITO E ATRAENTE

O fabricante deve fazer questão de disponibilizar para seus parceiros um *Partner Portal* bonito, com um visual elegante que os incentive a acessar e a navegar pelo conteúdo. Todas as páginas devem ser produzidas com muito capricho, mas a home page merece uma atenção especial.

Assim como em qualquer site da internet, a home page do *Partner Portal* é o primeiro ponto de contato dos usuários com o sistema. Ela deve ser visualmente atrativa, afinal de contas ela é o cartão de visitas do site. Então vale muito a pena dar uma caprichada nessa parte.

Nada de improvisos e de soluções caseiras: o *Partner Portal* deve ser feito por alguém experiente, acostumado a criar páginas de internet de média/alta complexidade. Só alguém tarimbado poderá dar ao sistema o visual e a funcionalidade que ele merece. O barato pode sair bem caro se o *vendor* optar por soluções remendadas. Se a empresa não possui alguém com esse conhecimento dentro de casa, então deve contratar uma agência especializada nesse tipo de tarefa.

É importante colocar em lugar de destaque os novos recursos e materiais disponíveis, para que os usuários frequentes fiquem sabendo logo de início quais são as novidades. A home page é um excelente recurso para o fabricante direcionar os usuários exatamente para o conteúdo que mais tem interesse que eles vejam.

Em resumo, a home page do *Partner Portal* é uma área de boas- -vindas que deve direcionar os canais indiretos rapidamente ao recurso que eles buscam, além de destacar as novas informações sobre as quais talvez eles ainda não estejam a par. O design deve ser simples, elegante e organizado para oferecer aos *partners* a melhor experiência possível.

FUNCIONALIDADE – SIMPLES E PRÁTICO DE USAR

De fato, o *Partner Portal* deve ter um visual atraente. Porém, se for "bonitinho, mas ordinário", não vai resolver o problema do fabricante nem o problema dos seus canais indiretos. É fundamental, portanto, que ele seja funcional, de modo que os usuários se sintam bem orientados e saibam como chegar rapidamente ao conteúdo que estão buscando.

Nunca é demais repetir: os parceiros têm muito trabalho para tocar suas próprias empresas e para lidar com os demais fabricantes com quem trabalham. A melhor forma de um *vendor* fazer com que eles realmente acessem seu conteúdo e invistam nessa relação de parceria é facilitando ao máximo a vida deles. Isso inclui desenhar um *Partner Portal* que seja fácil e intuitivo de navegar e utilizar. Se o *Partner Portal* for complexo de ser acessado, tenha certeza de que ele será subutilizado.

Algo indispensável é customizar o conteúdo da home page de acordo com o login do usuário, para que ele tenha acesso somente ao que for relevante para sua situação. Por exemplo, um *partner* que não trabalha com o produto XYZ não precisa ser bombardeado de informações sobre esse produto. Da mesma forma, um parceiro que só vende no Brasil não precisa receber um montão de informações sobre os eventos no México. O fabricante deve ajudar os seus canais a terem acesso fácil e rápido às informações que são relevantes ao seu contexto.

E, já que estamos falando de facilidade de acesso, não custa lembrar que o *Partner Portal* deve ser facilmente acessado por meio de dispositivos móveis (principalmente dos smartphones). Isso garantirá que os canais indiretos tenham sempre, ao alcance das mãos, todos os materiais que necessitam para desempenhar bem seu trabalho.

Os programadores do *Partner Portal* devem criar uma interface amigável para que a equipe do fabricante possa, de maneira fácil e rápida, inserir novos conteúdos e retirar os arquivos desatualizados. Se a equipe depender de terceiros para fazer a atualização do conteúdo do seu *Partner Portal*, provavelmente introduzirá um atraso no processo de divulgação que irá desmotivar os parceiros. Em outras palavras, o *Partner Portal* deve ser funcional para quem o acessa (os canais) e para quem o mantém (o fabricante).

É importante que as informações sejam muito bem organizadas. Encontrar uma informação no *Partner Portal* deve ser algo intuitivo e simples. Ele pode ser dividido em pastas, de forma que o acesso seja mais fácil e rápido. Por exemplo, uma pasta diferente para os diversos produtos e para as várias áreas de interesse. Ter uma ferramenta de busca eficiente também é crucial. O mantra da equipe do fabricante, liderada pelo gerente de canais, deve ser "facilitar a vida dos seus parceiros". Se o fabricante não fizer isso, seu concorrente fará.

Ainda no quesito praticidade, é bom estar atento quando ocorrer uma situação de fusão de dois fabricantes (por aquisição de um pelo outro, por exemplo). É normal que os canais passem por algumas semanas de dificuldades, até que a consolidação das informações esteja completa. Mas convém não abusar da paciência deles e tomar as providências para que os sistemas de ambos os fabricantes sejam integrados o quanto antes.

CONTEÚDO – COMPLETO, ATUAL E RELEVANTE

Um dos objetivos do *Partner Portal* é funcionar como um grande repositório de informações do fabricante, que ficará disponível aos seus canais indiretos 24 horas por dia, 7 dias por semana. Essa é a maneira mais eficaz de difundir conteúdo para os parceiros.

A grande vantagem do repositório de informações via *Partner Portal* sobre o envio das mesmas informações por e-mail, por exemplo, é que os seus parceiros irão buscar a informação no exato momento em que precisam dela.

Não me entenda mal: o envio de e-mails com informação relevante é muito importante no processo de comunicação entre fabricante e canais. Mas é muito provável que eles não cheguem no momento exato em que os *partners* precisam daquele conteúdo. Se os parceiros não forem organizados o bastante para arquivar as informações de maneira que saibam onde encontrá-las, elas ficarão perdidas em algum lugar qualquer.

O *Partner Portal* não deve disponibilizar somente informações referentes a vendas. O *vendor* deve aproveitar essa ferramenta para compartilhar todos os arquivos que, de alguma forma, possam interessar às diversas áreas dos seus canais, como marketing, gerência de produto, suporte técnico, treinamento, entre outras.

Será muito bacana se o fabricante conseguir utilizar para a construção do seu *Partner Portal* um software que permita rastrear o uso dos materiais disponibilizados. Dessa forma, poderá produzir relatórios de utilização de cada um deles e saberá dizer quais os mais requisitados, quais os menos interessantes e, principalmente, quais os *partners* e funcionários dos parceiros que estão usufruindo com mais frequência dessas informações compartilhadas.

É mandatório manter o conteúdo do *Partner Portal* sempre fresquinho. Ao mesmo tempo que o *vendor* deve se preocupar em manter os novos conteúdos em destaque, é importante também retirar do ar os documentos mais antigos, que não fazem mais sentido estarem ali. Um alerta pode ser criado para que os usuários do *Partner Portal* sejam avisados (por WhatsApp, e-mail ou SMS, por exemplo) sempre que um novo conteúdo for adicionado.

ACONTECEU COMIGO

Em um dos fabricantes em que trabalhei, nosso *Partner Portal* foi batizado de PIC *(Partner Information Center)*.

Havia uma equipe cuja função era "somente" a de mantê-lo atualizado, relevante e completo. Nossa confiança na robustez do PIC era tão grande que, quando um canal entrava em contato com alguma dúvida, normalmente nossa resposta era: "Tá no PIC". E na imensa maioria das vezes estava mesmo! "Tá no PIC" é uma frase que se tornou um bordão nosso.

Na pressa, na urgência, o parceiro entrava em contato sem precisar... a informação estava sempre ali no PIC, à sua disposição. Claro que, depois que constatávamos juntos que a informação de fato estava publicada, eu não perdia a oportunidade de dar um puxãozinho de orelha "educativo" no canal...

SEGURANÇA E CONFIDENCIALIDADE

Bom, pelo que você já leu até aqui sobre *Partner Portal*, já se deu conta de que o fabricante o utiliza para divulgar uma grande quantidade de informações confidenciais. Esse conteúdo só interessa e apenas deve ser acessado pelo *vendor* e seus parceiros. Ninguém mais deve ter acesso, nem sequer os clientes finais. A equipe do fabricante deve assegurar que os dados compartilhados no *Partner Portal* estejam seguros, evitando acessos indevidos.

É fundamental, portanto, que todos os funcionários dos canais indiretos se registrem, por meio de *username* e senha, para poder acessá-lo. No primeiro acesso, todos devem preencher um pequeno cadastro (pequeno!) com algumas informações importantes, como seu nome completo, e-mail, cargo, parceiro em que trabalham e localização geográfica. O *vendor* pode solicitar mais informações se julgar relevante, mas por favor nada de transformar esse cadastro em algo interminável.

É de bom tom só pedir informações que serão úteis e que de alguma maneira poderá utilizar. Nesse primeiro acesso, é importante também que o novo usuário defina sua senha.

Esse cadastro deverá chegar à pessoa do fabricante encarregada de aprovar (ou recusar) o ingresso de novos membros no *Partner Portal*. Normalmente quem faz essa tarefa é o próprio gerente de canais. Caso ele não conheça a pessoa que solicitou o registro, ou não tenha absoluta certeza de que ela realmente trabalha em um dos seus parceiros, não deve em hipótese alguma aprovar o registro. Deve ligar antes e confirmar! O gerente de canais não pode esquecer que a sua aprovação significa permitir o acesso a uma gama imensa de informações que não devem cair em mãos erradas.

Conforme comentado anteriormente, os dados do cadastro são úteis para que o próprio *Partner Portal* já faça um filtro prévio das informações que cada usuário poderá acessar. Por exemplo, um funcionário de um canal do Brasil, ao realizar o login, já poderá ser direcionado para os materiais em português. Já um funcionário de um *partner* do Peru ganhará acesso direto ao conteúdo em espanhol. Ou então um gerente de contas, ao se logar, já é direcionado aos materiais de vendas e marketing, enquanto um funcionário de suporte técnico já é levado aos materiais técnicos.

Uma dica de segurança importante: o sistema deve estar programado para só permitir cadastro de e-mails corporativos. Nada de extensões aleatórias e genéricas. Garantir que o e-mail de acesso seja o comercial ajuda a evitar fraudes, acessos indevidos e ainda previne que um usuário que deixar de trabalhar para um canal indireto continue tendo acesso ao portal. Aliás, é importante que as informações referentes aos usuários sejam revisadas periodicamente, para impedir que pessoas não autorizadas acessem o sistema. Para auxiliá-lo nessa tarefa, o *vendor* deve incluir nas cláusulas do seu contrato de parceria e/ou no programa de canais, na seção de "responsabilidades dos canais indiretos", um item que os obriga a comunicar o fabricante em caso de saída de funcionários e admissão de novos integrantes.

Ainda nesse contexto, convém pedir aos programadores do seu *Partner Portal* que criem um sistema de expiração de senhas, fazendo com que cada usuário tenha que renová-la de tempos em tempos (por exemplo, de três em três meses). Essa é mais uma medida que ajuda a impedir acessos não desejados.

Não custa lembrar que existem documentos, contratos, planilhas e outros materiais que são de uso exclusivo do fabricante e que, logicamente, não devem ser compartilhados com os canais de nenhuma maneira, nem pelo *Partner Portal* nem por qualquer outro meio de compartilhamento.

Em tempo: para permitir acesso dos funcionários dos parceiros ao *Partner Portal*, a maioria dos fabricantes disponibiliza um menu "*Partners*" ou "Canais" no site aberto da empresa na internet. Ao clicar nesse menu, o usuário é direcionado para a tela de login. Por meio de seu nome de usuário e senha de acesso, previamente configurados, os funcionários dos *partners* ganharão acesso ao sistema.

ACONTECEU COMIGO

Tive a oportunidade de trabalhar como gerente de canais em um fabricante que não dispunha de um *Partner Portal*. Esse fabricante vinha de uma tradição de muito tempo trabalhando somente com vendas diretas, e minha entrada coincidiu com o ingresso desse *vendor* no mundo das vendas indiretas.

Por algumas razões que não cabe comentar agora, o desenvolvimento do *Partner Portal* por nossa equipe de desenvolvimento demorou mais do que eu gostaria. O fato é que nós, da área de canais, tivemos que nos adaptar e trabalhar por longos meses sem esse recurso tão fundamental.

Foi uma experiência muito ruim para nós e para nossos canais. Por mais que fôssemos organizados, ficava muito difícil controlar o envio de documentos aos parceiros, mantê-los sempre com as versões mais atuais desses materiais, sem contar que a ausência do *Partner Portal* passava aos canais uma insegurança muito grande com relação à seriedade da empresa e ao nosso comprometimento com a área de vendas indiretas. A sensação que os parceiros tinham, e não os culpo por isso, era que nossa empresa era muito amadora em termos de gestão de canais. Não os julgo por esse sentimento.

Essa experiência, bem negativa e frustrante, serviu para reforçar uma tese que sempre tive: não há a menor condição de fazer uma gestão de canais bem-feita sem um bom *Partner Portal*.

PORTA DE ENTRADA PARA TODOS OS RECURSOS DO FABRICANTE

O *Partner Portal*, como o próprio nome sugere, deve funcionar como uma porta de entrada para os demais sistemas e recursos do fabricante: o sistema de registro de oportunidades, o LMS, o sistema de colocação e acompanhamento de pedidos, o sistema de abertura de chamados técnicos, o blog que o fabricante mantém especialmente para seus canais, entre outros.

Conforme já comentei anteriormente, transformar o *Partner Portal* numa verdadeira central de informações e doutrinar os parceiros para que o encarem como tal será uma grande ajuda na missão do fabricante de capturar e manter a atenção, o interesse, o engajamento e o nível de conhecimento dos seus canais indiretos.

A tabela a seguir reúne os principais atributos de um bom *Partner Portal*:

Design	Navegação	Conteúdo	Segurança
- Atenção especial com a home page; - Deve ser produzido por um profissional experiente; - Colocar as novidades em lugar de destaque; - Simples, elegante e organizado.	- Usuários devem encontrar rapidamente o que buscam; - Conteúdo customizado para cada perfil de usuário; - Fácil acesso via dispositivos móveis (smartphones e tablets); - Fácil para a equipe do fabricante atualizar o conteúdo; - Dispor de uma ferramenta de busca eficiente.	- Informações referentes às diversas áreas: vendas, marketing, suporte, entre outras; - Rastreamento de utilização; - Criar alerta de novo conteúdo; - Deletar os materiais antigos/obsoletos	- Acesso mediante *username* e senha; - Gerente de canais deve aprovar/rejeitar todas as solicitações de novos registros; - Cadastro somente de e-mails corporativos; - *Partners* devem comunicar sobre os funcionários novos e os que deixaram a empresa; - Criar um sistema de expiração periódica de senhas; - Cuidado para não publicar materiais de acesso exclusivo do fabricante.

12
GESTÃO DE CONFLITOS

Seguramente este não é um tema ao qual o gerente de canais e toda a equipe do fabricante gostem de se dedicar. Melhor seria se os parceiros trabalhassem 100% do tempo de maneira harmoniosa, sem nenhum conflito entre eles e sem nenhum atrito com o *vendor*. Sinto muito decepcioná-lo, mas é meu papel alertar que ausência de conflito é algo que não existe. Fazendo uma analogia matemática, conflito igual a zero e divisão por zero simplesmente não existem no mundo real.

O conflito é inevitável em qualquer tipo de relacionamento, especialmente naqueles em que existe um elevado grau de interdependência entre as partes envolvidas. A relação entre fabricante e canais indiretos é um bom exemplo dessa situação em que todas as partes interagem muito, umas dependendo do trabalho das outras.

"Mas por que eu preciso estudar o conflito?", alguém perguntará.

A resposta é simples. Porque o sucesso sustentável em qualquer relacionamento depende tanto de acumular bons eventos como de evitar maus eventos. Por isso é importante entender quais são os fatores capazes de prejudicar o relacionamento numa estrutura de distribuição. O impacto negativo do conflito pode ser maior em magnitude que os efeitos positivos de qualquer outra ação desenvolvida pelo fabricante. Todos os investimentos realizados para manter saudável a relação com os *partners* poderão ser perdidos se os episódios de conflito não forem apropriadamente identificados e gerenciados.

Na literatura acadêmica, existem várias definições para o conflito de canais. Uma que eu gosto muito é "a percepção por parte de um canal que a realização de seu objetivo está sendo impedido por outro canal, ou pelo fabricante, resultando em tensão ou estresse entre eles".

Note que essa definição traz o conceito de "percepção". Isso significa que, muitas vezes, basta que o parceiro tenha a sensação de que está sendo prejudicado, e a situação de conflito se desencadeará. Toda a equipe do fabricante, e principalmente o gerente de canais, precisa estar muito antenada para detectar e tratar esse tipo de ocorrência o mais cedo possível.

Vejamos a seguir algumas características do conflito de canais.

CONFLITO *VERSUS* DESEMPENHO

Ao contrário do que seria intuitivo, as consequências do conflito de canais no desempenho da estrutura de distribuição não são sempre negativas.

Se por um lado o conflito pode destruir, magoar ou frustrar outro membro da estrutura de distribuição, por outro, sem nenhum conflito (admitindo que essa possibilidade existisse), os *partners* tenderiam a se tornar passivos e sem criatividade. Alguns trabalhos acadêmicos sugerem existir certa quantidade de "conflito construtivo", que move a estrutura de distribuição para níveis mais altos de criatividade, inovação e competitividade e faz com que os canais se adaptem, cresçam e vislumbrem novas oportunidades.

É importante levar em consideração que as pesquisas realizadas até aqui mostram que o conflito é multidimensional. Enquanto algumas dimensões do conflito podem colaborar para a queda do desempenho, outras dimensões podem ter efeito contrário. Portanto, é importante entender quais são essas dimensões, de forma a tirar as melhores conclusões sobre seus efeitos no rendimento das equipes.

CONFLITO DE TAREFA E CONFLITO DE RELACIONAMENTO

Com o passar do tempo e o avanço dos estudos, a literatura acadêmica passou a classificar o conflito em diferentes tipos. Uma das classificações distingue o *conflito de tarefa* em relação ao *conflito de relacionamento*.

O conflito de tarefa normalmente se refere a diferenças de pontos de vista e opiniões sobre uma atividade a ser realizada e decorre da busca pela resolução de problemas e da melhor maneira de alcançar um objetivo comum. Pode também estar relacionado a divergências referentes à distribuição de recursos e às políticas e procedimentos. Associa-se esse tipo de conflito à boa vontade de ambas as partes com relação a novas ideias e a mudanças.

O conflito de tarefa é encarado como uma discussão produtiva, e não como uma briga. Mesmo que haja discussões acaloradas, normalmente não são acompanhadas de emoções negativas e de sentimentos pessoais.

Existem diversos trabalhos acadêmicos que mostram a correlação entre o conflito de tarefa e o aumento de desempenho da estrutura de canais, já que as discussões positivas melhoram a qualidade das decisões tomadas, pois levam em conta todos os pontos de vista e uma melhor avaliação de todos os fatores. O conflito de tarefa é visto como uma ferramenta de melhoria da equipe e de inovação, além da redução da acomodação.

Já o conflito de relacionamento está ligado a incompatibilidades pessoais, incluindo componentes afetivos e emocionais e sentimentos como aborrecimento, frustração, irritação, disputas, incompatibilidades e choques de personalidades.

O conflito de relacionamento prejudica a relação e promove o desentendimento entre as partes. Está ligado a gostos pessoais, choque de valores, diferenças de estilo pessoal e a comportamentos oportunistas.

Diversos autores correlacionam o conflito de relacionamento com a diminuição da eficiência e do desempenho da estrutura de canais.

Portanto, ele deve ser evitado ou ter suas consequências minimizadas, pois são destrutivas e reduzem o foco da equipe.

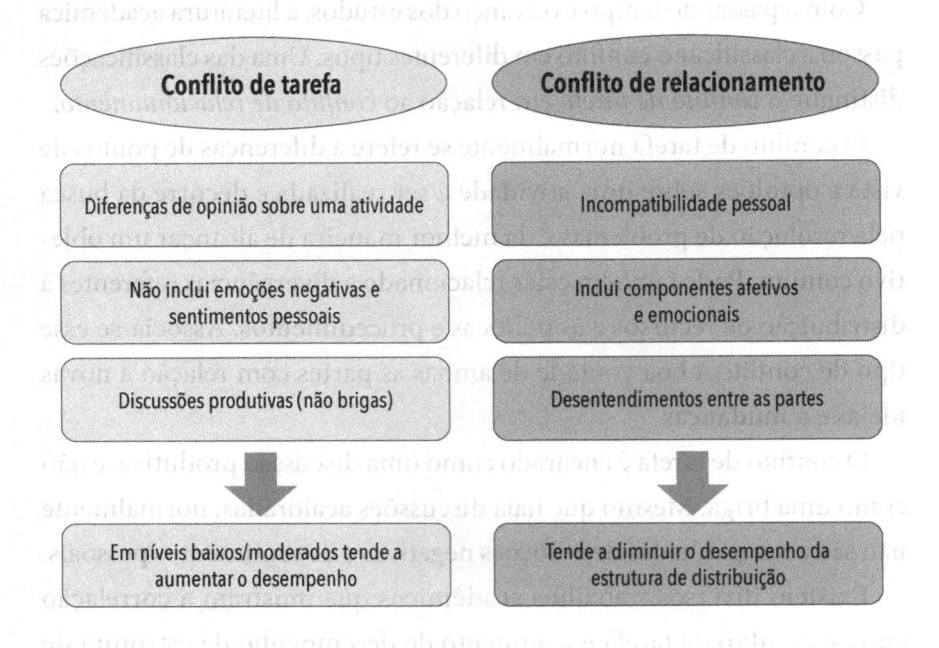

Conflito de tarefa
- Diferenças de opinião sobre uma atividade
- Não inclui emoções negativas e sentimentos pessoais
- Discussões produtivas (não brigas)
- Em níveis baixos/moderados tende a aumentar o desempenho

Conflito de relacionamento
- Incompatibilidade pessoal
- Inclui componentes afetivos e emocionais
- Desentendimentos entre as partes
- Tende a diminuir o desempenho da estrutura de distribuição

CONFLITO HORIZONTAL E CONFLITO VERTICAL

Quando existe conflito entre dois ou mais membros de uma mesma camada da estrutura de distribuição, dizemos que se trata de um conflito horizontal. Por exemplo, quando um VAR quer competir em uma oportunidade registrada para outro VAR, ou quando um VAD tem uma desavença com outro distribuidor.

Já quando dois ou mais membros, de camadas diferentes da estrutura de distribuição, entram em conflito, dizemos que o conflito é vertical. Por exemplo, um canal indireto pode se indispor com o fabricante, pois o *vendor* não cumpriu as regras do registro de uma oportunidade para a qual esse canal era o *prime*.

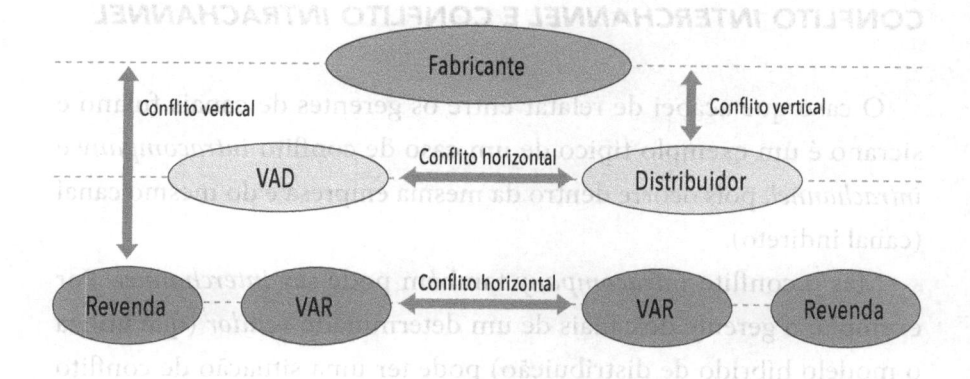

```
                    Fabricante
   Conflito vertical              Conflito vertical
              Conflito horizontal
      VAD  ←——————————————→  Distribuidor

                    Conflito horizontal
  Revenda   VAR   ←——————————→   VAR    Revenda
```

CONFLITO *INTERCOMPANY* E CONFLITO *INTRACOMPANY*

A maioria dos casos de conflito de canais envolve duas empresas diferentes (fabricante *versus* canal indireto, VAD *versus* VAR, canal indireto 1 *versus* canal indireto 2). A literatura classifica esse tipo de situação como Conflito *Intercompany*.

No entanto, é importante ter em mente que o conflito de canais também pode ocorrer dentro das fronteiras de uma única empresa. Nesse caso, temos o Conflito *Intracompany*. Por exemplo, dentro de um mesmo fabricante, o gerente de canais fulano pode ter uma situação de conflito com o gerente de canais sicrano, porque sicrano está absorvendo toda a agenda do único engenheiro de pré-vendas da empresa, fato que está prejudicando os parceiros gerenciados por fulano.

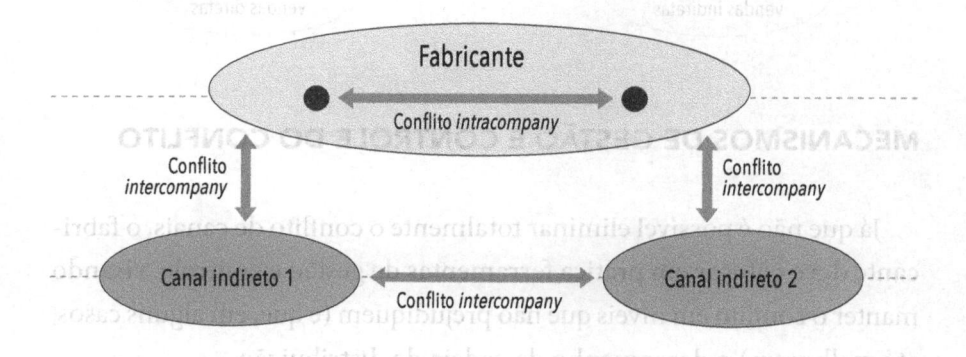

```
                    Fabricante
              •  ←——————————→  •
                Conflito intracompany

   Conflito                              Conflito
  intercompany                         intercompany

  Canal indireto 1  ←——————————→  Canal indireto 2
                Conflito intercompany
```

CONFLITO *INTERCHANNEL* E CONFLITO *INTRACHANNEL*

O caso que acabei de relatar entre os gerentes de canais fulano e sicrano é um exemplo típico de um caso de conflito *intracompany* e *intrachannel*, pois ocorre dentro da mesma empresa e do mesmo canal (canal indireto).

Mas o conflito *intracompany* também pode ser *interchannel*. Por exemplo, o gerente de canais de um determinado *vendor* (que utiliza o modelo híbrido de distribuição) pode ter uma situação de conflito com o gerente de contas diretas dessa mesma empresa pelo fato de esse gerente de contas ter começado a tratar diretamente uma oportunidade que deveria ser conduzida pela área de vendas indiretas. Aqui a empresa é a mesma, mas os canais são diferentes (é uma disputa entre o canal direto e o canal indireto do fabricante).

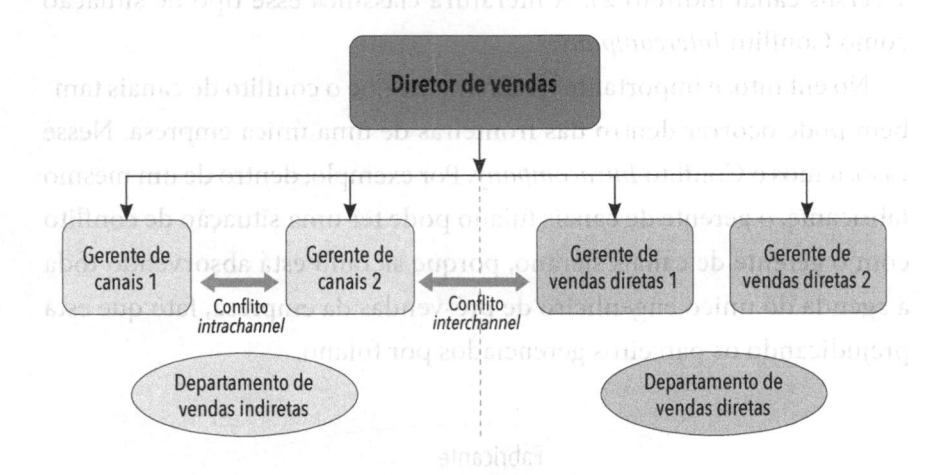

```
                        Diretor de vendas
         ┌──────────────────┼──────────────────┐
   Gerente de          Gerente de         Gerente de         Gerente de
   canais 1            canais 2           vendas diretas 1   vendas diretas 2
            Conflito            Conflito
          intrachannel        interchannel

   Departamento de                        Departamento de
   vendas indiretas                       vendas diretas
```

MECANISMOS DE GESTÃO E CONTROLE DO CONFLITO

Já que não é possível eliminar totalmente o conflito de canais, o fabricante deve colocar em prática ferramentas de gestão e controle, visando manter o conflito em níveis que não prejudiquem (e que, em alguns casos, até melhorem) o desempenho da cadeia de distribuição.

Gerenciar o conflito significa criar estratégias que minimizem os efeitos nocivos do conflito e aprimorem as funções construtivas do conflito. Dessa forma, promove-se a melhoria do desempenho de um ecossistema de vendas indiretas.

Gestão preventiva

Assim como na medicina, quando se fala em conflito de canais prevenir também é bem melhor do que remediar. Quando não gerenciado preventivamente, o conflito pode consumir muitas horas de trabalho do gerente de canais e de vários outros profissionais do fabricante. Trata-se de um tempo que poderia ser investido em diversas outras atividades mais produtivas e prazerosas na relação entre fabricante e parceiros.

Nos capítulos anteriores, estudamos diversas estratégias que, direta ou indiretamente, ajudam na prevenção do conflito de canais. Relaciono essas e outras estratégias a seguir.

- **Estrutura de preços:** no caso de estruturas híbridas de distribuição, o preço cobrado pelo canal direto não pode ser mais vantajoso do que o cobrado pelo canal indireto. É óbvio que isso faria com que a rede de canais indiretos fosse tremendamente prejudicada, chegando ao limite de desaparecer. O fabricante deve calibrar o preço cobrado de forma direta e indireta para que esse não seja um fator de desequilíbrio a favor das vendas diretas.
- **Comissões:** ainda no caso de fabricantes que utilizam o modelo híbrido de distribuição, é importante que as comissões pagas aos gerentes de canais e aos gerentes de contas sejam ajustadas de tal forma que um lado não tenha a percepção de que está tendo seus rendimentos prejudicados por causa do outro.
- **Segmentação:** esta é uma ferramenta poderosa na organização de uma estrutura de distribuição. No programa de canais, o fabricante tem o poder de delimitar, entre outros atributos, produtos, territó-

rios, clientes e quais membros da sua estrutura poderão trabalhar em cada um desses elementos.

- **Distribuição de *leads*:** em uma estrutura de vendas indiretas, é normal que um canal sempre tenha a percepção de que todos os demais recebem mais *leads* do fabricante do que ele. Podemos dizer que esse é um sentimento normal em 100% dos *partners*. Portanto, para evitar gritaria, o fabricante deve estar prevenido. Ter regras claras para a atribuição de *leads* entre seus canais, conforme vimos no capítulo 4. O sistema deve ser calibrado para não favorecer nenhum membro da rede de parceiros. Também deve ser utilizada uma estratégia de comunicação adequada para que todos conheçam muito bem essa política e entendam que o *vendor* está aplicando essas regras tal qual foram determinadas.
- **Registro de oportunidades:** este é um tema tão importante que dediquei um capítulo inteiro para tratar de todos os seus detalhes e nuances. O fato é que o registro de oportunidades é uma ferramenta poderosíssima e indispensável em qualquer estrutura de canais indiretos e um grande aliado do fabricante para a prevenção de conflito. Conforme enfatizado no capítulo 7, o gerente de canais deve ser um guardião fiel do bom andamento dessa política.
- **Não saturar o mercado:** o *vendor* não deve admitir que um número excessivo de canais trabalhe em um determinado território ou com certa linha de produto. Isso faria com que os *partners* "se matassem" a cada nova oportunidade de negócio que surgisse. É dever do fabricante calibrar essa quantidade de canais para que todo o mercado possa ser atendido, mas sem saturação.
- **Foco em faturamento novo:** o fabricante deve educar seus *partners* com uma mentalidade de busca por faturamento novo. Um canal não deve aumentar seu faturamento às custas da diminuição do faturamento de outros. Eles devem ter o objetivo de aumentar seus ganhos trazendo novos clientes (novos logos) para o *vendor*. Trata-se do conceito, já comentado anteriormente, de aumentar

o tamanho do bolo em vez de aumentar o número de fatias do bolo existente.
- **Organograma:** em estruturas híbridas de distribuição, é recomendável que os gerentes de canais, os gerentes de contas por meio de canais e os gerentes de contas diretas se reportem ao mesmo indivíduo (por exemplo, o diretor de vendas). Se essas funções se reportarem a diretores diferentes, poderá haver uma disputa, dentro do fabricante, entre vendas diretas e indiretas (conflito *intracompany*). Além de isso não ser desejável, haverá um desperdício de energia que poderia ser mais bem direcionada nos embates contra a concorrência.
- **Comunicação:** manter a sua rede de parceiros bem informada sobre as novidades, sobre as diretrizes do seu programa de canais, seus direitos e deveres faz com que eles se sintam seguros o suficiente para evitar fofocas, achismos e diminui muito os ruídos provocados pela famosa rádio peão. O fabricante não deve esquecer que seus *partners* se comunicam entre si e, em tempos de *fake news*, boatos infundados podem se alastrar rapidamente e gerar conflitos desnecessários.

Gestão corretiva

Mesmo que o fabricante siga à risca todas as medidas preventivas recomendadas, ainda assim irá se deparar com o conflito em seu ecossistema de canais. Como já estudamos anteriormente, conflito igual a zero é algo que não existe. O conflito faz parte do dia a dia da relação entre fabricante e canais indiretos.

Portanto, especialmente nos casos de conflito de relacionamento e nos casos mais severos de conflito de tarefa, o *vendor* precisará agir rápido para não permitir que os efeitos ruins do conflito afetem o rendimento de toda a cadeia de distribuição.

Vejamos a seguir algumas ações importantes para a gestão corretiva do conflito.

- **Mediação:** o fabricante deve estabelecer um sistema de mediação que seja responsável por ouvir, avaliar a situação e tomar a melhor resolução. Esse "conselho de mediadores", formado por executivos do fabricante, deve apurar todos os fatos e versões, tomar a decisão de maneira correta e imparcial e comunicá-la apropriadamente a todos os envolvidos, com as devidas justificativas.
- **Agir rápido:** embora já comentado, esse ponto é tão importante que não custa reforçar. Nós, humanos que somos, temos a tendência de deixar os assuntos desagradáveis para depois. Todo mundo prefere se envolver em temais legais, leves, construtivos, e ninguém (ou quase ninguém) gosta de se meter em confusão. Mas, nos casos de conflito de canais, o fabricante (em particular o gerente de canais) tem a obrigação de intervir o quanto antes e coordenar a melhor forma de resolução. Deixar para depois só vai fazer as coisas piorarem ainda mais.
- **Apoiar-se em dados estatísticos:** é importante manter um registro das causas mais comuns de conflito. Uma incidência grande de uma mesma causa pode indicar algo de errado no programa de canais, ou na maneira como o fabricante gerencia o programa.
- **Incorporar a decisão ao programa de canais:** sempre que a solução para um novo caso de conflito tenha potencial de ser aplicada novamente em situações semelhantes, vale a pena agregar a decisão tomada ao programa de canais no capítulo dedicado à gestão de conflitos. Dessa forma, a resolução para o fato gerador do conflito se converte em uma regra a ser seguida.

ACONTECEU COMIGO

Tive a oportunidade de trabalhar num fabricante que, aqui na filial brasileira, não dispunha de uma ferramenta profissional de registro de oportunidades. Fazíamos uma gestão bem improvisada das solicitações dos parceiros, e cada gerente de canais mantinha um controle improvisado dos projetos em que seus *partners* estavam trabalhando. Uma bagunça, reconheço...

Obviamente, esse tipo de situação era uma porta escancarada para o conflito de canais. E nós sofríamos muito com isso. Nossa diretora vivia dizendo, em tom de brincadeira, que não devia ter contratado engenheiros e administradores, mas sim psicólogos para a função de gerenciar os canais. A quantidade de reclamações e de "bolas divididas" entre os parceiros era enorme. O fato é que perdíamos um tempo enorme na resolução do conflito, e isso estava provocando um desgaste gigantesco na relação com nossos parceiros. Ninguém aguentava mais aquela situação.

Depois de algumas idas e vindas, encomendamos o desenvolvimento de uma ferramenta online de registro e acompanhamento das oportunidades. Nossa vida mudou da água para o vinho. A quantidade de situações de conflito caiu drasticamente, nosso relacionamento com os *partners* aos poucos foi voltando ao normal, e toda a equipe de canais passou a ter mais tempo para se dedicar ao que realmente importa: os negócios.

Ah, e também não perdemos nossos empregos para os psicólogos...

SEMPRE ALERTA!

Tomo emprestado o lema do escotismo para reforçar que, assim como os escoteiros, um bom gerente de canais deve estar "sempre alerta" com o conflito de canais. Jamais deve cair na armadilha de simplesmente ignorar o conflito, achando que ele irá embora sozinho. O conflito deve sempre ser atacado rapidamente para evitar sua propagação e diminuir seus efeitos nocivos.

Quando o conflito se torna algo recorrente, os *partners* sentirão o desgaste que esses eventos provocam. Intuitivamente, passarão a investir seu tempo e seus recursos com outros fabricantes com quem fazer negócios seja algo mais leve e produtivo. Ninguém gosta de viver em meio a um "perrengue" constante.

13
AGRADECIMENTOS

Estamos chegando ao final deste livro. A você, que dedicou seu tempo para ler um trecho, um capítulo, ou foi paciente o bastante para lê-lo na íntegra, meu mais sincero agradecimento.

A gestão de canais indiretos não é nada fácil. É uma missão complexa, que exige disciplina, paciência e coordenação e envolve um número grande de profissionais de diversas áreas. É um trabalho que requer muito relacionamento e interação. Costumo chamar o gerente de canais de "o grande maestro" das vendas indiretas, pois cabe a ele coordenar um grupo grande de "músicos", ditar o ritmo da "música" e a intensidade a ser colocada em cada parte do "concerto".

Tenho a clara consciência da importância de cada um dos instrumentos que formam essa "orquestra". Trata-se de um conjunto grande de "músicos" que têm a sua hora de brilhar, de fazer o seu "solo", e que devem estar igualmente atentos nos momentos em que seus instrumentos estão descansando.

Só foi possível reunir esse conteúdo, portanto, graças à oportunidade que tive, em minha carreira, de conhecer, de interagir e de trabalhar com todos esses profissionais tão talentosos e generosos.

Muito obrigado a todos os colegas de trabalho, tanto dos fabricantes em que trabalhei como dos canais com os quais me relacionei. Aos mais experientes, que tiveram a gentileza de me ensinar o que já sabiam, e aos mais jovens, com quem igualmente aprendi muito.

Por fim, muito obrigado a todos os meus chefes, os bons e os ruins (graças a Deus estes foram a minoria absoluta). Todos eles foram responsáveis por muitas das lições que aprendi, algumas pela dor, mas a grande maioria pelo amor.

HORA DE ABANDONAR...

Há algum tempo assisti a uma entrevista com o cantor Roberto Carlos (o Rei!). O repórter perguntava sobre o processo de criação e de produção dos seus CDs. Chamou a minha atenção uma das respostas. Roberto Carlos disse que nunca conseguiu "terminar" nenhum dos seus CDs. Segundo o cantor, ele sempre "abandonou" seus CDs.

Explicando um pouco melhor, ele disse que, enquanto produzia e revisava seus CDs, sempre encontrava algo a melhorar, algum acorde para modificar, um arranjo para ser alterado, uma palavra a ser substituída na letra das canções. E ele ia fazendo esses ajustes e revisões incessantemente, até que alguém da gravadora dizia: "Roberto, agora não dá mais para esperar, você tem que entregar". Nesse momento, o Rei simplesmente abandonava o trabalho.

Serei honesto com você: eu não terminei este livro, eu o abandonei.

Embora tenha feito "mil" revisões, certamente ainda há muito a melhorar. Muitas frases que poderiam ser reescritas, tornando-se mais claras para o leitor. Muitos conceitos que poderiam ser mais bem explicados. Muitos temas importantes que poderiam ser adicionados e outros que incluí, mas que talvez pudesse eliminar.

Mas não há todo o tempo do mundo. De qualquer maneira, tenha certeza de que esta versão que você leu foi a melhor que pude produzir até o dia em que abandonei este livro.

REFERÊNCIAS BIBLIOGRÁFICAS

AMASON, Allen C. **Distinguishing the effects of functional and dysfunctional conflict on strategic decision making: Resolving a paradox for top management teams.** Academy of Management Journal, v. 39, n. 1, p. 123-148, 1996.

BECH, Hans Peter. **Building Succesful Partner Channels in the Software Industry.** TBK Publishing, 2016.

BECH, Hans Peter. **Channel Partner Recruitment in the Software Industry – Parts 1 to 4.** Disponível em: https://tbkconsult.com/

BECWAR, Chris. **The do's and don'ts of channel partner recruitment for technology vendors.** Disponível em: https://www.webinfinity.com/blog/

BELLIN, Howard. **Which Marketing Channel is right for your company?** Journal of Marketing Channels, v. 23, p. 157-161, 2016.

BLAKEMAN, Rich. **The Hybrid Sales Channel.** McGraw-Hill Education, 2016.

BURNETT, Kyle. **Communication: the secret ingredient to channel partner engagement.** Disponível em: https://www.allbound.com/blog/

CALLIDUS CLOUD. **5 ways to develop effective incentive programs for sales.** Disponível em: https://www.calliduscloud.com/commissions/cp/incentiveprograms

CHANNEL ASSIST. **Full-spectrum incentives – optimize channel rep performance with innovative incentive programs.** Disponível em: https://blog.channelassist.com/full_spectrum_incentives

CHANNELNOMICS. **Value-added distributors**. Disponível em: https://www.channelnomics.com/channelnomicsdictionary/value-added-distributor/

CHANNELTIVITY.COM. **5 Steps to Converting Signed Partners to Revenue Generators**. Disponível em https://www.channeltivity.com/blog/2018/5-steps-converting-signed-partners-to-revenue-generating-partners/

CHANNELTIVITY.COM. **Best practices for designing your partner portal home page**. Disponível em: https://help.channeltivity.com/support/solutions/articles/181722-best-practices-for-designing-your-partner-portal-home-page

COMPUTER MARKET RESEARCH. **How to win channel partner interest in today´s complex and competitive environment**. Disponível em: https://computermarketresearch.com/channel-partner-recruitment-process/

COUGHLAN, Anne T.; JAP, Sandy D. **A field guide to channel strategy: building routes to market**. 2016.

DE DREU, Carsten K.W.; WEINGART, Laurie R. **Task versus Relationship Conflict, team performance, and team member satisfaction: a meta-analysis**. Journal of Applied Psychology, v. 88, n. 4, p. 741-749, 2003.

DUARTE, Margarida; DAVIES, Gary. **Testing the conflict-performance assumption in business-to-business relationships**. Industrial Marketing Management, v. 32, n. 2, p. 91-99, 2003.

DUNN, Julie. **The 3 Layers of Sales Incentive Programs**. Disponível em: https://leveleleven.com/

ÉPOCA NEGÓCIOS. **O poder do Elogio**. Disponível em: https://epocanegocios.globo.com/

EZ TALKS. **Pros and cons of Instant Messaging for business**. Disponível em: https://www.eztalks.com/

FIORLETTA, Alicia. **Deal Registration Best Practices: What Vendors Need To Consider**. Disponível em: https://www.channelmarketerreport.com/

FRAZIER, Gary L. **Organizing and managing channels of distribution**. Journal of the Academy of Marketing Science, v. 27, n. 2, p. 226-240, 1999.

GAEBLER.COM. **Business blogging pros and cons**. Disponível em: http://www.gaebler.com/Business-Blogging.htm

GASKI, John F. **The theory of power and conflict in channels of distribution**. Journal of Marketing, v. 48, n. 3, p. 9-29, 1984.

GROSSMAN, David. **When to use email (and when not to)**. Disponível em: http://www.yourthoughtpartner.com/blog/bid/55776/when-touse-email-and-when-not-to

HASTINGS, Robert. **Distribution Channels – Management and Sales.** 2017.

JER'S LITERACY WEBLOG. **Email tips: Top 10 strategies for writing effective email.** Disponível em: https://jerz.setonhill.edu/writing/etext/email/

KALTER, Jeff. **How to create a channel partner profile and win more sales.** Disponível em: https://www.3d2b.com/blog/tele-services/channel-development/how-to-create-a-channel-partner-profile.html

KARREL, Dean. **Sales Channel Management.** Curso online disponível no LinkedIn Learning – www.linkedin.com.

KIRSTY, Gilchrist. **How to establish a successful partner portal.** Disponível em: https://www.b2bmarketing.net/en/resources/blog/how-establish-successful-partner-portal

KRAKORA, Diane. **A new age of channel partner recruitment.** Disponível em: https://www.partner-path.com/blog/

KRAKORA, Diane. **Changing channel partner communications - Moving beyond email.** Disponível em: https://www.partnerpath.com/blog/

KRAKORA, Diane. **Deal Registration: 10 ways automation will improve your program.** https://www.partner-path.com/blog/

KREITNER, Luke. **What's the difference between commission and incentives?** Disponível em: https://www.incentivesolutions.com/

KREITNER, Luke. **Why are non cash rewards better than cash?** Disponível em: https://www.incentivesolutions.com/

MACK, Stan. **Horizontal & Vertical Marketing Conflicts.** Disponível em https://smallbusiness.chron.com/horizontal-vertical-marketing-conflicts-65325.html

MARGOLIS, Heather. **Channel partner recruitment – Changing your approach.** Disponível em: https://www.channelmavenconsulting.com/blog/

MARGOLIS, Heather. **Four secrets to effective channel partner recruitment.** Disponível em: https://www.channele2e.com/channel-partners/

MAXIMUM ADVANTAGE. **When not to use email.** Disponível em: http://www.maximumadvantage.com/when-not-to-use-email.html

MAXIMUM ADVANTAGE. **When to use email.** Disponível em: http://www.maximumadvantage.com/when-to-use-email.html

McCONNACHIE, Claire. **5 tips to create a sales incentive program that works.** Disponível em: https://www.salesforcesearch.com/blog/

MEHTA, Rajiv; DUBINSKY, Alan J.; ANDERSON, Rolph E. Marketing channel management and the sales manager. **Industrial Marketing Management,** v. 31, n. 5, p. 429-439, 2002.

MILLER, Miranda. **Content marketing tactics: Business blogging pros, cons, best practices & brands doing it right**. Disponível em: https://www.toprankblog.com/2013/05/business-blogging/

MILSTEIN, David. **OEM, VAR and reseller channels: Know your distribution options**. Disponível em: https://www.bizjournals.com/albany/stories/2004/03/29/smallb3.html

MINDMATRIX PARTNER RELATIONSHIP MANAGER. **9 must haves for an excelent partner portal**. Disponível em: https://www.slideshare.net/MindmatrixSalesEnablementPlatform/9-must-haves-for-an-excellent-partner-portal

MIND TOOLS. **Communications Planning: getting the right message across in the right way**. Disponível em: https://www.mindtools.com/CommSkll/CommunicationsPlanning.htm

MIND TOOLS. **Writing effective emails – getting people to read and act on your messages**. Disponível em: https://www.mindtools.com/CommSkll/EmailCommunication.htm

MOORE, Mike; THOMAS, Peter. **Marketing Multiplied**. 2018.

NILSSON, Daniel. **14 steps to build a professional partner program**. Disponível em: https://www.daniel-one.com/create-reseller-channel-partner-program

OPTIMUS LEARNING SERVICES. **The Advantages & Disadvantages of In-House Training**. Disponível em: http://www.optimuslearningservices.com/blog/practicalld/advantages-disadvantages-house-training/

OSBURN, Donald. **Indirect Selling – Increasing profits through channel sales**. Wilder Mann House, 2019.

PROPATI, Katie. **How to improve communication with channel partners to skyrocket sales**. Disponível em: https://www.allbound.com/blog/

ROLNICKI, Kenneth. **Managing Channels of Distribution**. AMACOM – American Management Association, 1998.

ROSE, Gregory M. et al. **Manufacturer perceptions of the consequences of task and emotional conflict within domestic channels of distribution**. Journal of Business Research, v. 60, n. 4, p. 296-304, 2007.

ROSENBERG, Larry J.; STERN, Louis W. **Toward the analysis of conflict in distribution channels: A descriptive model**. Journal of Marketing, v. 34, n. 4, p. 40-46, 1970.

ROSENBLOOM, Bert. **Conflict and channel efficiency: some conceptual models for the decision maker**. Journal of Marketing, v. 37, n. 3, p. 26-30, 1973.

ROUSE, Margaret. **Deal Registration**. Disponível em: https://searchitchannel.techtarget.com/definition/deal-registration

ROUSE, Margaret. **Value-added reseller.** Disponível em: https://searchitchannel.techtarget.com/definition/VAR

SCHROEDER, Peter. **A beginner's guide to building an online channel partner training program.** Disponível em: https://www.northpass.com/blog/

SCOTT, Jeffrey. **Theory of tangible rewards.** Private Conference.

SPENCER, Jen. **Boosting channel partner sales with communication.** Disponível em: https://www.salesforlife.com/blog/

TECHOPEDIA. **Deal Registration.** Disponível em: https://www.techopedia.com/definition/13943/deal-registration

TECHOPEDIA. **Systems integrator (SI).** Disponível em: https://www.techopedia.com/definition/2560/systemintegrator-si

TECH TARGET. **Distributors.** Disponível em: https://whatis.techtarget.com/definition/distributor

THE BALANCE SMALL BUSINESS. **How to Create Sales Incentive Programs That Work.** Disponível em: https://www.thebalancesmb.com/how-to--create-sales-incentiveprograms-that-work-2947169

TOLBA, Ahmed. **Grow your business globally through channel partners.** Curso online disponível em: www.udemy.com.

TÜRKALP, Tayfun. **Channel Coordination – Partner Management.** Curso online disponível em: www.udemy.com.

US MARKET SUCCESS. **The Sales Channel Development Guide.** USMS Professional Development Series, s/d.

VANDERSLUIS, Chris. **Creating effective international marketing channels.** IVEY Business Journal, v.3, p. 19-36, 1999.

VERDEMEDIA.COM. **Writing a newsletter: pros and cons.** Disponível em: https://verdemedia.com/blog/writing-newsletter-pros-cons/

WEBB, Kevin L.; HOGAN, John E. **Hybrid channel conflict: causes and effects on channel performance.** Journal of Business & Industrial Marketing, v. 17, n. 5, p. 338-356, 2002.

WORDSTREAM.COM. **Social media marketing for businesses.** Disponível em: https://www.wordstream.com/social-media-marketing

ZINFI TECHNOLOGIES INC. **Lead Management Best Practices Guide.** Disponível em: https://www.zinfi.com

Esta obra foi composta em Minion Pro 11 pt e impressa em
papel Offset 75 g/m² pela gráfica Meta.